U0723516

公路桥梁工程施工与养护技术

李燕鹰　张爱梅　钱晓明　主编

吉林科学技术出版社

图书在版编目（CIP）数据

公路桥梁工程施工与养护技术 / 李燕鹰，张爱梅，
钱晓明主编 . -- 长春：吉林科学技术出版社，2021.7
　　ISBN 978-7-5578-8402-4

　　Ⅰ．①公… Ⅱ．①李… ②张… ③钱… Ⅲ．①公路桥
－桥梁施工②公路桥－养护 Ⅳ．① U448.145

　　中国版本图书馆 CIP 数据核字（2021）第 130192 号

公路桥梁工程施工与养护技术

主　　编	李燕鹰　张爱梅　钱晓明
出 版 人	宛　霞
责任编辑	汤　洁
封面设计	李　宝
制　　版	宝莲洪图
幅面尺寸	185mm×260mm
开　　本	16
字　　数	370 千字
印　　张	16.875
印　　数	1-1500 册
版　　次	2021 年 7 月第 1 版
印　　次	2022 年 5 月第 2 次印刷
出　　版	吉林科学技术出版社
发　　行	吉林科学技术出版社
地　　址	长春市净月区福祉大路 5788 号
邮　　编	130118

发行部电话 / 传真　0431—81629529　　81629530　　81629531
　　　　　　　　　　　　81629532　　81629533　　81629534

储运部电话　0431—86059116

编辑部电话　0431—81629518

印　　刷	保定市铭泰达印刷有限公司
书　　号	ISBN 978-7-5578-8402-4
定　　价	70.00 元

前　言

我国幅员辽阔，江河众多，桥梁建设历史源远流长，取得过辉煌的成就，举世闻名的河北赵州桥就是我国古代桥梁建设水平的缩影。新中国成立后，特别是改革开放40多年来，我国公路桥梁建设事业迅猛发展，相继建成了杭州湾大桥、苏通大桥等造型优美独特、技术领先、建设难度大的跨海、跨江特大桥梁，不断刷新着世界桥梁建设的新纪录，同时标志着我国从桥梁大国迈入了桥梁强国行列。

随着桥梁施工技术的不断发展，新的施工方法不断涌现，施工设备也不断更新。在本书编写过程中，本着"少而精"的原则，选择最主要、最基本的内容进行编写，并力图介绍清楚，反映同时我国最新的桥梁施工技术以及现行有关施工技术规范，使学生在有限的学时内能够获得必要的桥梁施工基础知识；同时，力求紧密结合生产实际，培养学生的创新思维、规范意识和实际工作能力。

在我国公路桥梁建设事业迅猛发展的同时，公路桥梁的养护管理任务也越来越繁重。随着我国经济的持续快速发展，重载交通迅猛增加，尤其是随着桥梁设计寿命的临近，一些桥梁的使用质量状况迅速下降，难以满足实际交通需求，急需采取工程措施对其进行加固或改造。需要进一步加强公路桥梁的养护管理工作。

由于编者水平有限，书中错误与疏漏在所难免，恳请读者提出宝贵意见，以利适时进行修订。

目　录

第一章 路线工程总论

第一节 公路发展概况

一、公路运输的特点

交通运输是国民经济的大动脉，是国家经济发展的基础产业之一。随着交通运输的发展和人民生活水平的不断提高，交通运输在联系工业和农业、城市和乡村、生产和消费等各个领域都起着十分重要的作用。

现代交通运输由铁路、公路、水运、航空及管道五种运输方式组成。这些运输方式在技术、经济上各有特点，共同形成了完整的国家综合运输体系。铁路运输运量大、运程远，对远程的大宗货物及人流运输起着重要作用；水运可利用天然的水运资源，具有通过能力高、运量大、能耗少、运输成本低的优点；航空具有快速运送旅客，运送贵重、紧急商品、货物的作用；管道运输多用于液态、气态及散装粉状货物（如石油、汽油、水泥等）的运输；公路运输机动灵活，分布范围广，对于客货运输有着显著的效益。公路运输的主要特点有以下四个：

1.机动灵活。能够在需要的时间、规定的地点迅速集散货物。

2.迅速直达。能深入货物集散点进行直接装卸而不需要中转，可以节省时间和费用，并减少货损，对短途运输效益特别显著。

3.适应性强。既可用于小批量运输，也可用于大宗运输。受固定性交通设施的限制也较小，可以适应近距离运输和远距离运输。

4.由于汽车燃料贵、服务人员多、单位运量较小等，所以其运输成本高。但随着汽车技术改造、公路状况、运输管理水平等的不断改善和提高，这些缺点将得到逐步改善与克服。

二、公路发展概况

世界公路建设有着悠久的历史，早在公元前 4000 年，以古埃及为首的几个文明古国在道路建设方面已粗具规模。早在公元前 2000 年，我国就有了可以行驶马车的道路，汉代便开辟了"丝绸之路"等国际通道，到了清代全国已形成层次分明、功能较完善的道路系统。

1886 年，世界上第一辆汽车在德国"奔驰"公司诞生，开创了公路运输的新纪元。在世界上，许多国家运输发展都有一个共同的规律：水运、铁路运输发展在先，公路运输后来居上，其发展速度大大超过铁路和其他运输方式。

世界上，美国的公路多，而且质量好，设备完善。德国的公路网也非常发达，尤其是其高速公路处于世界领先水平，是最早修建高速公路的国家。早在 1919 年通车的 AVUS，是世界上最早设有上下行车道、中间设分隔带的公路，是高速公路的雏形。纵观世界，凡是经济发达的国家，其公路网也非常发达，可见公路对促进社会经济发展，推动生产力进步都具有很重要的作用。

新中国成立前，我国公路数量少、质量差，分布也极不合理。到 1949 年，全国公路通车里程仅 $8.07 \times 104\text{km}$，公路密度仅 $0.8\text{km}/100\text{km}^2$。新中国成立初期，公路交通经历了一段时期的恢复后开始获得长足发展，1952 年公路里程达到 $1.267 \times 105 \text{ km}$。20 世纪 50 年代中后期，为适应经济发展和开发边疆的需要，我国开始大规模建设通往边疆和山区的公路，相继修建了川藏公路、青藏公路，并在东南沿海、东北和西南地区修建了国防公路，公路里程迅速增加，1959 年达到 50 多万公里。

20 世纪 60 年代，我国在继续大力兴建公路的同时，加强了公路技术改造，路面道路里程及其高级、次高级路面所占比重显著增加。70 年代中期，我国开始对青藏公路进行技术改造，80 年代全面完成，建成了世界上海拔最高的沥青路面公路。随着公路事业的发展，公路桥梁建设也得到发展，建成了一批具有中国特色的石拱桥、双曲拱桥、钢筋混凝土拱桥以及各式混凝土和顶应力梁式桥。1949—1978 年，尽管国民经济发展道路曲折，但全国公路里程仍基本保持持续增长，到 1978 年底达到 $8.9 \times 10^5\text{km}$，平均每年增加约 $3 \times 10^4\text{km}$，公路密度达到 $9.3\text{km}/100\text{km}^2$。

改革开放后，国民经济持续高速发展，公路运输需求强劲增长，公路基础设施建设发生了历史性转变，其主要表现在：公路建设得到中央和地方各级政府的重视，"要想富，先修路"，公路建设的重要性逐步为全社会所认识；在统一规划的基础上，开始了有计划的全国公路基础设施建设，20 世纪 80 年代，国家干线公路网和国道主干线系统规划先后制定并实施，使公路建设有了明确的总体目标和阶段目标；公路建设在继续扩大总体规模的同时，重点加强了质量水平的提高；高速公路及其他高等级公路的迅速发展，改变了我国公路事业的落后面貌；公路建设筹资渠道走向多元化，逐步扭转了公路建设资金短缺的状况，尤其是 1984 年底国务院决定提高养路费征收标准、开征车辆购置附加费、允许高等级公路收费还贷，1985 年起国家陆续颁布有关法规，使公路建设有了稳定的资金来源。从统计数字看，到 1999 年，全国公路里程达到 1.35×10^{6} km，公路密度达到 14.1km/100km^{2}，为 1978 年的 1.5 倍。二级以上公路占全国公路总里程的比重由 1979 年的 1.3% 提高到 1999 年的 12.5%，主要城市之间的公路交通条件显著改善，公路交通紧张状况初步缓解。同时，县、乡公路里程快速增长，质量也有很大提高，有的省份已实现全部县道铺筑沥青路面乃至达到二级技术标准，全国实现了 100% 的县、98% 的乡和 89% 的行政村通公路。总体而言，一个干支衔接、布局合理、四通八达的全国公路网已初步形成。特别值得一提的是我国高速公路的建设。高速公路建设是改革开放后我国公路事业取得的突出成就，1988 年，我国第一条高速公路沪嘉高速公路（18.5km）建成通车。此后，又相继建成全长 375 km 的沈大高速公路和全长 143 km 的京津塘高速公路。进入 20 世纪 90 年代，在国道主干线总体规划指导下，我国高速公路建设步伐加快，每年建成的高速公路由几十千米上升到 1000 km 以上，为我国的经济发展起到了极大的促进作用。短短 10 年间，我国高速公路就走过了发达国家高速公路一般需要 40 年才能完成的发展历程。高速公路及其他高等级公路的建设，改善了我国公路的技术等级结构，改变了我国公路事业的落后面貌，同时大大缩短了我国同发达国家之间的差距。

我国公路建设虽然取得了快速发展，但仍不能完全适应国民经济发展对公路运输的要求，与世界上发达国家相比，仍存在着较大差距。因此，加快公路网新线建设，对原有公路进行技术改造，逐步提高技术标准和通行能力，仍然是我国当前的主要任务。根据我国公路的长远规划，到 2020 年高速公路里程将达到 7×10^{4} km。

繁重的公路建设任务，促使许多国家在公路勘测设计中广泛采用电子计算机和效率高、性能好的测量仪器，使公路规划、选线设计、结构设计、编制工程概预算、绘制设计施工图样等方面达到高质量、高速度的水平，以适应大量的公路建设任务的需要。我国目前的公路勘测设计手段也得到了极大提高，自己制造的计算机和高精度光电测量仪器，在公路勘测设计中发挥了很大的作用，加速了我国的公路建设事业的发展。

第二节　公路路线设计的基本要求、依据及阶段

一、基本要求

公路线形是公路的骨架，它支配着整个公路的规划、设计、施工及今后的养护和运营，对汽车行驶的安全、舒适、经济以及公路的通行能力都起着重要的作用。路线设计的总原则是满足行车安全、迅速、经济、舒适和美观的要求。其基本要求有以下四个。

1.满足汽车行驶的力学要求。

2.满足驾驶员视觉和心理要求。

3.注意与周围地形、地物、环境相协调。

4.要与沿线自然、经济、社会条件等相适应。

二、设计依据

路线设计是按勘测设计程序、已批准的计划任务书和《公路工程技术标准》（JTG B01—2003）（以下简称《标准》）等进行的。无论是新建公路还是改建公路，都应有充分的技术设计依据，其中最基本的设计依据是设计车辆、交通量和设计速度。

1.设计车辆

在公路上行驶的主要车辆有机动车和非机动车两大类，其中机动车有摩托车、小汽车、载重汽车、农业机械、大型集装箱车等，非机动车有自行车、三轮车、平板车和畜力车等。

公路根据其使用任务和性质可以是为单一车型服务的（如高速公路、一级公路），也可以是为混合车型服务的（如二、三、四级公路）。

车辆的外轮廓尺寸是公路几何设计的主要依据，在研究制定公路路幅组成、弯道加宽、视距、交叉口设计等时，都与车辆的外轮廓尺寸及性能有关。设计车辆外轮廓尺寸如表1-1所示，车辆荷载的立面尺寸、平面尺寸如图1-1所示，车辆荷载横向布置如图1-2所示。

表1-1　设计车辆外轮廓尺寸

车辆类型	总长（m）	总宽（m）	总高（m）	前悬（m）	轴距（m）	后悬（m）
小客车	6	1.8	2	0.8	3.8	1.4
载重汽车	12	2.5	4	1.5	6.5	4
鞍式列车	16	2.5	4	1.2	4+8.8	2

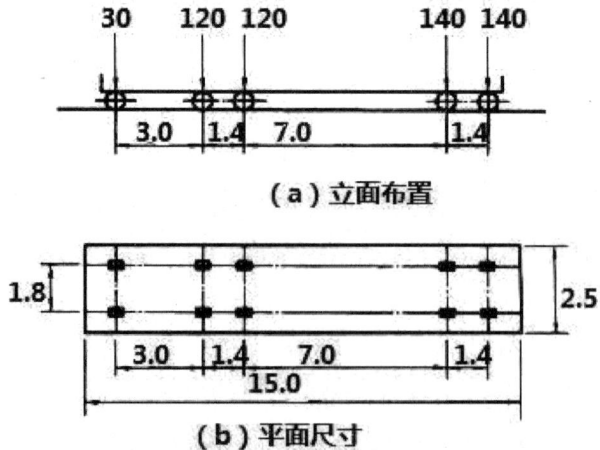

图1-1　车辆荷载的立面尺寸、平面尺寸

注：图中尺寸单位为m，荷载单位为kN。

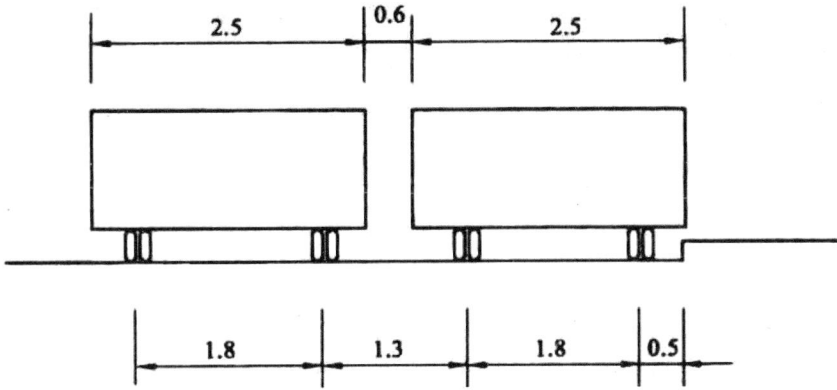

图 1-2 车辆荷载横向布置

注：图中尺寸单位为 m。

2.交通量

交通量是公路分级的主要依据。公路的交通量是指在单位时间内（每小时或每昼夜）通过公路上某一断面处的往返车辆折合成"标准车"的车辆总数。各级公路均以小型客车作为标准车，各种汽车均折合成小型客车交通量。各汽车代表车型与车辆折算系数如表 1-2 所示。

表 1-2 各汽车代表车型与车辆折算系数

汽车代表车型	车辆折算系数	说明
小型客车	1.0	≤19 座的客车、载质量≤2t 的货车
中型车	1.5	>19 座的客车、2t<载质量≤7t 的货车
大型车	2.0	7t<载质量≤14t 的货车

设计交通量是指修建公路到达远景设计年限时能达到的年平均日交通量。

《标准》规定，远景设计年限：高速公路和一级公路为 20 年；二、三级公路为 15 年；四级公路可根据实际情况确定。远景设计年限的起算年为该设计项目工程可行性研究报告中所计划的公路建成通车的年份。

3.设计速度

设计速度是指天气良好、交通密度较小、具有中等驾驶水平的驾驶员安全顺利地通过控制路段（如急弯、陡坡等）所能维持的最大安全速度。它是决定公路几何线形的基本要素，作为公路设计的基本依据，直接或间接地决定了汽车行驶的曲线半径、超高、视距、纵坡、路幅宽度和竖曲线设计等，所以它是体现公路等级的一项重要指标。

各级公路的设计速度如表 1-3 所示。

表 1-3 各级公路的设计速度

公路等级	高速公路			一级公路			二级公路		三级公路		四级公路
设计速度（km/h）	120	100	80	100	80	60	80	60	40	30	20

二级四级公路分为平原微丘区和山岭重丘区两种地形，分别对应不同的设计速度。高

速公路和一级公路由于设计、施工及运营管理上与一般公路不同，所以其设计速度不与地形直接挂钩，而是将其划分为三级，供设计时结合实际情况选用。

高速公路在特别困难的局部路段，经过论证，设计速度可以采用 60 km/h，但长度不宜超过 15 km。

二级公路位于地形、地质等自然条件复杂的山区，经过论证，设计速度可采用 40 km/h。

三、设计阶段

公路的勘测设计是指具体完成一条公路所进行的外业勘测和内业设计工作。外业勘测包括对路线的视察、踏勘测量和详细测量工作；内业设计包括路线设计和结构设计，以及概预算编制等工作。

公路勘测设计应根据公路的性质和要求分阶段进行，其具体做法有三种：一阶段设计、两阶段设计和三阶段设计。

一阶段设计：对于技术简单、方案明确的小型建设项目，可采用一阶段设计。即直接根据批准的设计任务书的要求，做一次详细测量并编制施工图设计。

两阶段设计：公路工程基本建设项目，一般应采用两阶段设计。即按初步设计和施工图设计两阶段进行。第一阶段，根据批准的设计任务书，进行踏勘测量，并编制初步设计文件；第二阶段，根据批准的初步设计和审批意见，进行详细测量，并编制施工图设计文件。初步设计的主要任务是进一步对审定的设计原则、设计方案、技术决定加以具体和深化，最终确定各项工程数量和尺寸，提出文字说明和满足施工需要的图表资料及施工组织计划并编制施工图预算。

三阶段设计：对于技术上复杂且缺乏经验的建设项目或建设项目中的个别路段、特殊大桥、互通式立体交叉、隧道等，必要时应采用三阶段设计，即分初步设计、技术设计和施工图设计三个阶段。技术设计阶段主要是对重大、复杂的技术问题，通过科学试验、专题研究，加深勘探调查及分析比较，解决初步设计中未能解决的问题，落实技术方案，计算工程数量，提出修正的施工方案，修正设计概算。其深度和要求介于初步设计和施工图设计之间。

第三节 公路的分级与技术标准

一、公路的分级

公路是为汽车运输和其他交通物流服务的工程设施，其服务质量的好坏和服务水平的高低，是由公路的等级和技术标准来体现的。

公路根据功能和适应的交通量分为五个等级：高速公路、一级公路、二级公路、三级公路和四级公路。公路的分级如表 1-4 所示。

表 1-4　公路的分级

公路等级	车道数	适应的交通量（辆）	功能
高速公路	4	25000~55000	专供汽车分向、分车道行驶并应全部控制出入的多车道公路
	6	45000~80000	
	8	60000~100000	
一级公路	4	15000~30000	供汽车分向、分车道行驶并可根据需要控制出入的多车道公路
	6	25000~55000	
二级公路	2	5000~15000	供汽车行驶的双车道公路
三级公路	2	2000~6000	主要供汽车行驶的双车道公路
四级公路	1	<400	供汽车行驶的双车道或单车道公路
	2	<2000	

注：交通量为各种汽车折合成小客车的年平均日交通量。

二、公路的技术标准

我国实行的《标准》，是国家颁布的法定技术准则，它是根据理论计算和公路设计、修建的经验，并结合我国的国情确定的，反映了目前我国公路建设的技术方针，是公路设计、施工和养护的主要依据。因此，在公路设计、施工和养护中，必须严格执行《标准》中的有关规定；同时，在符合《标准》要求和不过分增加工程造价的前提下，根据技术经济原则尽可能采用较高的技术指标，以充分提高公路的使用质量和效益。

我国现行《标准》规定的各级公路主要技术指标如表 1-5 所示。

表 1-5　各级公路主要技术指标汇总

公路等级		高速公路、一级公路								二级公路、三级公路、四级公路				
设计速度（km/h）		120			100			80		60	80	60	40	30	20
车道数		8	6	4	8	6	4	6	4	4	2	2	2	3	2 或 1
单车道宽度（m）		3.75			3.75			3.75		3.5	3.75	3.50	3.50	3.25	3.00（单车道时为3.50）
路基宽度（m）	一般值	45	34.5	28	41	33.5	26	32	24.5	23	12	10	8.5	7.5	6.50（双车道）4.50（单车道）
	最小值	42	—	26	38.5	—	23.5	—	21.5	20	10	8.5	—	—	—
平曲线最小半径（m）	极限值	650			400			250		125	250	125	60	30	15
	一般值	1000			700			400		200	400	200	100	65	30
停车视距（m）		210			160			110		75	110	75	40	30	20
最大纵坡（m）		3			4			5		6	5	6	7	8	9

三、公路等级选用的基本原则

公路等级的选用应遵循以下四个原则。

1. 公路等级的选用应根据公路的功能、路网规划、交通量，项目所在地区的综合运输体系、远期发展等，经论证后确定。

1. 一条公路，可分段选用不同的公路等级或同一公路等级不同的设计速度、路基宽度。但不同公路等级、设计速度、路基宽度间的衔接应协调，过渡应顺适。

2. 当预测的设计交通量介于一级公路与高速公路之间时，拟建公路为干线公路，宜选用高速公路；拟建公路为集散公路，宜选用一级公路。

3. 干线公路宜选用二级及二级以上公路。

第四节　公路的基本组成

公路主要承受行车荷载的反复作用并经受各种自然因素的长期影响和破坏。因此，公路不仅要有平顺的线形、合适的纵坡，而且要有坚实稳固的路基，平整、防滑、耐磨的路面，牢固耐用的桥涵和其他人工构造物以及不可缺少的附属工程设施，以满足交通的要求。

公路由线形和结构两大部分组成。

一、线形组成

公路是一种线形带状的三维空间体，其中心线为一条空间曲线，这条中心线在水平面上的投影简称为公路路线的平面；沿着中心线竖直剖切公路，再把这条竖直曲面展开成直面，即为公路路线的纵断面；中心线上任意一点处公路的法向剖面称为公路路线在该点处的横断面。

公路线形在平面上由直线和曲线（圆曲线、缓和曲线）组成，在纵面上由坡道线和竖曲线组成。由此可见，公路路线在平面和纵面都是由直线和曲线构成。

二、结构组成

公路的结构组成主要包括路基、路面、桥涵、隧道、排水系统、防护工程和沿线设施等。

1.路基

公路路基是在天然地面上填筑成路堤（填方地段）或挖成路堑（挖方地段）的带状结构物，主要承受路面传递的行车荷载，是支撑路面的基础。设计时必须保证路基具有足够的强度、变形小和足够的稳定性，并防止水分及其他自然因素对路基本身的侵蚀和损害。

2.路面

公路路面是用各种材料或混合料，分单层或多层铺筑在路基顶面供车辆行驶的层状结构物。设计时必须保证路面具有足够的强度、刚度、平整度和粗糙度，以满足车辆在其表面能安全、迅速、舒适地行驶。

3.桥涵

桥梁是公路跨越河流、山谷或人工构造物而修建的建筑物，涵洞是为了排泄地面水流或满足农业需要而设置的横穿路基的小型排水构造物。当桥涵的单孔跨径大于或等于5m、多孔跨径总长大于或等于8 m时称为桥梁，反之则称为涵洞。

4.隧道

隧道是公路根据设计需要为穿越山岭、地下或水底而建造的构造物。

5.排水系统

公路排水系统是为排除地面水和地下水而设置的，由各种拦截、汇集、疏导及排放等排水设施组成的构造物。除桥梁、涵洞外，排水系统主要有路基边沟、截水沟、排水沟、暗沟、渗沟、渗井、跌水与急流槽、倒虹吸管、渡槽及蒸发池等。

6.防护工程

防护工程是为了加固路基边坡，确保路基稳定而修建的结构物。按其作用不同，可分为坡面防护、冲刷防护及支挡结构物等三大类。

7.交通工程及沿线设施

交通工程及沿线设施的建设规模与标准应根据公路网规划，公路的功能、等级、交通量等确定，应按照"保障安全、提供服务、利于管理"的原则进行设计。交通工程及沿线设施等级分为 A、B、C、D 四级，各级公路交通工程及沿线设施等级与适用范围应符合表1-6 规定。

表 1-6　各级公路交通工程及沿线设施等级与适用范围

公路交通工程及沿线设施等级	适用范围
A	高速公路
B	一级公路、二级公路作为干线公路
C	一级公路、二级公路作为集散公路
D	三级公路、四级公路

交通工程及沿线设施包括交通安全设施、服务设施和管理设施三种。

交通安全设施：主要包括人行地下通道、人行天桥、标志、标线、交通信号灯、护栏、防护网、反光标志等设施。

服务设施：主要包括服务区、停车区和公共汽车停靠站等。

管理设施：主要包括监控、收费、通信、配电、照明和管理养护等设施。

第二章 路线

第一节 平面

公路是一种带状的三维空间体，它通过公路的平面设计、纵断面设计和横断面设计三个方面（即通常所说的平、纵、横设计）把设计成果反映出来。

公路的中心线是一条空间曲线，这条中心线在水平面上的投影简称为公路路线的平面；沿着中心线竖直剖切公路，再把这条竖直曲面展开成直面，即为公路路线的纵断面；中心线上任意一点处公路的法向剖面称为公路路线在该点处的横断面。

由于受各种人为因素和自然因素的影响，公路从起点至终点到平面上不可能是一条直线，而是由许多直线段和曲线段（包括圆曲线和缓和曲线）组合而成。

公路平面设计的主要内容包括以下四个方面。

1.纸上和实地定线。即确定所设计路线的起点、终点及中间控制点在地形图上和实地上的具体位置。

2.平曲线半径的选定以及曲线与直线的衔接，依情况设置超高、加宽和缓和曲线等。

3.验算曲线内侧的安全行车视距及障碍物的清除范围。

4.绘制公路平面设计图。

一、平面定线

公路平面定线是公路勘测设计中的关键，定线工作不可能一次成功，往往需要通过几个方案比对后选择出一个最优的路线方案。公路定线有纸上定线、实地定线两种方法，一般情况下都是先进行纸上定线，然后进行实地定线。公路等级低和地形等条件简单的路线也可直接在现场实地定线。

1.纸上定线

纸上定线是指在大比例尺（一般为 1∶1000 和 1∶2000）地形图上，确定公路中线位置。进行纸上定线时，要求详细确定每一段路线的具体走向、转折地点、曲线半径、直线与曲线的衔接等。

一般来讲，定线时应注意节约用地、少占农田、正确选定控制点，遇到重要桥梁，尽量使公路中线与水流方向正交。布设路线要力求平顺，在必须插入曲线时应力求曲线半径大一些。

总之，纸上定线必须根据具体情况，不断修正和完善，最后确定出一条最合理、最经济的路线走向。

路线确定后，就可以从路线的起点开始，按每隔 20m、50m 或 100 m 的距离，依路线前进方向顺序编列每桩的里程桩号。对公路的起点、终点及人工构造物处、地形显著变化点等特征点应编入加桩。

2.实地定线

实地定线是设计人员直接在现场进行。面对实际地形、地质及水文等具体条件，定线人员应不辞劳苦、多跑、多问、多比较，反复试定，才能实地定好路线。实地定线时由于地形复杂，定线人员视野受到限制，可能产生错觉，所以一般情况下路线设计都是先进行纸上定线，然后再进行实地定线。

二、平曲线设计

在公路平面设计中，应在两直线段相交处用曲线将其平顺地连接起来，以利于汽车安全平稳通过，这段曲线称为平曲线。平曲线一般采用圆曲线，为使行车更为平顺，在圆曲线与直线间，还经常插入缓和曲线。

1.平曲线半径及其选用

汽车在弯道上行驶时，除受重力外还受到离心力的影响。离心力的大小与速度成正比，与半径成反比。离心力的产生使汽车在平曲线上行驶时横向产生两种不稳定的危险：一是汽车向外滑移；二是向外倾覆。要使汽车在平曲线上安全行驶，平曲线半径就不能太小。《标准》中规定了公路的圆曲线最小半径。

平曲线半径的选用原则有两个。

（1）在路线设计中，如果条件允许应尽可能选用大于或等于"设超高的最小曲线半径"，一般情况下应不小于"一般最小半径"，只有在特殊情况下才考虑采用"极限最小半径"。

（2）最大圆曲线半径不宜超过 10000 m。

2.缓和曲线

为改善行车条件，在直线与圆曲线间插入的一条曲率半径由无穷大逐渐变到与圆曲线半径相同的曲线，称为缓和曲线。

（1）设置缓和曲线的目的。

①有利于驾驶员操纵方向盘。

②消除离心力的突变，满足乘客乘车的舒适与稳定。

③满足超高和加宽的过渡，有利于平稳行车。

④与圆曲线配合得当，增加线形美观。

《标准》规定：除四级公路可不设缓和曲线外，其他各级公路，当平曲线半径小于不设超高的最小半径时，均应设置缓和曲线。

（2）缓和曲线的形式。汽车由直线驶入曲线的行车轨迹，近似符合回旋曲线的形式。所以，我国《标准》规定缓和曲线采用回旋线的形式，即曲率半径由无穷大逐渐变到与圆曲线半径相同的曲线。

（3）缓和曲线最小长度。缓和曲线的最小长度应能满足使汽车平顺地由直线段过渡到曲线段，并对离心力的增加有一定的限制；同时，满足驾驶员操纵方向盘所需的必要时间。所以，《标准》规定了公路缓和曲线的最小长度。

在选定缓和曲线（或缓和段）的长度时，应超高缓和段、加宽缓和段及缓和曲线中选用最长值，并取 5m 的整数倍。

3.平曲线最小长度

平曲线长度中，既包括圆曲线的长度，也包括缓和曲线的长度。当汽车在平曲线上行驶时，如果曲线太短，则司机操纵方向盘很困难，在高速驾驶的情况下相当危险。尤其是当路线转角过小的时候，这种情况更明显，所以在公路设计中应对平曲线的最小长度加以限制。

三、平曲线上视距的保证

汽车在路上行驶时，必须使司机能看清楚前方一定范围内的公路路面上的各种事物，使其遇到意外情况可及时处理，如避让、减速或紧急停车等，从而避免事故的发生。这一确保汽车刹车时看得见、停得住的必要距离称为行车视距。在公路交叉口、曲线内侧及公路上坡的转坡点等处均应保证行车视距的最短距离。

行车视距可分为停车视距、会车视距、超车视距三种。

1.停车视距

停车视距是指从驾驶员发现障碍物到立即采取制动措施，汽车沿着行驶路线到障碍物前能安全停车所需的最短距离。

2.会车视距

当障碍物为对向来车时，就必须保证两倍的停车视距，即为会车视距。

由于高速公路和一级公路均采用中央分隔带分隔往返车辆，每一车道上只有同向行驶车辆而无对向行驶车辆，所以只需考虑停车视距。二、三、四级公路一般不做分隔带，有对向行驶车辆，且这些对向行驶的车辆在一般情况下均愿在路面中间行驶，所以应考虑会车视距。

3.超车视距

超车视距是指汽车超车后在与对向车辆相遇前驶回到原来车道所必需的最短距离。

二、三、四级公路除符合停车视距和会车视距的要求外，还应在适当间隔（宜在3 min的行程）内提供一次满足超车视距要求的超车路段。

4.视距的保证

汽车在直线上行驶时，一般停车视距和超车视距是容易保证的。但当汽车在曲线上行驶时，其内侧行车视线可能被树木、建筑物、路堑边坡或其他障碍物所遮挡。因此，在设计时必须检查平曲线上的视距是否能满足要求，如不能满足，则必须清除视距范围内的障碍物，以保证汽车的行驶安全。

视距包络图的绘制方法如下。

（1）画出曲线平面图（包括路面边线、中线、行车轨迹线等）。

（2）在整个曲线范围内，沿内侧行车轨迹线，以设计视距 S 为长度，定出多组的始终点，然后连接对应的各始终点，即得到很多组交错的直线段，其视距包络线即为"视距线"。

（3）在图上量取几个断面处的横净距 Y，然后绘到相应的横断面图上，这样就可以在横断面上一目了然地看出清除范围。很显然，平曲线中点处的横净距为最大值，离中点越远则要求的横净距值越小。

总之，各级公路都应保证停车视距，无分隔带的双车道公路应保证两倍的停车视距（即会车视距），全路应有一定长度能保证超车视距的超车路段。

四、平面线形设计要点

1.直线的运用

直线是两点间距离最短的线形，因此，一般来说采用直线线形的路线里程短，测设和施工简便，汽车运营费用低。汽车在直线上行驶比在曲线上相对安全、快速、舒适，视距也容易保证，便于超车。所以当路线不受地形、地物的限制时应采用直线线型。

但是，直线线形的灵活性差，难以适应地形的变化，不易与地形、地物等周围环境相协调。如果直线段长度太长，就容易造成驾驶员思想麻痹、感觉单调、精神疲倦、反应缓慢及盲目超速行驶等，造成交通事故，所以直线段长度不宜太长。目前高速公路已趋向于少用甚至不用直线，而全部用大半径曲线代替。

2.圆曲线的运用

圆曲线和直线都是公路线形的基本形式，但圆曲线能较好地适应地形的变化，适应范围较广且灵活。

选用圆曲线半径时应考虑以下三点。

（1）一般情况下选用较大的圆曲线半径（尽可能采用大于不设超高的最小曲线半径）。

（2）地形条件受限制时尽可能选用大于一般最小曲线半径的值。

（3）地形条件特别困难时采用极限最小曲线半径。

3.缓和曲线的运用

缓和曲线在平面线形设计中是一种主要线形，凡圆曲线半径小于不设超高的最小曲线半径时，都应在直线与圆曲线间插入缓和曲线。

五、平面设计成果

完成路线平面设计以后应提供各种图纸和表格，以下仅介绍主要表格"直线、曲线及转角一览表"及"路线平面图"。

1.直线、曲线及转角一览表

直线、曲线及转角一览表是平面设计的主要成果之一。它是通过测角、丈量中线和设置曲线后获得的结果，反映了设计者对平面线形的布设意图，是绘制路线平面图的依据，同时为路线纵断面设计和横断面设计提供了设计依据。

2.路线平面设计图

路线平面设计图也是平面设计的主要成果之一。通过路线平面设计图可以体现出路线平面的位置、走向和高程，还可反映沿线人工构造物和工程设施的布置以及它们与地形、地物的关系。路线平面设计图是把直线、曲线及转角一览表更形象化和具体化。

路线平面设计图绘制步骤如下。

（1）选定比例尺（一般选用1∶2000或1∶5000）。

（2）依据直线、曲线及转角一览表按比例绘出公路中线图。

（3）在公路中线图上标出起终点、里程桩、百米桩、曲线要素桩、桥涵桩及位置等。

（4）根据水平记录用铅笔注出各加桩处的高程。

（5）按比例实地勾绘中线左右各100~200 m范围内的地形等高线，标注地物、地貌位置、建筑物名称和位置。

（6）整理等高线与地物、地貌、建筑物。

（7）列表列出本页图例、平曲线要素、编注页码和指北方向。

第二节　纵断面

一、概述

由于地形、地质、地物、水文等因素的影响，公路路线在平面上不可能从起点到终点是一条直线，在纵断面上也不可能从起点到终点是一条水平线，而是有起伏的空间线。纵断面设计就是根据汽车的动力性能、公路性质、等级和交通组成，当地气候、地形、地物、地质、水文、土质条件，排水要求，工程量等，来研究这条空间线形的纵坡（起伏）是如何布置的。

在纵断面图上，有两条主要线条：一条是地面线，它是根据中线上各个桩点的高程而点绘出来的一条不规则折线，基本上反映了公路中线所经处地面高低变化的情况，各个桩点的高程称为地面高程；另一条是设计线，它是根据公路等级、地形条件等经过多方面比较后确定下来的，设计线由纵坡线和竖曲线组成，设计线上表示各个桩点处路肩边缘的高程（高速公路和一级公路指中央分隔带的外侧边缘高程），称为设计高程。同一桩号处的地面高程与设计高程之差称为施工高度，分为填方高度和挖方高度。施工高度值的大小直接反映了路堤的高度和路堑的深度。

纵断面设计所要解决的主要矛盾是既要使路线坡度均匀平缓，又要节约投资，还要考虑与周围景观的协调。

二、纵坡设计

1.规定和要求

（1）纵坡坡度。纵断面设计线上每相邻两个变坡点之间连线的坡度称为纵坡坡度。

（2）最大纵坡。越岭公路常常采用较大的纵坡，这是因为纵坡越大，路程越短，工程量也越少。但由于汽车牵引力有一定限度，故纵坡不能采用太大值，必须对最大纵坡加以限制。

最大纵坡是公路纵断面设计的重要控制指标，特别是在山岭地区，纵坡的大小直接影响到路线的长短、使用质量和工程造价。

在一些特殊情况下应对纵坡加以折减。

①海拔3000m以上的高原地区，均应进行折减，但最大纵坡折减后最小为4%。

②桥涵处纵坡应按特殊规定办理。

③隧道内纵坡不宜大于3%，并不应小于0.3%。

最大纵坡只有在线形受地形限制严重的路段才准采用。在一般情况下应尽量采用较小的纵坡，以便改善行车条件及将来提高公路等级。

（3）最小纵坡。《标准》规定：各级公路的长路堑地段以及其他横向排水不畅的路段，均应采用不小于0.3%的纵坡，否则应对边沟做纵向排水设计。

（4）坡长限制。大量调查资料表明，过长的陡坡对行车十分不利，因此，当纵坡大于某一数值时，应限制其坡段长度。

太长的纵坡对行车不利，太短的纵坡路段同样对行车不利。这是因为，如果纵坡太短，就会使纵坡上变坡点太多，车辆行驶上下颠簸频繁，所以应对最小坡长也加以限制。

（5）合成坡度。公路在平曲线地段，若纵向有纵坡并且横向有超高横坡时，则最大纵坡不在纵坡上，也不在横坡上，而在其合成坡度上。

合成坡度不宜太大，否则高速行驶的车辆可能会沿合成坡度方向冲出弯道以外，慢速行驶或停车时车辆可能会沿合成坡度方向产生侧滑。

2.纵断面设计的步骤和方法

纵坡设计俗称"拉坡"。纵坡设计一般按如下步骤和方法进行。

（1）绘出原地面线。设计前根据平面设计的结果及现场勘测资料，首先在图纸上按一定比例绘出里程桩号、直线及平曲线、各里程桩的地面高程；其次将各地面高程连接成线即为地面线，并标出桥涵、地质、土质等有关资料。通常横坐标比例采用1∶2000，纵坐标比例采用1∶200。

（2）标出沿线各控制点高程。控制点一般指公路起终点、垭口、桥涵、隧道、路线交叉点等。应在图上标出各控制点的高程，作为设计坡度的依据。

对山岭地区，还应考虑横断面上填挖基本平衡（一般挖方略大于填方）的经济点，以求降低工程造价。

（3）拉坡设计。在标定全线各控制点的高程后，根据平面定线的意图，全面考虑地面线的情况以及控制点和经济点的要求，初步定出设计线各坡段的位置。

①试定。设计时应尽可能多地通过经济点，如与控制点有矛盾，应进一步研究是否有改动的余地，最后仍以控制点为依据。每定一个转坡点，应综合考虑前后几个转坡点的情况。

②调整。试定出设计线后，应检查纵坡度、坡长和合成坡度等。如有不适，应进行适当调整。可以抬高或降低设计高程，延长或缩短坡长以及加大或减少纵坡度等调整纵坡。

③确定。试定的设计坡度经检查、调整、核对无误后，认为技术上、经济上较合理，即可作为纵断面设计线，确定下来。

（4）选定竖曲线半径并计算其要素。设计线确定后，即可根据公路等级和纵坡转坡角的大小选定竖曲线半径，并进行各要素计算。

三、竖曲线设计

当纵断面上遇到变坡点时，汽车行驶是不顺适的，故在变坡点处必须用圆曲线或二次抛物线将相邻坡段顺适地连接起来，以利于行车，这条曲线称为竖曲线。《标准》规定，各级公路在纵坡变更处，均应设置竖曲线。竖曲线可分为凸形竖曲线和凹形竖曲线两种形式，所以，纵断面设计线是由均坡段和竖曲线组成的。

1.竖曲线的最小长度和半径

（1）凸形竖曲线。汽车在凸形竖曲线上行驶时，由于竖曲线向上凸起，使驾驶员的视线受到影响，产生盲区，所以凸形竖曲线的最小长度和半径是按视距的要求进行计算的。

（2）凹形竖曲线。汽车在竖曲线上行驶，会受到径向离心力作用。在凸形竖曲线上是使汽车减少重力，可以不考虑；但是在凹形竖曲线上，如果这个力达到某种程度，乘客会产生不舒适的感觉，同时对汽车的悬挂系统也有不利影响。所以，凹形竖曲线的最小长度和半径主要是根据离心力来进行计算的。

当选择竖曲线半径时应尽可能选用大半径。一般情况下，应选用大于一般最小半径的值，只有当地形受限制或其他特殊情况时才选用极限最小半径。

2.竖曲线设计

竖曲线的设计一般按如下步骤进行。

（1）选定竖曲线半径。

（2）计算竖曲线要素。

（3）计算竖曲线起、终点桩号。

（4）计算竖曲线上各里程桩号的切线设计高程和相应的路基设计高程（即施工高程）。指定桩号的路基设计高程为：

①凸形竖曲线：路基设计高程=切线设计高程$-y$。

②凹形竖曲线：路基设计高程=切线设计高程$+y$。

四、纵断面设计成果

纵断面设计的最后成果，主要反映在路线纵断面设计图和路基设计表上。

1.纵断面设计图

纵断面设计图是公路设计的主要文件之一，它反映路线中心线所经地面的起伏情况与计高程之间的关系。把它与平面线形结合起来，就能反映出公路中心线在空间的位置。纵断面设计图采用直角坐标，以横坐标表示水平距离，纵坐标表示垂直高程。为了明显地表明地形起伏，通常将横坐标的比例尺采用1：2000，纵坐标采用1：200。

纵断面设计图可以看成由上下两部分组成，上部分主要用来绘制地面线和设计线；下部分主要用来填写有关数据。

绘制纵断面设计图有以下七个步骤。

（1）按一定比例绘出本图相应的横坐标和纵坐标。横坐标标出百米桩号，纵坐标标出整 2m 高程。

（2）将按水准测量提供的各桩号的地面高程与相应的桩号点绘在坐标图上，然后将各坐标点用直线依次连接后即成为纵断面图的地面线。

（3）在坐标图上绘出水准点位置、编号，并注明高程。

（4）在纵断面图的下部分表内注明地质资料、绘出平面直线和平曲线的位置，转向（平曲线以开口矩形表示，开口向上为左转，开口向下为右转），并注明平曲线有关资料。

（5）将桥涵、隧道等位置绘在坐标图上，并注明桩号结构类型等有关资料。

（6）纵坡和竖曲线确定后，将设计线绘出，并注明纵坡度、坡长（以分数表示，分子为纵坡度，分母为坡长），在竖曲线范围内分别注明各竖曲线的基本要素。

（7）填写其他有关资料。

绘制纵断面设计图，应按规定采用标准图纸和统一格式，以便装订成册。

2.路基设计表

路基设计表是公路设计文件的组成内容之一，它是平、纵、横等主要测设资料的综合。表中填列整桩、加桩及填挖高度、路基宽度（包括加宽）、超高值等有关资料，为路基横断面设计提供了基本数据，也是施工的依据之一。

第三节　横断面

公路中线的法向剖面图称为公路横断面图，简称横断面。公路横断面设计，即根据行车对该公路的要求，结合当地的地形、地质、气候、水文等自然因素，确定横断面的形式和各组成部分的位置与尺寸。设计的目的是保证公路具有足够的横断面尺寸、强度和稳定性，使之经济、合理，同时为路基土石方工程数量计算、公路的施工和养护提供依据。横断面设计是路线设计的重要组成部分，通常横断面设计是在平面和纵断面设计完成之后进行的。

横断面一般包括行车道、路肩、边坡、截水沟、护坡道以及专门设计的取土坑、弃土堆、环境保护等设施，高速公路还包括中间带、紧急停车带、变速车道等。

一、公路横断面的组成

1.标准横断面

路基标准横断面是交通运输部根据设计交通量、交通组成、设计车速、通行能力和满足交通安全的要求，按公路等级、横断面的类型、路线所处地形规定的路基横断面各组成部分横向尺寸的行业标准。

公路路幅是指公路路肩两侧外边缘之间的部分，路幅宽度即指路肩两侧外边缘之间的水平距离，即路基宽度。

一般路幅布置包括行车道和路肩，除四级公路可设置为单车道外，公路按路幅布置形式主要分为单幅双车道和双幅多车道两种类型。我国公路中，二级、三级和部分四级公路采用单幅双车道，在我国公路总里程中占比重最大。高速公路和一级公路为适应车辆速度快、交通量大的需要，设置中间带把对向行驶的车道分隔成两部分（即两幅），每幅包括两条或多条单向行车的车道。

对于工程特别艰巨，交通量又很小的山区公路或地方公路，可做成双向单车道的公路。但在沿线适当距离内以及不能满足视距要求的路段，仍要做成一定宽度的双车道，称为错车道，以避让对向开来的汽车。错车道应设在有利地点，并使驾驶员能看到相邻两错车道间行驶来的车辆。

高速公路和一级公路的路基横断面分为整体式和分离式两种。上下行的公路横断面由一个路基形成的称为整体式，由两个路基分别独立形成的称为分离式。整体式横断面上包括行车道、路肩、中间带、紧急停车带、爬坡车道、变速车道等；分离式的横断面上没有中间带，其他部分和整体式相同。

二、三、四级公路采用整体式横断面，不设中间带，它的组成部分包括行车道、路肩、错车道等。

一般情况下应取用表中"一般值"，有条件时还应适当增加硬路肩和路基宽度，以利于将来拓宽行车道。只有在地形特别困难或受其他特殊情况限制时，在局部路段才能使用"变化值"，"变化值"路段不宜过长。

（1）行车道宽度。行车道应根据车辆组成和交通量等因素来选定。我国《标准》规定了各级公路一条车道的宽度。

（2）路肩。路肩位于行车道外缘至路基边缘之间，其主要作用是保护行车道和临时停车。高速公路和一级公路的路肩包括硬路肩和土路肩两部分，二、三、四级公路的路肩一般只设土路肩。

当高速公路和一级公路采用分离式路基或中间带宽度>4.5 m时，在行车道左侧也应设硬路肩，其作用在于使左侧路面与中间带连成整体，可供紧急情况使用，可起到安全带的作用。

高速公路和一级公路为了行车安全，应在硬路肩宽度内设置路缘带，以利于诱导驾驶员视线，其宽度一般为0.5m。

（3）中间带。中间带是用来分隔往返交通流的，以此可保证车速、减少事故、提高通行能力，也可作为设置路上设施和标志的场地。高速公路和一级公路应设置中间带。中间带由中央分隔带和两条左侧路缘带组成。各国有宽、窄中间带之分，一般不应低于3m。

中央分隔带不一定等宽，也不一定等高，应与地形、景观相配合。中央分隔带不应从头到尾是封闭的，而应每隔2km设置一个开口，以便于车辆在必要时到反向车道行驶。中央分隔带的端部有弹头形和半圆形。中央分隔带有下凹形、上凸形和齐平形三种。

（4）变速车道。变速车道是指当车辆从快速车道进入慢速车道或从慢速车道进入快速车道时，设置的速度过渡段。高速公路和一级公路的互通式立体交叉、服务区、公共汽车停靠站等与主线连接处，均应设置变速车道，其宽度一般为3.5m。

（5）紧急停车带。高速公路和一级公路，当右侧路肩宽度小于2.5m时，应设置紧急停车带。其设置间距不宜大于2km，宽度一般为5m，有效长度一般为50m，并设置100 m和150 m左右的过渡段。

紧急停车带原则上在往返方向的右侧对称设置。

（6）错车道。四级公路路基采用4.5m时，路面只能做成单车道，为解决双向行车的错车问题，应在每隔不足300m的距离内选择有利地点设置错车道。错车道处的路基宽度应大于或等于6.5m，有效长度大于或等于20m。

2.典型横断面

经常采用的横断面称为典型横断面，为了设计计算简便，通常用左右侧路肩边缘的连线来代替路面和路拱。这样，在一般情况下，路基顶面为一水平线；有超高时，顶面则为超高横坡的坡线；加宽时则按规定予以加宽。

路基高度是指路堤的填筑高度和路堑的开挖高度，是指路基设计高程和地面高程之差。由于原地面沿横断面方向往往是倾斜的，所以在路基宽度范围内两侧的高差常有差别。因此，路基高度是指路基中心线处设计高程与原地面高程之差。路基两侧边坡的高度是指填方坡脚或挖方坡顶与路基边缘的相对高差。所以，路基高度有中心高度与边坡高度之分。

新建公路的路基设计高程：高速公路和一级公路采用中央分隔带的外侧边缘高程；二、三、四级公路采用路基边缘高程，在设计超高、加宽地段为设超高、加宽前路基边缘高程。

改建公路的路基设计高程：一般按新建公路的规定办理，也可视具体情况采用中央分隔带中线或行车道中线高程。

由于地形情况的不同，形成了下列不同的典型横断面形式。

（1）一般路堤。一般路堤为路堤填土高度小于20 m的路堤常用形式。

路堤高度小于0.5m的矮路堤，为满足最小填土高度和排除路基及公路附近地面水的需要，应在边坡坡脚处设置边沟。当路堤高度大于2m时，可将边沟断面扩大成取土坑，以满足填土的需要，但此时为保证路边坡的稳定，应在坡脚与取土坑间设不小于1m宽的护坡道。

当路堤边坡高度大于20m时，应另行设计。

（2）一般路堑。一般路堑为路基挖方深度小于20m、一般地质条件下的路堑形式。

路堑路段均应设置边沟。为拦截上侧地面径流以保证边坡的稳定，应在坡顶外至少5m处设置截水沟。路堑路段所废弃的土石方，应做成规则形状的弃土堆，一般置于下侧坡顶外至少3m处。当路堑边坡高度大于6m或土质变化处，边坡应随之做成折线形。当路堑边坡高度大于20m时为深路堑，应另行设计。

（3）半填半挖路基。半填半挖路基为一般山坡路段的路基常用形式，是路堤和路堑的综合形式。

当地面横坡大于1∶5时（包括一般路堤在内），为保证填土的稳定，应将基底（原地面）挖成台阶。台阶的宽度应不小于1m，台阶的底面应有2%~4%的向内斜坡，台阶的高度在填土时视分层填筑的高度而定，一般每层不大于0.5m，填石时视石料的大小而定。其余可按路堤或路堑而采用与之相应的形式。

（4）陡坡路基。陡坡路基为山区陡坡路段的路基常用形式。对应不同情况，可采用护肩路基、挡土墙路基、护脚路基、矮墙路基等形式。

（5）沿河路堤。沿河路基为桥头引道、河滩路堤的常用形式。

路堤浸水部分的边坡坡度，可采用较缓的坡度，并视水流情况采用相应的加固防护措施，如植草、铺草皮、干砌或浆砌片石等。

（6）利用挖渠土填筑路基。利用挖渠土填筑的路堤为与当地农田水利建设相结合的常用形式。此时，需综合考虑、慎重对待，尤其是渠道的设计流量、流速、水位、纵坡等是否危及公路的正常使用，路堤的高度和加固防护措施是否满足路基强度和稳定性的要求等。

3.路基的附属设施

为了保证路基稳定和行车安全，根据实际需要应设置取土坑、弃土堆、护坡道、碎落台、堆料坪等路基附属设施，这些都是路基主体工程不可缺少的部分。

（1）取土坑和弃土堆。公路土石方数量在调配过程中或公路养护中，不可避免地会在公路沿线附近借土或弃土。取借土后留下的整齐土坑称为取土坑。将开挖路基所废弃的土按一定的规则形状堆放于公路沿线一定距离内称为弃土堆。

（2）护坡道。当路堤较高时，为保证边坡稳定，在取土坑与坡脚之间或边坡坡面上，沿纵向保留或筑成有一定宽度的平台称为护坡道。

（3）碎落台。设在路堑边坡坡脚与边沟外侧边缘之间（有时也设在边坡中部）的平

21

台，称为碎落台。其作用是防止土石碎落物落入边沟。碎落台的宽度一般为 1~1.5m。

4.公路建筑限界与公路用地

（1）公路建筑限界。为保证车辆和行人通行的安全，公路在一定宽度和高度范围内不允许有任何障碍物侵入的空间范围称为建筑限界。不同等级的公路其建筑限界的大小也不同。

（2）公路用地。公路用地是指为修建、养护公路及其沿线设施，依照国家规定所征用的地幅。分为公路直接用地和辅助用地。

①公路直接用地。公路直接用地的范围一般为路堤排水沟外边缘或路堑坡顶截水沟外边缘以外 1m 范围，有条件时，高速公路和一级公路采用 3m，二级公路采用 2m。特殊条件下，应按实际情况确定用地界。

②公路辅助用地。公路辅助用地是指为了公路安全、养护、管理等需要的用地范围，应在节约用地的原则上，根据实际需要确定。

二、路基边坡

路基边坡即路肩的外边缘与坡脚（路堑则为边沟外侧沟底与坡顶）所构成的坡面。是支撑路基主体的重要组成部分。路基边坡的坡度习惯上用边坡的高度与宽度的比值来表示，如 1：0.5、1：1、1：1.5 等。

路基边坡坡度的大小直接影响路基的稳定性和工程数量。因此，正确合理确定路基的边坡坡度，是公路横断面设计的主要内容之一。

路堤边坡形式和坡率应根据填料的物理力学性质、边坡高度和工程地质条件确定。

浸水路堤在设计水位以下的边坡坡率不宜陡于 1：1.75。

填石路堤的边坡坡率应根据填石料种类、边坡高度和基底的地质条件确定。易风化岩石与软质岩石用作填料时，应按土质路堤边坡设计。

对边坡高度超过 20m 的路堤，边坡形式宜采用阶梯形，边坡坡率应通过稳定性分析计算确定，并应进行个别设计。

土质路堑边坡形式及坡率应根据工程地质及水文地质条件、边坡高度、排水措施、施工方法，并结合自然稳定山坡和人工边坡的调查及力学分析综合确定。

岩质路堑边坡形式及坡率应根据工程地质与水文地质条件、边坡高度、施工方法，结合自然稳定边坡和人工边坡的调查综合确定，必要时可采用稳定性分析方法予以检算。

边坡高度不大于 30 m 时，无外倾软弱结构面的边坡按《公路路基设计规范》（JTG D30—2004）附录 A 确定岩体类型，边坡坡率可按规定确定。对于有外倾软弱结构面的岩质边坡、坡顶边缘附近有较大荷载的边坡、边坡高度超过相关规定范围的边坡，边坡坡率应按有关规定通过稳定性分析计算确定。

对于土质挖方边坡高度超过 20m、岩石挖方边坡高度超过 30m 和不良地质地段路堑边坡，应按《公路路基设计规范》（JTG D30—2004）有关规定，进行路基高边坡个别处理设计。

三、横断面设计方法

横断面设计俗称"戴帽子"或"戴帽"。即在横断面测量所得的各桩号的横断面图上，按纵断面设计所确定的填挖高度和平面设计所确定的路基宽度、超高、加宽值，结合当地的地形、地质等自然条件，参照典型路基横断面图式，逐桩号绘出路基横断面图。

横断面图的比例尺，通常采用 1∶200，当有特殊情况时可采用 1∶100。

一般横断面图的绘制步骤如下。

1.根据横断面地面线测量资料记录表，绘制地面横断面图。

一般自中桩分别向左右两侧由近及远逐点按分数形式记录，其中分子表示相邻点间高差，"+"为升高，"-"为降低，分母表示相邻点间的水平距离。

2.根据纵断面设计、平面设计或路基设计表的成果，在地面横断面图上，逐桩号标注填（T）挖（W）高度、路基宽度、超高等数值。

3.按上述资料逐桩号绘出横断面

（1）直线段

路堤：在中桩点上按填土高度作水平线，在其上截取路基宽度得左右两侧路基的边缘点，再按边坡坡度绘出边坡线，与地面线相交得坡脚点。

路堑：首先按挖方高度及路基宽度得路基边缘点后；其次在路基边缘点外绘出边沟断面；最后在边沟沟底的外侧边缘点作边坡线，与地面线相交得坡顶点。

半填半挖：分别按路堤和路堑的方法得填挖部分的坡脚点或坡顶点。

（2）圆曲线段

无超高、加宽时，与直线段相同。

无超高，有加宽时，在加宽一侧按所需加宽值求得该侧路基边缘点，其他与直线段相同。

有超高、无加宽时，以超高前路基顶面水平线为准，先按路基内、中、外的超高值绘得路基顶面横坡线及两侧路基边缘点，再绘出路基坡脚点。

有超高、有加宽时，按所需超高、加宽值，采用与上述相同方法绘得。

（3）缓和曲线段

按各桩号断面所需的超高和加宽值，采用上述圆曲线段设计方法绘得。

其他如护坡道、边沟、截水沟、挡土墙等路基组成部分按尺寸分别绘出。

4.分别计算各桩号断面的填方面积和挖方面积并标注于图上。

在横断面设计时，尽管在横断面图上按比例绘出了边沟、截水沟、挡土墙等设施，但一般不标注详细尺寸，仅注明其起讫桩号，其设计的详细尺寸，可参考该设计路段的标准横断面图。

对于特殊路基还应单独设计，绘制特殊路基设计图。

四、土石方调配

路基土石方工程是修筑公路的主要工程项目之一，其工程量在整个工程项目中所占比例较大。土石方的数量及其调配关系着取土和弃土的地点与公路用地范围，同时还影响修建公路的工程造价、所需劳动力、机具设备和施工期限等。

土石方调配的目的是将挖方合理地调运于路基的填方或适当地布置弃土堆，并合理地布设取土坑，从而减少公路用地，使运量最小，搬运方向最便利。

1.调配计算中的几个基本概念

（1）利用方、借方和废方。

利用方：路堑挖方中调运于路堤填方的土石方。

借方：路堤填方中除利用方外需从路外取土的土石方。

废方：路堑挖方中除利用方外需处理弃掉的土石方。

（2）免费运距、平均运距、超运运距和经济运距。

免费运距：土方作业包括挖、装、运、卸等工序，在某一特定距离内，只按土石方数量计价，而不另计算运费的特定距离。如人工运输的免费运距为20m，铲运机的免费运距为100m等。各种运输的免费运距，可从《公路工程预算定额》中查得。

平均运距：从挖方体积中心到填方体积中心的距离。

超运运距：平均运距中超出免费运距的运距，应另加计运费。超运运距按运输方式不同，有不同的计算单位，如人工运输以每超运10m为一超运单位，铲运机以每超运50m为一超运单位。

各种运输方式的超运运距单位，可从《公路工程预算定额》中查得。

经济运距：填方用土的来源，一是从路堑挖方纵向调运，二是就近路外取土。一般情况下，纵向调运比较经济，但如果调运距离太长，就不如就近取土经济了，这个移挖作填（即横向调配）比纵向借土经济的最大运距称经济运距。

2.土石方调配的一般要求

（1）土石方调配应尽量在本桩范围内移挖作填，以减少废方和借方。

（2）废方要做妥善处理，防止乱堆乱弃。

（3）调配土石方一般不做跨沟调配，不宜向上坡方向调运。

（4）石方除特殊情况外，一般不做纵向调配。

3.调配方法

土石方调配方法有许多种，公路施工中多采用土石方数量计算表调配法，即在"路基土石方数量计算表"上做土石方调配。它具有方法简单、调配清晰等优点。

五、横断面设计成果

横断面设计成果主要有横断面设计图、路基土石方数量计算与调配表。

1.横断面设计图

横断面设计图的比例通常采用 1：200。在图纸上绘制横断面设计图时，必须从图纸的左下方开始，按顺序逐个桩号向图纸上方排列，换列时仍然由下向上排列，直至图纸的右上方为本页的最后一个桩号的横断面设计图。每页图纸的右上角应规范地标有横断面图纸的总页数和本页图纸的编码数。

2.路基土石方数量计算与调配表

路基土石方数量计算与调配直接影响到工程投资，务必正确计算和周密调配。

第四节　平曲线加宽

一、加宽的原因

当汽车在曲线上行驶时，前轮可以自由转动一定的角度，而后轮只能直行，不能随便转动，因此，汽车在曲线上行驶时前后轮迹不会重叠，如果半径较小，汽车的前轮轮迹在路面上，而后轮轮迹就有可能落在侧石线上。另外，汽车在曲线上行驶有较大的摆动和偏移。所以，《标准》规定：当公路圆曲线半径 $R \leqslant 250m$ 时，应在圆曲线内侧设置加宽。

二、加宽缓和段

一般在平曲线的圆曲线部分是全加宽段，而直线段的加宽值为零，所以在直线和圆曲线间应插入一段缓和段用于加宽的过渡，称为加宽缓和段。

加宽缓和段的长度一般小于超高缓和段长度，所以，当曲线设置缓和曲线同时既有超高又有加宽时，缓和段长度以缓和曲线为准，当曲线不设置缓和曲线时以超高缓和段为准；当曲线上没有超高只有加宽时，一般用不小于 10m 的过渡长度即可，全加宽值大，则缓和段长度可略长些，并取 5m 的整数倍，且应考虑其渐变率为 1：15。

在加宽缓和段内，加宽是逐渐变化的，其过渡方式有以下三种。

1.按直线比例逐渐加宽

该加宽方式适用于二、三、四级公路，有外接法和内切法两种。

2.按高次抛物线方法过渡

这种加宽方式加宽后的边缘线圆滑、舒顺，所以，高速公路和一级公路一般都采用此种加宽方式。

3.回旋线方法过渡

.回旋线方法过渡多用于城郊路段、桥梁、高架桥、挡土墙、隧道等构造物处及设置各种安全防护设施的地段。

第五节　平曲线超高

一、超高的概念

在曲线上行驶的汽车，受到离心力的作用，会影响行车的横向稳定，为了使汽车能够在曲线上不减速，获得一个向着平曲线内侧的自重分力以抵消一部分离心力的作用，也为了使乘客在曲线上没有不舒适的感觉，就需要把该部分的路面做成向曲线内侧倾斜的单向坡面，这就是平曲线的超高。

超高的位置应设置在全部圆曲线范围内（也称为全超高）。从直线上的双向路拱横坡过渡到圆曲线上具有超高横坡度的单向横坡断面，需要有一个渐变的过渡段。

二、超高横坡度

如果超高横坡度太小，就会影响乘客的舒适性；如果超高横坡度太大，车辆操纵就会比较困难。所以《标准》规定了各级公路的最大全超高横坡度，一般地区为10%，积雪冰冻地区为6%。另外，《标准》还规定了不同半径下的超高值。

三、超高缓和段

1.超高缓和段的形式

超高缓和段上超高的过程其实就是公路路面随前进方向在逐渐旋转的过程。按其超高旋转轴在公路横断面上的位置可分为两种情况：无中央分隔带和有中央分隔带。

（1）无中央分隔带公路的超高方式。

①绕路面未加宽前的内侧边缘旋转，简称内边轴旋转。一般新建公路多采用此方式。

②绕路面中心线旋转，简称中轴旋转。一般改建公路多采用此方式。

③绕路面外侧边缘旋转，简称外边轴旋转。此种方式仅在高路堤或特殊设计中采用，以节省工程量。

（2）有中央分隔带公路的超高方式。

①绕分隔带两侧边缘旋转，一般采用较多。

②绕分隔带的中心线旋转，一般采用较少，只有行车道窄时才采用。

③绕分隔带两侧路面中心旋转，一般多用于单方向大于 4 车道的公路。

2.超高缓和段的构成

在超高缓和段中，由双向坡逐渐向超高横坡过渡时，按有无中央分隔带及旋转基线的不同，超高缓和段的构成也不同。

（1）无中央分隔带的公路

①绕内边轴旋转。绕内边轴旋转是将路面未加宽时内侧边缘线保留在原来位置不动。

②绕中轴旋转。绕中轴旋转是将路面的中心线保留在原来位置不动。

③绕外边轴旋转。绕外边轴旋转是将路面的外侧边缘线保留在原来位置不动。

（2）有中央分隔带公路的超高方式

①绕中央分隔带的中心线旋转。绕中央分隔带的中心旋转是将超高前的中央分隔带中心线保留在原来位置不动。

②绕中央分隔带两侧的边缘旋转。绕中央分隔带的两侧边缘旋转是将超高前的中央分隔带两侧边缘保留在原来位置不动。

③绕中央分隔带两侧路面的中心旋转。绕中央分隔带两侧路面的中心旋转是将超高前的中央分隔带两侧路面的中心线保留在原来位置不动。

第六节　公路交叉

公路与公路、公路与铁路及公路与其他道路或管线相交的形式称为交叉，相交的地方称为交叉口。相交公路在同一平面上的交叉称为平面交叉；相交公路分别在不同平面上的交叉称为立体交叉。

一、公路与公路平面交叉

在平面交叉口，不同方向的车流和行人互相影响和干扰，不但会降低车速、阻滞交通、降低通过能力，而且容易发生交通事故。因此，公路交叉口是公路的重要组成部分，是公路交通的咽喉部位，必须予以足够的重视，进行合理的设计。平面交叉口设计的基本要求：一是保证车辆和行人在交叉口能以最短的时间安全地通过，使交叉口的通行能力能适应各条公路的行车要求；二是正确设计交叉口的立面，保证交叉口范围内的地面水被迅速排除。

1.平面交叉口的交通分析

各个方向的车流驶入交叉口后，以直行、右转弯和左转弯的方式驶离交叉口。这样，由于交叉口车辆行驶方向不同，车辆间的交错也会有所不同，易产生各种危险点（包括冲突点、合流点及分流点）。

冲突点：来自不同行驶方向的车辆以较大的角度相互交叉的地点，称为冲突点，亦称交叉点。

合流点：来自不同行驶方向的车辆以较小的角度向同一方向汇合的地点，称为合流点，亦称汇合点。

分叉点：同一行驶方向的车辆向不同方向分开的地点，称为分叉点，亦称分流点。

上述不同类型的交错点，都存在着碰撞的危险，但其中以左转与直行车辆和直行与直行车辆所产生的冲突点对交通的影响最大，其次是汇合点，最后是分叉点。因此，在交叉设计中应尽量减少和消除冲突点，其次是汇合点和分叉点。

在交叉口处，如果机动车和非机动车同时通过，则产生的冲突点更多。在无交通管制的交叉口，以单列车队从各方向通过时其冲突点和其他交错点的情况。通过分析可得出下列结论。

（1）交叉口危险点的多少，随交叉口相交路线数量的增加而显著增加。所以，除特殊情况外，应力求减少交叉公路的条数，尽量避免5条及以上的公路相交。

（2）产生冲突点最多的是左转弯车辆，若无左转弯车辆，则冲突点的个数会明显减少。因此，在交叉口设计中如何正确处理和组织左转弯车辆，是保证交叉口交通通畅和行车安全的关键。为了减少和消除交叉口上的冲突点，保证交叉口的交通安全，可以采取一些措施。通常，消除或减少冲突点的方法有。

（1）进行交通管制。即在交叉口处设置交通信号灯或由交警指挥，使直行车辆和左转弯车辆在通行时间上错开。

（2）采用渠化交通。合理布置交通岛、交通标志和标线或增设行车道等（如采用环形交叉，俗称"转盘"），引导各方向车流沿一定方向行进，减少车辆之间的相互干扰，使车流像水流一样被渠化。

（3）采用立体交叉。将相互冲突的车流从空间上分开，使其互不干扰。这是彻底解决交叉口交通问题最有效的方法。但立体交叉造价高，有的立体交叉仍有平面交叉问题，所以，不能随意采用立体交叉。

为了交通安全，应在交叉口设置标志牌，使驾驶员有精神准备；同时，交叉口应具有足够的视距，使驾驶员能看到各方向来车情况，以便及时采取措施。

2.平面交叉口设计的主要内容

（1）正确选择交叉口形式，确定各组成部分的几何尺寸。

（2）进行合理的交通组织，合理布置各种交通设施。

（3）验算交叉口的行车视距，保证安全通行条件。

（4）合理进行交叉口的立面设计，布置各种排水设施。

3.平面交叉口的基本类型和特点

平面交叉的类型按几何形状可分为"字形交叉、T字形交叉及其演变而来的X形交叉、Y形交叉、错位、环形交叉和复合交叉等。

（1）十字形交叉。相交公路夹角90°±15°范围内的四路交叉。

（2）X形交叉。相交公路夹角小于75°或大于105°的四路交叉。

（3）T形交叉。相交公路夹角在90°±15°范围的三路交叉。

（4）Y形交叉。相交公路夹角小于75°或大于105°的三路交叉。

（5）错位交叉。由两个方向相反距离相近的T形交叉所组成的交叉口；若由两个Y形交叉所组成的则为斜交错位交叉。

（6）环形交叉。在交叉口中央设置较大的圆形或其他形状的中央岛，所有车辆绕岛作逆时针行驶直至离岛驶去。

（7）复合交叉。指5条及以上的公路交会的地方，交叉口中心较突出，但交通组织不便，且占地较大，必须慎重全面地考虑。

平面交叉按布置形式一般可分为加铺转角式、分道转弯式、加宽路口式和环形交叉四类。

（1）加铺转角式。在平面交叉转弯处，用适当半径的圆曲线平顺连接相交公路的路基和路面的形式称为加铺转角式。此类交叉形式简单，占地少，造价低，设计方便，但行车速度低，通行能力小。一般适用于交通量不大，车速不高，转弯车辆少的三、四级公路。设计时主要解决合适的转角曲线半径和足够的视距问题。

（2）分道转弯式。通过在路面上设置导流岛、分隔器、分隔带、交通岛或划分车道等限制行车路线，使不同车型、车速和行驶方向的车辆，沿着指定方向通过交叉口的形式，称为分道转弯式。分道转弯式适用于交通量不大、车速较高、转弯车辆较多的三、四级公路。设计时主要解决分道转弯半径、保证足够的视距和满足导流岛端部半径的要求。分道转弯式交叉也能起到渠化交通的作用。

（3）加宽路口式。为避免转弯车辆阻塞直行车和其他交叉公路的车辆，可以采用加宽路口增设转弯车道或变速车道或附加车道的平面交叉，称为加宽路口式。这种交叉可以单增右转或左转车道，也可同时增设左、右转车道。此类交叉可以减少转弯车辆对直行车辆的干扰，车速较高，事故率低，通行能力较强，但占地多，投资大，适用于交通量较大、转弯车辆较多的二级公路。设计时主要解决扩宽的车道数，同时也要满足视距和转弯半径的要求。

（4）环形交叉。在交叉口中央设置中心岛，用环道组织渠化交通，使所有车辆进入环道后均按逆时针方向绕岛单向行驶，直至所要去的路口，离岛驶出的平面交叉，称为环形交叉。环形交叉的优点是各种车辆可以连续不断地单向行驶，没有停滞，减少了车辆在交叉口的延误时间，环道上的行车只有交织的分流，消除了冲突点，提高了行车安全性，交通组合简便，不需信号管制，但占地较多，造价较高，直行车和左转弯车绕行的距离较长。适用于多路交叉和畸形交叉。

4.平面交叉口的视距保证

为了保证交叉口的行车安全，司机在进入交叉口前的一段距离内，必须能看清楚相交公路上车辆的行驶情况，以便能顺利驶过交叉口或及时采取相应措施，避免相撞。

5.交叉口立面（竖向）设计

交叉口立面（竖向）设计的目的是通过调整交叉口范围的行车道、人行道及附近地面等有关各点的设计高程，合理确定各相交公路之间及交叉口和周围建筑物之间共同面的形状，以符合行车舒适、排水迅速和建筑艺术三方面的要求。通常，竖向设计图中用等高线来表示交叉口各部位的设计高程和排水方向。

6.平面交叉设计成果

（1）平面交叉口平面布置图。比例尺用1：500~1：1 000，在图中标示出路中心线和路面边缘线，注明交叉点，各岔道其终点、加桩、控制断面的位置和桩号，并列出平曲线要素表。图中还应标出各控制断面的宽度、横坡度和两侧路面边缘设计高程，并注明交叉口处各坡段的纵坡等。

（2）纵横断面图。除横断面图可用1：100~1：200比例尺外，其余要求与一般路线设计的相同。

（3）交叉口地形图和竖向设计图以及交叉口的工程数量等资料。

二、公路与公路立体交叉

1.立体交叉的基本组成

立体交叉通常由跨线构造物、主线、匝道、出入口、变速车道（加速、减速车道）等部分组成。

（1）跨线构造物。它是立体交叉实现车流空间分离的主体构造物，包括设于地面以上的跨线桥（上跨式）以及设于地面以下的地道（下穿式）。

（2）主线。它是组成立体交叉的主体，指两条相交公路的直行车道，主要包括连接跨线构造物两端到地坪高程的引道和交叉范围内引道以外的直行路段。

（3）匝道。它是立体交叉的重要组成部分，是指供上、下相交公路转弯车辆行驶的连接道，有时包括匝道与主线以及匝道与匝道之间的跨线桥（或地道）。依作用有右转匝道和左转匝道之分。右转匝道即从公路右侧驶出后直接右转约90°，至相交公路右侧进入，一般不需要跨线构造物。其特点是形式简单，车辆行驶方便，行车安全。左转匝道即车辆需转 90°~270° 越过对向车道，至少要设置一座跨线构造物。

（4）出入口。由主线驶出进入匝道的路口为出口，由匝道驶入主线的路口为入口。

（5）变速车道。由于匝道采用比主线低的车速，因此进出主线都要改变车速。为车辆进出变速而设的附加车道，称为变速车道，入口处为加速车道，出口处为减速车道。

（6）斜带及三角形地带。变速车道与主线衔接的三角形渐变段称为斜带。匝道与主线间或匝道与匝道间所围成的地区统称为三角形地带。三角形地带是交叉口绿化、美化环境，照明等的用地。

2.立体交叉的类型

（1）立体交叉按相交公路结构物形式划分为上跨式和下穿式两类。

①上跨式，是指用跨线桥从相交公路上方跨过的交叉形式。这种立体交叉施工方便，造价较低，排水易处理，但占地大，引道较长，高架桥影响视线和市容，宜用于市区以外或周围有高大建筑物处。

②下穿式，是指用地道（或隧道）从相交公路下方穿过的交叉形式。这种立体交叉占地较少，立面易处理，对视线和市容影响小，但施工期较长，造价较高，排水困难。多用于市区。

（2）立体交叉按交通功能可划分为分离式立体交叉和互通式立体交叉两类。

①分离式立体交叉。分离式立体交叉是指采用上跨或下穿方式相交的立体交叉。车辆只能直行通过交叉口，不能互相转道。这种立体交叉不多占地，构造简单，设计的重点考虑路线的上下位置。

②互通式立体交叉。互通式立体交叉不仅设跨线构造物使相交公路空间分离，而且上下公路之间有匝道连接，是以供转弯车辆行驶的交叉形式。这种立体交叉构造较复杂，占地亦多，但车辆可安全转道、连续行驶。互通式立体交叉适用于高速公路与其他各类公路、大中城市出入口公路以及重要港口、机场或游览胜地的公路相交处。

互通式立体交叉根据交叉处车流轨迹线的交错方式和几何形状的不同，又可分为部分互通式立体交叉、完全互通式立体交叉和环形立体交叉三种类型。

a.部分互通式立体交叉：相交公路的车流轨迹线之间至少有一个平面冲突点的交叉。这是一种低级的互通式立体交叉，代表形式有菱形立体交叉和部分苜蓿叶式立体交叉。其特点是形式简单，仅需一座跨线的构造物，用地面积较小和工程费用较少，但次线与匝道连接处为平面交叉，影响了通行能力和行车安全。

b.完全互通式立体交叉：相交公路的车流轨迹线全部在空间分离的交叉。它是一种比较完善的高级形式立体交叉，代表形式有喇叭形立体交叉、苜蓿叶形立体交叉、Y形立体交叉、X形立体交叉等。其特点是匝道数与转弯方向数相等，各转向都有专用匝道，无冲突点，行车安全，通行能力大，但占地面积大、造价高。完全互通式立体交叉适用于高速公路之间及高等级公路与其他较高等级公路相交。

c.环形立体交叉：相交公路的车流轨迹线因匝道数不足而共同使用，且有交织路段的交叉。其特点是保证主要公路直通，交通组织方便，占地少且无冲突点，但通行能力受到环道交织能力的限制。车速也受到环岛半径的限制，绕行距离长，构造物多。适用于较高等级公路与次高等级公路之间的交叉，以用于5条以上公路相交为宜。布设时应让主线直通，中心岛可采用圆形、椭圆形或其他形状。

3.一般要求

当高等级公路相交或交通量过大而平面交叉无法适应时，或是行车速度高、地形条件许可的情况下，经过技术和经济综合评定，可采用立体交叉。

在设置立体交叉时，应遵循《标准》和《公路路线设计规范》（JTGD 20—2006）的规定。

（1）高速公路与其他各级公路交叉时，必须采用立体交叉。交叉形式除了在控制出入的地方设互通式立体交叉外，均采用分离式立体交叉。互通式立体交叉的形式、设置的间距及加（减）速车道、匝道的设计，应根据有关规定及具体情况确定。

（2）一级公路与其他公路交叉时，应尽量采用立体交叉。交叉形式可根据具体情况采用互通式或分离式立体交叉。

（3）其他各级公路的交叉，交通条件需要或有条件的地点，也可采用立体交叉。

（4）立体交叉的建筑限界应满足要求。

4.公路与公路立体交叉设计成果

（1）布置图。比例尺一般用1∶500~1∶1 000。内容包括地形、地物、路线（包括匝道）、跨线桥及其他构造物等。

（2）纵、横断面图。比例尺和要求与平面交叉相同。

（3）跨线桥设计图。其要求与一般桥梁设计相同。

（4）如有挡土墙、窨井、排水管、排水泵站等其他构造物，均需附设计图。

（5）有比较方案时，应绘制布置图并提供有关资料。

（6）交叉口的工程数量等资料。

三、公路与其他路线交叉

1.公路与铁路相交叉

高速公路、一级公路与铁路交叉时必须采用立体交叉，其他各级公路与铁路交叉时应尽可能采用立体交叉。公路与铁路立体交叉时，桥下净空应满足有关要求；公路与铁路平面交叉时交叉角宜为正交，必须斜交时交叉角应大于 45°。

2.公路与乡村道路相交叉

高速公路、一级公路与乡村道路交叉时必须采用立体交叉，其他各级公路与乡村道路交叉时可采用平面交叉。公路与乡村道路立体交叉时，桥下净空应满足有关要求。

3.公路与管线等相交叉

各种管线和管道均不得侵入公路建筑限界。架空管线和管道与公路交叉时宜为正交，其距离路面的最小垂直距离应满足有关规定；埋入地下的管线和管道其埋置深度应满足有关规定。

第七节　高速公路简介

高速公路是专供汽车分向、分车道行驶并全部控制出入且通行能力强大的公路。早在 1919 年，德国就修建了世界上最早设有上、下行车道，中间设分隔带的公路，称为 AVUS，这就是高速公路的雏形。意大利也是较早修建高速公路的国家，美国、日本、荷兰等国家高速公路的发展速度也非常迅猛。我国的高速公路出现比较晚，1988 年建成的沪嘉高速公路是我国最早修建的高速公路，全长 18.5 km。

一、高速公路的特点

1.行车速度高

高速公路是按汽车高速行驶的要求设计的。对于慢速机动车、非机动车以及行人、牲畜一律禁止通行。国外绝大部分国家设计行车速度在平原地区采用 120 km/h（个别国家采用 140 km/h），在山区一般采用 100km/h。路上形成连续车流，在车道上的行车速度不得低于 60 km/h 或 80 km/h。我国目前采用的设计速度为：平原微丘区为 120 km/h；重丘区为 100 km/h；山岭区为 80 km/h。特殊路段经过论证可采用 60 km/h，但长度不宜大于 15 km。

2.通过能力大

高速公路上车辆分道行驶，互不干扰，通过能力大，从根本上解决了交通的拥塞问题。

3.设有中央分隔带

为了有效地分隔两个方向的车辆交通，保证车辆高速安全行驶，在上、下两行车道之间必须设置中央分隔带。

4.立体交叉

高速公路与任何铁路、公路相交时，均应设置立体交叉。立体交叉既起到了消除侧向车辆干扰的作用，又控制了车辆的出入或流向。

5.控制出入

为了保证汽车在公路上达到高速、安全、通过能力大的要求，高速公路沿线除通过互通式立体交叉处可以进出外，沿线都是封闭的。车辆必须经过专设的入口和出口进出高速公路。

6.交通设施完备

高速公路沿线设有各种完善、形状和颜色显著易辨的标志和号志，夜间能反光或发光。在人口稠密的市区、交通要道和交叉口处，设置有照明设备。在公路沿线设有必要的护栏、防护网、防眩设备、隔音墙、可变式道路情报板、紧急电话等安全和防护工程设施。

7.服务设施齐全

高速公路沿线设有停车场、加油站、汽车修理站、便利店、饭店、旅馆、公用电话等服务设施。

8.投资大、造价高

由于高速公路的标准高，通常要修建许多桥梁、隧道和高架桥等构造物，致使高速公路投资大、造价高。

9.用地面积大

一条最简单的四车道高速公路用地宽度至少是 30~35m，加之预留空地，占地将更大。特别是完全互通式立体交叉每座用地达 $4 \times 10^4 \sim 1 \times 10^5$ m^2。较多的用地使工程造价增加，征地费用有时甚至达到修路费用的 1/3。

10.其他特点

无法照顾短程运输，必须有相应的辅道配合等。

总之，高速公路除了采用高标准的几何设计外，还必须具有上述特点，才能充分发挥其快速、安全、舒适的作用。

二、高速公路的线形设计

高速公路的线形设计标准比一般公路要高，主要体现在公路的通行能力大和行车速度快两个方面。因此，快速、安全、舒适是高速公路线形设计的基本要求。影响高速公路线形标准的因素主要有公路的重要程度、设计速度、设计车辆、交通量以及所在地区的地形等。其中，设计速度、设计车辆和交通量是最基本的因素（见前述）。下面简单介绍高速公路的平面、纵面、横面设计要点。

1.平面设计

高速公路的平面设计中已经较少采用直线，而用大半径曲线代替。因为直线不易与地形协调，其不仅单调，而且连续感也差。

平面线形设计还应遵循《标准》和《公路路线设计规范》（JTGD 20—2006）规定的

其他要求。

2.纵断面设计

高速公路的纵断面应尽量采用平缓纵坡，但纵坡不得小于0.3%，以保证排水畅通。尽量采用大半径竖曲线。

纵断面线形设计还应遵循《标准》和《公路路线设计规范》（JTGD 20—2006）规定的其他要求。

3.横断面设计

高速公路的横断面必须采用中央分隔带或往返分离式路基。路面边缘必须有硬路肩相连，并保证排水畅通，保证边坡和路基稳定。弯道上的横断面不得有任何妨碍视线的障碍物，包括不得在弯道内侧种植树木，以保证视距。

横断面设计还应遵循《标准》和《公路路线设计规范》（JTGD 20—2006）规定的其他要求。

三、高速公路的沿线设施

高速公路有非常完善的沿线设施，包括交通安全设施、服务设施和管理设施等。这些设施是公路不可缺少的组成部分。

1.交通安全设施

为了保证行车安全和充分发挥高速公路的作用，高速公路的沿线应按规定设置必要的交通安全设施。常见的交通安全设施有护栏、防护网、防眩设施、交通标志和照明等。

（1）护栏。护栏设于中央分隔带和路基两侧。其主要作用是防止高速行驶的车辆在失去控制的情况下越出路外或冲向对面方向车道，使车辆恢复到正常行驶方向。同时护栏还起到诱导驾驶员视线的作用。

一般护栏在中央分隔带上应全面连续设置，在路基两侧可根据需要部分设置，通常当路基高度达到3m以上时都应设置。

护栏按刚度不同划分为柔性护栏、半刚性护栏和刚性护栏；按位置不同划分为路侧护栏、中央分隔带护栏、路桥过渡段护栏和活动护栏。

（2）防护网。设置防护网是为了防止牲畜、行人、非机动车等闯入或横穿高速公路，在公路用地外缘设置的一种禁入栅栏。一般设置在靠近高速公路设有其他道路的地段，或互通式立体交叉、服务区等设施的地段，或有居民区，人、家畜有可能进入的周围地段。

防护网一般采用铁刺栏禁入栅栏或金属网型禁入栅栏，其高度一般为1.0~1.5 m。

（3）防眩设施。设置防眩设施的目的是使夜间行驶中的车辆不受对面方向行驶车辆的影响。如果采用宽中央分隔带可不设置。

防眩设施一般分为百叶板式和金属网式两种，其高度一般为1.4~1.7m。

（4）交通标志与标线。交通标志是用图形、符号和文字传递特定信息，对公路上行驶的司机给予指路、指示、警告、禁令等，用以管理交通的安全设施。包括警告标志、禁令标志、指示标志和指路标志等。

交通标线是由各种标线、箭头、文字、立面标记等构成的交通安全设施，其作用是管理和引导交通，包括行车道中心线、车道分界线、停止线等。

（5）照明设施。为使夜间交通顺畅和保证行车安全，在运输特别繁忙和重要的路段内，应尽可能按一定的间距配置路灯，使整个路段得以照明。

2.服务设施

高速公路是全部控制出入的公路，汽车在行驶途中不能随意出入和停车。为了方便司乘人员临时休息、汽车加油和排除临时故障，沿线必须设置必要的服务设施。服务设施根据服务内容和设备规模一般分为服务区和停车场两大类。

服务区规模较大，设备齐全。设置有停车坪、加油站、汽车修理部、饭店、商店、旅馆、公用电话等。为了能给司乘人员提供良好的休息环境，服务区一般选择在风景优美的地方。

停车场的服务内容和规模比服务区小得多，一般仅包括停车坪和厕所。停车场和服务区最主要的区别在于没有加油站和修车设施。

服务区和停车场的形式一般可分为两侧分离式、单侧集中式和中央集中式三种类型。服务区的间距一般情况下不超过50km，大型服务区不超过100 km。停车场的间距一般为15~25km。

3.管理设施

管理设施主要包括监控、收费、通信、配电和管理养护等设施，实时收集交通流信息并及时发布，迅速采取相应对策，疏导交通、保障行车安全。管理设施的建设规模应根据预测交通量进行总体设计，并据此实施基础工程、地下管线及预留预埋工程等。

4.环境保护设施

高速公路设计应重视环境保护，注意由于公路修建和使用对环境所产生的影响。这些问题主要有噪声、污水及汽车废气等造成的环境污染。

（1）防噪声设施。交通噪声是公路运输的公害之一。噪声会损害听觉、危及健康，影响正常的工作和生活，并对建筑物和仪器产生损害。因此，不少国家都制定有噪声的限度标准，一般规定路上噪声不超过60dB，并限制住宅区噪声白天不超过45dB，晚上不超过35 dB。

为了防止噪声干扰，首先在高速公路选线时就应注意使路线尽量离开住宅区及居民点，不得已时，尽量缩短通过长度并采取相应措施。目前，高速公路上常用的防噪声措施有以下三类。

①隔音墙。通常墙高3~5m，多用隔音水泥板制成，适用于路侧有建筑物的隔音。

②隔音堤。在高速公路的路基两侧设置顶宽2~3m，边坡1：2，高度以能挡住受音点为宜的土堤，并在堤上绿化进行隔音。隔音堤一般适用于路侧有建筑物且用地较宽的情况。

③隔音林带。隔音林带宽度一般为10~20m，隔音效果好，但占地较多，适用于路侧有建筑物且用地较宽的情况。

（2）污水处理。对带有污染的路面排水、服务区和停车场产生的污水，要以不影响水源、农田为原则，设置必要的排水设施或沉淀池进行处理。

（3）公路绿化。公路绿化具有减轻污染、净化空气、美化环境、诱导司机视线等作用，并且可以使人心情舒畅，增加行车的舒适感和安全感。因此，在高速公路的用地范围内，应大力进行绿化，尽量通过绿化减轻施工和运营对周围环境的影响。

四、高速公路的交通控制与管理

1.交通控制与管理的概念

高速公路的交通控制与管理是保证车辆安全运行的必要条件。管理的措施和水平，对运输效果影响很大，若管理跟不上，即使按高速公路的标准进行设计，也达不到预期的设计效果，甚至导致频繁的交通事故。

高速公路的交通控制与管理是通过监控系统和管理系统来实现的。实践证明，在高速公路上行驶的车流应该有一个最佳的密度和速度，低于此车速便会由于密度增加形成不稳定的车流，造成延误运行时间，并导致事故发生。通过交通控制和管理，可使高速公路上的车流保持车速、密度、间距的最佳组合，达到高速安全运行的目的。

目前，交通控制与管理的方法，主要是预先在高速公路的主线上、出入口及互通式立体交叉等处设置车辆检测器和电视摄像等监控系统，将监视路段内的交通运行情况，传送到交通控制管理中心，由计算机处理后对整个监视路段发出交通信号，指示车辆按规定的方向运行。交通控制管理中心是进行交通控制与管理系统的核心，一般配备有电子计算机、操作台、沿线地图模拟监测板、交通数据监测板、监测电视及图像显示设备等。目前，美国、欧洲一些国家及日本等一般都采用这种交通控制与管理系统。

2.交通控制的类型与选择

高速公路交通控制的类型，根据国情、公路所在的路段及重要程度等，主要有主线控制、区域性控制和出入口控制等。一般情况下，主线控制与区域性控制适用于城市及城郊高速公路，出入口控制是目前高速公路普遍采用的交通控制方法。

（1）主线控制，是对行驶在高速公路上的车辆实行分流或限制。其目的主要是在于保持行驶车流的最佳密度和车速，有效提高公路的通行能力。

主线控制的方法除利用沿途可变式道路情报板指导汽车行驶外，主要是在收费处、隧道口等位置设置限制信号机，通过关闭一条或几条车道，或将这些关闭的车道变为反向行驶车道，提高因通行能力降低时的安全性和使用效率。如澳大利亚悉尼大桥在交通高峰期间，当出现双向车流的某一侧交通量特别大时，通过车道限制信号机进行分流，就是属于主线控制的一种形式。

（2）出入口控制，是高速公路控制出入的主要形式。入口控制是将可能引起主线阻塞的车流封闭在入口以前，出口控制是利用出口迅速疏导已经发生的阻塞。显然，入口控制要优于出口控制，故一般都采用入口控制的方法。

控制入口的措施主要有完全封闭入口、周期性入口控制和感应式入口控制等，它们是利用在入口处设置信号色灯或自动路障来实现的。如感应式入口控制，平时为绿色通行信号，当主线上车流速度和密度达到最低警戒线时，交通控制与管理中心的沿线地图监测板上就会显示红色路阻信号，并据此发出控制入口的指令。该控制系统能缩短车辆的停车时间，有效地调节车流的均匀性。

（3）区域性控制，即把协调原则推广应用到相应规模地区的交通信号上。主要特点是区域控制范围内的主线及其他道路的各个交叉口的交通管理均自动控制，当发现运行不畅或发生交通事故时，通过指令对相关区域范围各交叉口色灯或车道进行调整等，来达到重新组织交通确保最大通行能力的目的。

3.系统

监控系统由交通信息收集系统和中央控制交通信息处理系统组成。各种交通信息、道路信息、气象信息等是进行交通控制与管理的根据和基础。信息的内容和数量反映了高速公路的控制与管理水平。这些信息是通过交通信息收集系统提供给交通管理中心的。

交通信息由沿途设置的紧急电话、交通巡逻车、气象观测站提供，交通量、车流速度及密度等交通数据，主要是通过设置在高速公路上的车辆检测器和电视摄像机获得的。车辆检测器设在高速公路的出入口及主线上，并与中央控制室的交通数据板相联通。摄像机由中央控制室操作，可以旋转、俯仰、变焦，并将交通情况在电视屏幕上显示出来，中央控制室管理人员通过操纵监控电视与交通数据板，即可获得交通实况和数据板显示的各处交通量、速度、密度及拥堵情况。这些交通信息经信息处理系统处理后，由管理系统发出工作指令，对路上交通实施控制与管理。

4.管理系统

管理系统由交通信息提供系统和中央交通信息控制系统组成。管理的措施主要是通过发布交通信息和指令，告知驾驶员有关信息，促使其选择合理的行车方式和路线，使路上交通量均匀分布，提高公路通行能力，达到高速安全行驶的目的。

高速公路的交通信息提供系统除了由交通管理人员在现场管理外，主要是通过可变式道路情报板、主线控制和出入口控制进行管理。

（1）可变式道路情报板。这种装置是高速公路上专供交通管理中心提供随时变化的情报用的。交通管理中心将收集到的各种数据和信息经计算机处理后，通过管理人员发出指令，在情报板上显示出文字或图形，向司机提供有关交通事故、交通阻塞、道路维修施工及气象情况等各种随机信息，并及时发出行车指示。

可变式道路情报板操作简单、内容可随时变化，可以远距离操纵，一次可以给多块情报板同时下指令。其位置一般设置在互通式立体交叉的出入口、收费站、隧道口以及必要的主线上。

（2）主线控制。交通管理中心的管理人员，利用设置在收费处、隧道口等处的车道限制信号机，根据情况进行车道调整等措施，指示汽车疏散线路。如美国采用的主线控制装置，平时为绿色，车道关闭时变红色"X"符号。

（3）出入口控制。交通管理中心的管理人员在向可变式道路情报板发出指令的同时，可据情况通过操作键盘，对整个监控系统的出入口发出色灯信号，指示车辆按规定的方向运行。

五、高速公路展望

1.高速公路国际化

随着各国的政治、经济、科技、文化、军事的交流与合作，高速公路向国际化发展将是大势所趋，为了更好地发挥公路的效益，加强国际间的运输联系，一些发达国家正把主要高速公路连接起来，构成国际高速公路网。

2.重视交通安全

虽然高速公路的事故率较一般公路低，但是对于越来越多的车祸仍应引起足够的重视。高速公路上的车流由于密度大、车速快，一旦发生交通事故往往影响极大，碰撞车祸死伤人员极多。所以，有人认为，高速公路是"没有硝烟的战场"。各国均积极采取各种措施，从法规及技术方面来改善高速公路交通安全状况。

3.向智能公路发展

国外由于汽车工业发达，各类车辆在逐年增加，而公路建设已渐趋缓慢，有的公路规模和速度滞后，所以经常出现车辆拥挤，交通阻塞，造成经济上、时间上的巨大损失。智能公路体系的主体是信息设备，就是在高速公路上设置监测器和信息发射装置，通过中心控制室将监测器收集的信息处理后，指示高速公路路口的信号装置以控制车流量，同时通过电子显示牌直接向驾驶员显示或通过信号发射装置向汽车内的接收装置发送声音、文字或图形等形式的交通信息，还可利用卫星监视系统进行交通监控，通过卫星转发交通信息，通过以上或其他先进的方式向驾驶员提供最优行驶路线、行车速度、交通情况、本车车位等信息,控制高速公路保持最佳的通行能力。

4.道路多功能利用

从高速公路的发展来看,建设初期人们只是着眼于道路线形设计、结构设计等道路本身的建造技术。随着社会的进步和科学的发展,道路以外的附属设施,如安全设施、信息设施、管理设施等,逐步引起人们的关注。未来的高速公路将着眼于多功能的利用,不仅利用路面,还将利用空间,充分发挥道路功能使之成为多功能高速公路。

多功能高速公路运输设想:沿高速公路设置公用电缆沟、铺设光缆、电力线及其他管道、线路,不仅为交通控制与管理服务,随着公路网的形成,还将成为一个国家或地区通信网的主干线。这样,高速公路将不仅输送人员、物资等物流,还将输送电力等能源和各种信息流,使高速公路成为多功能的道路。

5.开拓发展高速公路的新途径

目前,国外高速公路仍在以不同的速度和规模发展,以适应不断增加的交通量和经济发展的需要。如德国今后高速公路发展的重点是加强技术改造,将四车道改为六车道,以进一步提高高速公路的通行能力,同时将建设重点移向东部地区。泰国曼谷市地面上已无空余之地修建公路,于是将重点移向地上空间,计划采用拟建高架高速公路、空中铁路等措施,增加路线数量。日本在扩大高速公路方面,除了增加数量和拓宽、改建原有工程外,还采用增加或改善互通式立体交叉、扩建休息设施、局部地段增加新的公路线的方法。

第三章　沥青路面施工

第一节　材料质量要求

沥青路面具有表面平整、无接缝、行车舒适、耐磨、噪声低、施工期短、养护维修简便，且适宜于分期修建等优点，得到了广泛的应用。沥青与矿料的性质对沥青路面的强度、稳定性及其路用性能的影响很大，可以说，高质量的原材料是铺筑高质量沥青路面的根本保证，因此，沥青路面使用的各种材料，必须符合规定的质量要求。

一、沥青材料

沥青路面所用的沥青材料有石油沥青、软煤沥青、液体石油沥青和乳化石油沥青等。各类沥青路面所用沥青材料的标号，应根据路面的类型、交通量、施工条件、地区气候条件、施工季节矿料性质和材料来源等因素而定。煤沥青不宜作沥青面层使用，一般仅作透层沥青使用。选用乳化沥青时，对于酸性石料、潮湿的石料，以及低温季节施工宜选用阳离子乳化沥青；对于碱性石料与掺入的水泥、石灰、粉煤灰共同使用时，宜选用阴离子乳化沥青。对热拌热铺沥青路面，由于沥青材料和矿料均必须加热拌和，并在热态下铺压，故可采用稠度较高的沥青材料。而热拌冷铺类沥青路面，所用沥青材料的稠度可较低。对于浇灌类沥青路面，若采用的沥青材料过稠，则难以落入碎石中，过稀又易流入到路面底部，因此，这类路面宜采用中等稠度的沥青材料。当气候寒冷、施工气温较低、矿料粒径偏细时，宜采用稠度较低的沥青材料；但在炎热季节施工时，由于沥青材料的温度散失较慢，可用稠度较高的沥青材料。对于路拌类沥青路面，一般采用稠度较低的沥青材料。

沥青存放于储运站或拌和站时，不同标号、不同来源的沥青必须分开，以免混杂。路用沥青长时间存放后化学组分会发生变化，路用性能会受到一定程度的影响，因此使用前应抽样检验，质量不符合要求的不得使用。连续施工沥青路面时，沥青储存罐或储油池中温度应不低于130℃，不高于180℃，避免因温度过低而引起沥青供给困难，温度过高而使沥青老化。沥青在存放、储运及使用过程中应做好防水工作，避免雨水或加热管内的蒸汽进入沥青罐（池）中。

二、矿料

沥青混合料的矿料包括粗集料、细集料及填料。粗、细集料是形成沥青混合料的矿质骨架，填料与沥青组成的沥青胶浆填充于骨架间的空隙中并将矿料颗粒黏结在一起，使沥青混合料具有抵抗行车荷载和环境因素作用的能力。

1.粗集料

粗集料形成沥青混合料的主骨架，应洁净、干燥、无风化、无杂质，具有足够的强度和耐磨耗能力，与沥青有着良好的黏附性能，颗粒形状以近似于立方体为佳。碎石、破碎砾石、筛选碎石、矿渣等均可作为沥青混合料的粗集料，但破碎砾石仅用于三级及三级以下公路沥青表面处治，或用于拌和法施工的沥青混合料下面层。

沥青路面用的粗集料质量技术要求见表3-1。安定性试验根据需要进行，石灰岩用于高等级公路时，石灰压碎值指标可放宽至28%，但必须得到主管部门批准。对高等级公路沥青面层的碎石不宜采用腭式破碎机加工。抗滑表层使用的粗集料应尽量选用坚硬、耐磨、抗冲击的碎石或轧制砾石，其技术要求见表3-2。石料的磨光值是必须进行的指标，道端磨耗损失及石料冲击值根据需要进行。

表 3-1　沥青路面用的粗集料质量技术要求

指标		其他等级公路	高速公路和一级公路	
			表面层	其他层次
石料压碎值（%）		≤30	≤26	≤28
道端磨耗损失（%）		≤35	≤28	≤30
视密度（t/m³）		≥2.45	≥2.60	≥2.50
吸水率（%）		≤3.0	≤2.0	≤3.0
对沥青的黏附性		≥3 级	≥4 级	＞4 级
扁平针状颗粒含量（%）		≤20	≤15	≤18
水洗法小于 0.075mm 颗粒含量（%）		≤1	≤1	≤1
软石含量（%）		≤5	≤3	≤5
石料磨光值（%）（BPN）		实测	≤42	
石料冲击值（%）		实测	≤28	
安定性（%）		—	≤12	≤12
破碎砾石的破碎面积（%）	拌和法沥青混合料路面表层	≥40	≥90	
	拌和法沥青混合料路面下面层	≥40	≥50	
	贯入式路面	≥40	—	

表 3-2 沥青路面抗滑表层用的粗集料质量技术要求

指标	其他等级公路	高速公路和一级公路		
	一般路段	不良路段	一般路段	不良路段
石料磨光值（%）	≥35	≥42	≥42	≥47
道端磨耗损失（%）	≤16	≤14	≤14	≤12
石料冲击值（%）	≤30	≤28	≤28	≤20

注：不良路段指高速公路的立体交叉、加速车道及一般公路的交叉口，急转弯陡坡路段及集镇附近。

轧制砾石的质量与碎石要求相同。轧制砾石用作高等级公路沥青面层混合料时，粒径大于 5mm 的颗粒中至少有两个破裂面以上的含量应不小于 50%。

酸性石料（花岗岩、石英岩）不宜用于高等级公路，不得不使用时，宜使用针入度较低的沥青，并采取抗剥离措施。通常在沥青中掺加胺类表面活化抗剥落剂，也可用水泥或消石灰作为填料的一部分，但用量不能超过矿料总重的 2%。

2.细集料

细集料是石质粒径小于 5 mm 的天然沙（河沙、海沙、山沙）、人工沙、石屑。天然沙的细度模数及级配范围如表 3-3 所示。石屑是指采石场加工碎石后 2.5~5 mm 的筛下部分。热拌沥青混合料的细集料宜采用天然沙或机制沙，在缺少天然沙的地区，也可以使用石屑，但高速公路和一级公路的沥青混凝土面层及抗滑表层的石屑用量不宜超过天然沙及机制沙的用量，以确保沥青混凝土混合料的施工和易性和工作性。细集料应洁净、干燥、无风化、无杂质并有一定的级配，与沥青有良好的黏附能力。酸性岩石的人工沙或石屑不宜用于高等级公路沥青面层。

表 3-3 天然砂的细度模数与级配范围

方孔筛（mm）	通过各筛孔（方孔筛，mm）的质量百分率（%）			
	粗沙	中沙	细沙	特细沙
9.5	100	100	100	100
4.75	90~100	90~100	90~100	95~100
2.36	65~95	75~100	85~100	—
1.18	35~65	50~90	75~100	—
0.6	15~29	30~59	60~84	75~100
0.3	5~20	8~30	15~45	25~85
0.15	0~10	0~10	0~10	0~20
0.075	0~5	0~5	0~5	0~10
细度模数 Mx	3.7~3.1	3.0~2.3	2.2~1.6	≤1.5

3.填料

填料一般采用石灰岩或岩浆岩中强基性岩石等憎水性石料经磨细而得到的矿粉。矿粉应干燥、洁净、无团粒。最大粒径 0.075 mm 的填料可以是粗集料和细集料颗粒组成中的一部分，可以是砾石和筛分场得到的石粉，也可以是沥青拌和厂干燥筒抽出的粉料。最常用的外加填料有：硅酸盐水泥、水泥厂的转窑水泥飞灰、磨细石灰石粉、磨细矿渣粉、消石灰、粉煤灰。使用填料可使沥青混合料达到一些规定的技术要求，填料使矿料级配达到规定的要求，填料增加沥青胶沙的强度并使其变硬，但也可能减小工作度。

粉煤灰可作为填料的一部分使用，但应先试验确认其属于碱性，与沥青有良好的黏结力，其质量要求与矿粉相同。当粉煤灰用做填料时，其烧失量应小于10%~20%，塑性指数应小于4。实践表明，粉煤灰用作沥青混凝土的填料能提高沥青混凝土的高、低温稳定性和抗水性，其性能优于石灰石矿粉，高钙粉煤灰比硅铝粉煤灰性能更好，有利于进一步改善沥青混凝土的性能。

拌和机除尘的粉尘回收后可作为矿粉的一部分来使用，但其用量不得超过填料总量的50%，掺有粉尘的填料，其塑性指数不得大于4。

由于填料的粒径很小，比表面积很大，使混合料中的结构沥青含量增加，从而提高了沥青混合料的黏结力，因此填料是构成沥青混合料强度的重要部分。

第二节　沥青混合料的选用及其组成设计

一、沥青混合料的选用

1.沥青混合料分类

通常是将未经摊铺、碾压的沥青混凝土和沥青碎石的拌和物统称为沥青混合料。根据混合料中骨料粒径的不同，沥青混合料分为粗粒式、中粒式、细粒式及沙砾式等类型；按标准压实后的剩余空隙率还可将其分为Ⅰ型（剩余空隙率为3%~6%，城市道路为2%~6%）和罗型（剩余空隙率为6%~10%）。沥青路面的集料最大粒径一般是从上至下逐渐增大，因此，中粒式及细粒式适用于上层，粗粒式只能用于中下层。

沥青混合料按其强度构成的不同可分为嵌挤型和级配型两大类。嵌挤型沥青混合料的强度是以矿料之间的嵌挤力和内摩阻力为主、沥青的黏结作用为辅构成的。沥青碎石就属此类，这类混合料是以颗粒较粗、尺寸均匀的矿料构成骨架，沥青结合料填充其空隙，并把矿料黏结成一个整体。这类沥青混合料的结构强度受自然因素（温度）的影响较小。

按密实级配比原则构成的沥青混合料的结构强度，是以沥青与矿料之间的黏结力为主，矿料的嵌挤力和内摩阻力为辅而构成的，沥青混凝土属于此类，按其结构方式通常可分为四种。

（1）悬浮密实结构。由连续级配矿料组成的密实混合料，当主骨料约为30%~40%时，沥青混合料虽可以形成密实结构，但因粗集料数量较少，不能形成骨架，而是以悬浮状态处于较小颗粒之中，这种沥青混合料表现为黏结力较高，内摩阻力受沥青材料的性质和物理状态的影响较大，稳定性较差。

（2）骨架空隙结构。采用连续型级配矿质混合料，当矿质集料中主骨料较多，可以形成骨架，但因细集料数量过少，不足以填满空隙时，则形成"骨架—空隙"结构。这种沥青混合料强度主要取决于内摩阻力，黏结力低，其结构强度受沥青的性质和物理状态影响较小。

（3）骨架密实结构。当采用间断型级配时，混合料中既有一定数量的粗集料形成骨架，同时细集料又足以填满骨架的空隙。这种沥青混合料的黏结力和内摩阻力均较高。

2.沥青混合料的选用

确定沥青路面的沥青混合料类型应考虑以下几点。

（1）应满足耐久性、抗车辙、抗裂、抗水损害能力以及抗滑性能等多方面要求，并应根据施工机械、工程造价等实际情况选择。

（2）沥青混凝土混合料面层采用双层或三层式结构，其中应有一层及一层以上是Ⅰ型密级配沥青混凝土混合料。当各层均采用沥青碎石混合料时，沥青面层必须做下封层。

（3）多雨潮湿地区的高速公路、一级公路和城市快速路、主干路的上面层，宜采用抗滑表层混合料，一般道路及少雨干燥地区的高速公路、一级公路和城市快速路、主干路宜采用Ⅰ型沥青混合料做表层。

（4）沥青面层集料的最大粒径宜从上至下逐渐增大，上层宜使用中粒式及细粒式，不宜使用粗粒式混合料。沙粒式仅适用于城市一般道路、市镇街及非机动车道、人行道路等工程。

（5）上面层沥青混合料集料的最大粒径不宜超过层厚的1/2，中下面层及联结层集料的最大粒径不宜超过层厚的2/3。

（6）高速公路的硬路肩沥青表面宜采用罗型沥青混凝土混合料做表层。

二、混合料配合比设计

沥青混合料的组成设计主要任务就是确定粗集料、细集料、矿粉和沥青材料的最佳组成比例，使之既能满足沥青混合料的技术要求又符合经济的原则。通常按照试验室目标配合比设计、生产配合比设计及生产配合比验证三个阶段进行，设计结果作为控制沥青路面施工质量的依据。

1.试验室目标配合比设计阶段

试验室目标配合比设计阶段的任务是确定矿料的最大粒径、级配类型和最佳沥青用量。

（1）确定矿料最大粒径。矿料最大粒径（D）对沥青混合料的路用性能影响很大。通常取结构层厚度（h）与矿料最大粒径（D）的比值 $h/D \geqslant 2$，此时沥青混合料的施工和易性、压实性较好，易达到规定的密实度和平整度，从而保证沥青混合料的路用性能符合要求。

（2）确定矿料级配。沥青混合料组成设计的一个主要内容就是合理地确定矿质材料的级配组成。所谓矿料的级配组成，是指矿料中不同粒径的粒料相互之间的比例关系，级配常以不同粒径粒料的质量比来表示。

一个良好的矿料级配组成，应该使其空隙率在热稳定性容许的条件下为最小，以及形成足够的结构沥青所裹覆的充分表面积，以保证矿料之间处于最密的状态，并为矿料与沥青之间相互作用创造良好条件，使沥青混合料最大限度地发挥其结构强度效应，从而获得最好的使用品质。矿料级配分为两类：连续级配和间断级配。其中连续级配又可以分成连续密级配和连续开级配。

（3）确定沥青最佳用量。沥青最佳用量可以采用各种理论或半理论经验公式计算，但是由于实际材料性质的差异，计算公式具有很大的局限性，只能用做粗略估计用量。而且由于沥青用量对沥青混合料，特别是密实型沥青混合料的技术性质影响很大，因此，沥青混合料的沥青用量一般需要通过试验确定。我国现行施工技术规范规定，沥青混合料的沥青最佳用量，采用马歇尔试验法确定。

（4）水稳性与抗车辙能力的检验。按最佳沥青用量 OAC 制作马歇尔试件进行浸水马歇尔试验或真空饱水马歇尔试验，检验其残留稳定度是否合格。如不符合要求，应重新进行配合比设计。

2.生产配合比设计阶段

用间歇式拌和机拌和沥青混合料时，应按规定方法取样测试各热料仓的材料级配，确定各热料仓的配合比，供拌和机控制室使用。同时，选择适宜的筛孔尺寸和安装角度，尽量使各热料仓的供料大体平衡。并取目标配合比设计的最佳沥青用量 OAC、$OAC+0.3\%$ 等 3 个沥青用量进行马歇尔试验和试拌，通过室内试验及拌和机取样试验综合确定生产配合比的最佳沥青用量，由此确定的最佳沥青用量与目标配合比设计的结果的差值不宜大于 $+0.2\%$。用连续式拌和机拌和时，可省略生产配合比设计步骤。

3.生产配合比验证阶段

按照生产配合比设计结果进行试拌、铺筑试验路段，并取样进行马歇尔试验，同时从路上钻芯取样观察空隙率的大小，由此确定生产用的标准配合比。标准配合比的矿料合成级配中，至少应包括 0.075 mm、2.36mm、4.75mm 及公称最大粒径筛孔的通过率接近优选的工程设计级配范围的中值，并避免在 0.3~0.6 mm 处出现"驼峰"。对确定的标准配合比，宜再次进行车辙试验和水稳性检验。

第三节　热拌沥青混合料路面施工

热拌沥青混合料是矿料与沥青在热态下拌和、热态下铺筑施工成形的混合料的总称，它包括热拌沥青碎石、沥青混凝土、抗滑表层等多种类型，其特点是矿料、沥青及拌和混合料从拌和到铺筑成形均需在较高的温度范围内完成。热拌沥青混合料路面的施工包括混合料配合比的确定、拌和与运输，摊铺与压实等方面。

一、施工前的准备工作

施工前的准备工作主要有确定料源及进场材料的质量检验、机械选型、拌和厂选址、修筑试验路段等。

1. 确定料源及进场材料的质量检验

（1）沥青材料。应从质量和经济两方面综合考虑，选用国外进口沥青或国产沥青，对进场的沥青材料应抽样检测其技术指标。试验中如有项达不到规定要求，应加倍抽样试验，如仍不合格，则退货并索赔。沥青材料的试验项目有：针入度、延度、软化点、薄膜加热、蜡含量、比重等。有时根据合同要求，可增加其他非常规测试项目。

（2）石料。确定石料场，主要是检查石料的技术标准能否满足要求，如石料等级、饱水抗压强度、磨耗率、压碎值、磨光值及石料与沥青的黏结力等。对各个料场采取样品，制备试件，进行试验，并考虑经济等因素后确定。

（3）砂、石屑及矿粉。砂的质量是确定砂料场的主要条件。进场砂、石屑、矿粉应满足规范规定的质量要求。

2. 拌和设备的选型及场地布置

（1）拌和设备选型。应根据工程量和工期来选择拌和设备的生产能力和移动方式（固定式、半固定式和移动式），且其生产能力应和摊铺能力相匹配，不应低于摊铺能力，最好高于摊铺能力5%左右。高等级公路沥青路面施工，应选用拌和能力较大的设备。按工艺流程，拌和设备可分为三种，即间歇强制式（又称周期式或循环式）拌和设备、连续强制式拌和设备和连续滚筒式拌和设备。

①间歇强制式拌和设备。

间歇强制式拌和设备的特点是：冷矿料的烘干、加热以及与热沥青的拌和，是先后在不同设备中进行的，其中集料的烘干与加热是连续进行的，而混合料的拌制则是间歇地进行，由搅拌器强制拌和。

由于间歇强制式拌和设备历史悠久，技术已趋于完善，并且采用相对较简单的计量技术，即可获得各种沥青混合料较精确的配合比，因此得到了广泛应用，目前国内外大多数拌和设备属于此类。它的缺点是：与滚筒式拌和设备相比，在同等生产能力条件下，间歇强制式拌和设备组成部分较多，结构复杂，设备庞大，对除尘设施要求高，搬迁困难，因此一般固定式或半固定式搅拌设备多采取这种作业方式。

②连续强制式拌和设备。

连续强制式拌和设备的特点是：集料的烘干、加热及混合料的拌制均为连续进行，由搅拌器强制拌和。其工作过程是：从各冷料仓进入烘干筒的矿料，除粉尘外将全部进入拌和室并与矿粉和沥青一起拌成沥青混合料，也就是进什么料出什么混合料，因此，从冷料仓中出来的各种不同规格矿料颗粒组成的变化直接影响制成沥青混凝土的颗粒组成和质量，只有原材料的颗粒组成变化小，才能得到矿料级配组成和质量都比较稳定的沥青混合料。

连续强制式沥青混凝土拌和设备的一个很大缺点是在工作过程中产生大量粉尘，造成严重的环境污染，除非大大改进除尘设施，提高净化程度，使逸出粉尘控制在环保法的容许范围内，否则，这种拌和设备的使用就要受到限制。但要想提高除尘效果，使之达到很高的净化标准，势必大大增加除尘设施的投资，这种投资通常可达到拌和设备总造价的30%~40%，从而使这种拌和设备的成本剧增，建设投资大，能耗也高。

③连续滚筒式拌和设备

连续滚筒式拌和设备的工艺特点是：骨料烘干、加热及沥青的搅拌是在同一个滚筒内完成的，即骨料烘干与加热后未出滚筒就被沥青裹覆，从而避免了粉尘的飞扬和逸出。其拌和方式是非强制式的，它依靠滚筒的旋转，筒内矿料不断地被提升和自由跌落，从而得到拌和，这种拌和设备的工艺过程与传统式拌和设备相比，具有结构简单、投资少、能耗低和污染少等优点。

连续滚筒式沥青混凝土拌和设备与连续强制式拌和设备相比，其优点是：对空气污染少，设备组成工艺较简单。例如，可省去热骨料提升机、筛分机、热骨料储仓、矿料秤和专门的搅拌器等。因此，投资少、维护费用低、能耗少。其缺点是：骨料的加热采用顺流式，热利用率低，拌制好的混合料含有较多的残余水分，且温度较低。

（2）拌和厂的选址与布置。沥青混合料拌和设备是一种由若干个能独立工作的装置组成的综合性设备。因此，不论采用哪一类型拌和设备，其各个组成部分的总体布置，都应满足紧凑、相互密切配合又不相互干扰的原则。

固定式沥青混合料拌和厂（不搬迁，又称沥青混合料工厂，适用于工程集中的城市道路和公路施工），应根据设备的数量、工作时产生的粉尘与噪声、供电与供水以及施工运输等条件来选择厂址和确定场地面积。

半固定式（装置在几个拖车上，在施工地点拼装，多用于公路施工）和移动式（拌和设备一般都是小型的，装置在拖车上，可随施工地点转移，多用于拌制沥青碎石混合料）沥青混合料拌和设备可安装在特制的平板车上，平板车要便于安装、拆卸、转移和使用。

3.施工机械检查

拌和设备在开始运转前要进行一次全面检查，注意连接的紧固情况，检查搅拌器内有无积存余料、冷料运输机是否运转正常和有无跑偏现象，仔细检查各个接头，严禁出现吸沥青管有漏气现象，注意检查电子系统。对于机械传动部分，还要检查传动链的张紧度，检查运输车辆是否符合要求，保温设施是否齐全。

洒油车应检查油泵系统、洒油管道、量油表、保温设备等有无故障。应先在路上试洒，校核其洒油量。

矿料撒铺车应检查其传动和液压调整系统，应事先进行试撒，以确定撒铺每一种规格矿料时应控制的间隙和行驶速度。

摊铺机应检查其规格和主要机械性能，如振捣板、振动器、熨平板、螺旋摊铺器、离合器、刮板送料器、料斗闸门、厚度调节器、自动找平装置等是否正常。

压路机应检查其规格和主要机械性能及滚筒表面的磨损情况。

4.修筑试验段

沥青路面大面积施工前，应根据计划使用的机械设备和设计的混合料配合比来铺筑试验路段，以确定合适的拌和时间和拌和温度、摊铺温度、摊铺速度、摊铺宽度、自动找平方式、机械之间的组合关系、压实温度、压实方法、松铺系数、合适的作业段长度；并在试验中抽样检测沥青混合料的沥青含量、矿料级配、稳定度、流值、空隙率、饱和度、密实度等，最终提出混合料的生产配合比及标准施工方法和质量检查标准。

试验段铺筑结束后，施工单位应就各项试验内容提出试验总结报告，取得主管部门的批准后方可用以指导大面积沥青路面的施工。

二、沥青混合料的拌和与运输

1.试拌

在拌制一种新配合比的混合料之前，或生产中断了一段时间之后，应根据室内配合比进行试拌及抽样试验确定施工质量控制指标。

（1）对间歇式拌和设备，应确定每盘热料仓的配合比。对连续式拌和设备，应确定各种矿料送料口的大小及沥青、矿料的进料速度。

（2）沥青混合料应按设计沥青用量进行试拌，试拌后取样进行马歇尔试验，并将其试验值与室内配合比试验结果进行比较，验证设计沥青用量的合理性，必要时可适当调整。

（3）确定适宜的拌和时间。以沥青混合料拌和均匀为准。

（4）确定适宜的拌和与出厂温度。控制沥青混合料拌和及出厂温度是混合料质量控制的关键环节之一。根据不同的沥青品种和不同的沥青混合料确定拌和及出厂温度。

2.沥青混合料的拌制

根据配料单进料,严格控制各种材料的用量及其加热温度,所用矿料应符合质量要求,储存量应为平均日用量的5倍,场地应加遮盖,以防雨水。拌和后的混合料应均匀,无花白、无离析和结团成块等现象。每班抽样做沥青混合料性能、矿料级配组成和沥青用量检验。每班拌和结束时,应清洁拌和设备,放空管道中的沥青,并用柴油清洗系统,以防止沥青堵塞管路。做好各项检查记录,不符合技术要求的沥青混合料禁止出厂。拌和的沥青混合料不能立即使用时,应存入成品储料仓,以防止施工中由于拌和设备的小故障导致摊铺机停机。

3.拌和质量检测

(1)拌和质量的直观检查。质检人员必须在料车装料过程中和开离拌和厂前往摊铺工地途中经常进行目测,仔细地目测有可能发现混合料中存在的某些严重问题。

①如料车装载的混合料中冒黄烟,往往表明混合料温度过高。

②如果混合料在料车中容易坍平(不易堆积),则可能是因为沥青过量或矿料湿度过大。

③如运料车上的沥青混合料能够堆积很高则说明混合料温度偏低或沥青含量过低。

④如出现花白料则可能是矿料温度偏低,拌和时间偏短或吸尘不理想,无形中造成填充料数量偏多,这时,需根据经检查确定的原因采取措施,或升高集料加热温度,或增加拌和时间,或减少矿粉用量。

⑤沥青混合料枯料,其原因可能是原材料中细集料的含水量过大,造成在烘干筒中,当细集料加热温度达到规定值时,粗集料的温度已大大超过了规定值,这时,需控制集料进入烘干筒之前的含水量,不允许使用含水量大于7%的细集料。

⑥拌制的沥青混合料没有色泽,其原因是沥青加热温度偏高,造成沥青老化,这时,应根据沥青品种,严格控制沥青加热温度。

⑦混合料颗粒发生明显变化,出现该现象的原因可能是冷料颗粒组成发生了较大变化或振动筛筛网上热料过多,来不及正常筛分就直接进入热料仓,造成热料仓中集料颗粒组成发生较大的变化。

(2)拌和质量测试。混合料的质量测试包括温度的测试和抽样进行马歇尔试验并保留详细的检验记录。温度是质量控制的首要因素,通常在混合料装车时用有度盘和铠装曲轴的温度计或红外测温仪测试。抽取拌和的沥青混合料进行马歇尔试验,测试稳定度、流值、空隙率。用沥青抽提试验确定沥青用量,并检查抽提后矿料的级配组成,以各项测试数据作为判定拌和质量的依据。

4.混合料的运输

沥青混合料成品应及时运往工地。运输前应查明具体位置、施工条件、摊铺能力、运输路线、运距和运输时间，以及所需混合料的种类和数量等。运输车辆数量必须满足拌和设备连续生产的要求，不因车辆少而临时停工。运输车辆的车厢应具有紧密、清洁、光滑的金属底板并应打扫干净。为防止沥青混合料与车厢板黏结，在车厢侧板和底部涂 1∶3 的柴油水混合液，但要严格控制涂液用量，以均匀、涂遍但不积油水为宜。不允许用石油衍生剂来做运料车底板的涂料。

要组织好车辆在拌和处装料和工地卸料的顺序，尤其要计划好车辆在工地卸料时的停置地点。在往运料车上装载沥青混合料时，为减少混合料颗粒离析，应尽量缩短出料口至车厢的下料距离，且自卸车不应停在一个位置上受料，每往车厢内装斗料，车就应移动一次位置。装料时必须按其载重量装足，安全检查后再起运。为了精确控制材料，载料车出厂时应进行称量。为了不因特殊事故或其他原因而使设备停工，拌和设备应有足够的混合料成品储存仓。将混合料从拌和厂运到摊铺现场，必须用篷布覆盖运输车内的沥青混合料，以保持混合料的温度。在雨季施工时，运料车还应有防雨篷布。

三、沥青混合料摊铺

摊铺作业是沥青路面施工的关键工序之一，包括下承层准备、施工放样、摊铺机各种参数的调整与选择、摊铺机作业等主要内容。

1.摊铺前的准备工作

（1）下承层准备。在铺筑沥青混合料时，其下承层无非是基层、联结层和面层下层。虽然下承层完工后，已按照验收标准进行过检查，但在两层施工的间隔，很可能因某种原因，如雨天、通车或其他施工干扰等使其表面发生不同程度的破坏，出现松散、浮尘、下沉、泥泞等，在摊铺沥青混合料前，应进行维修、重新分层填筑并压实、清洗干净。对下承层表面缺陷进行处理并满足规定要求后，方可再洒透层沥青或黏层油。

（2）施工放样。施工放样包括平面控制与高程测量。平面控制主要是恢复道路中线；高程测量的目的是确定下承层表面高程与原设计高程相差的确切值，以便在挂线时纠正到设计值或保证施工层厚度。对无自控装置的摊铺机，应根据下承层的实测高程和面层的设计高程，确定实铺厚度。

（3）摊铺机工前检查。摊铺机在每日开工前，应对摊铺机的刮板送料器、闸门、螺旋布料器、振动梁、熨平板、厚度调节器等工作装置和调节机构进行检查，在确认各种装置及机构处于正常工作状态后才能开始施工，若存在缺陷和故障应及时排除。

2.摊铺机参数的调整与选择

在摊铺前，根据施工要求需调整和选择摊铺机的结构参数有熨平板宽度和拱度，摊铺厚度与熨平板的初始工作迎角等。

（1）熨平板宽度和拱度的调整。为减少摊铺次数，每条摊铺带的宽度应按该型号摊铺机的最大摊铺宽度来考虑。宽度为 B 的路面所需横向摊铺次数 n 按下式计算：

$$n = \frac{B-x}{b-x}$$

式中，B——路面宽度（m）；

b——摊铺机熨平板的总宽度（m）；

x——相邻摊铺带的重叠量（m），一般为 0.025~0.08 m。

上式的意义是路面的宽度应为摊铺机总摊铺宽度减去重叠后的整数倍。如 n 不能满足整数时，就尽可能在减少摊铺次数的前提下，使所剩的最后一条摊铺带宽度不小于该摊铺机的标准摊铺宽度。实在不足时，采取切割装置（截断滑靴）来切窄摊铺带。

每一条摊铺带要尽可能宽，这样不仅可减少机械通过次数，还可减少路面的纵向接茬，有利于提高施工质量。确定摊铺带宽度时：上、下铺层的纵向接茬应错开 30 cm 以上；摊铺下层时，熨平板的侧面与路缘石或边沟间留有 10cm 以上的间距；纵向接茬处应有一定的重叠量（平均为 2.5~5cm）；接宽熨平板时必须同时相应地接长螺旋摊铺器和振动梁，同时检查接长后熨平板底板的平直度和整体刚度。调整熨平板长度时应与摊铺机本身左右对称，否则，摊铺机容易走偏，并因混合料的惯性作用使熨平板前混合料的压力不一致，造成在横断面上摊铺厚度的差异。

熨平板宽度调整后，再调整其拱度，可在标尺上直接读出拱度的绝对数（mm）值或横坡百分数。拱度调整后要进行试铺校验，必要时再次调整。对大型摊铺机，有前后两幅调拱机构，其前拱的调节量略大于后拱，其前后拱之差为 3~5 mm，液压伸缩调宽的熨平板，差值为 2~3 mm。

（2）摊铺厚度与熨平板的初始工作迎角调整。摊铺前，准备两块长方形垫木，作为摊铺厚度的基准。垫木宽 5~10cm，与熨平板纵向尺寸相同或稍长，厚度为松铺厚度。将摊铺机停置于摊铺带起点的平整处，抬起熨平板，把两块垫木分别置于熨平板两端的下面，如果熨平板加宽，垫木则放在加宽部分的近侧边处。

垫木放好后，放下熨平板，让其提升油缸处于浮动状态。然后转动左右两只厚度调节螺杆，使它们处于微量间隙的中立位置。此时，熨平板以其自重落在垫木上。

熨平板放置妥当后，利用手动调整机构，调整初始工作迎角。每调整一次，必须在 5cm 范围内做多点厚度检验，取平均值与设计值比较。一次调整之后，在测定均值之前，不得做任何调整。对于凹凸不平较大的下承层，当几处测量仍难求得正确的厚度值时，可从摊铺的面积和使用的混合料数量求出每平方米所用的混合料的质量，以此与规定的密度做比较，就可确定摊铺厚度是否需要再次调整。所铺的实际平均厚度 h（cm）可按下式计算：

$$h = \frac{100G}{\gamma \cdot A}$$

式中，G——已用混合料的重量（t）；

A——铺筑面积（m^2）；

γ——未最终压实的混合料密度（一般取 2 t/m^3）。

摊铺厚度还直接与刮板输送器的生产能力有关。在实际施工过程中，如果知道刮板输送器的生产能力，又知道最大摊铺宽度，就可方便地调整摊铺厚度。

（3）布料螺旋与熨平板前缘距离的调整。近年来，新生产的摊铺机的熨平板前缘与布料螺旋之间的距离是可变的。它主要根据摊铺厚度、混合料级配及油石比、下承层强度与刚度、矿料粒径等条件，对这一距离进行适当调整。当摊铺厚度较大、骨料粒径较大、要求密实度高、沥青混合料温度偏低或发现摊铺层表面出现波纹时，则应将此距离调大，使混合料有较高的下料速度和较好的通过性。在下承层较软（如各类稳定土），或混合料粒径较小、摊铺厚度较小时，需要较小的下料速度和通过性，宜将距离调小。但如果距离过小，不仅满足不了规定的摊铺厚度，而且可能使摊铺层出现波纹，导致平整度下降。一般条件下，对摊铺厚度小于 10cm 的中、粗粒式沥青混合料，最大粒径约 30 mm，混合料温度适中时，将距离调至中间位置。

（4）振动梁行程调整。大多数摊铺机在熨平板之前设有机械往复式振动梁，由一偏心轴传动。偏心轴一般由一台液压电动机驱动，往复运动的行程可进行有机或无机调整，视摊铺厚度、温度和密度而定，通常在 4~12mm。一般情况下，薄层、矿料粒径小宜调为较短行程；反之，摊铺厚度大、温度低、矿料粒径大时，宜调为长行程。摊铺面层只能选用短行程。

（5）熨平板前刮料护板高度的调整。有些摊铺机熨平板前装有刮料护板。其作用在于保持熨平板前部混合料的堆积高度为定值。因此，刮料护板的高度调整得当，有助于提高摊铺质量。

（6）摊铺机摊铺速度的选择。摊铺机摊铺速度对摊铺作业效率和摊铺质量影响极大。正确选择作业速度，是加速施工进度、提高摊铺质量的重要手段。现代摊铺机都具有时速度变化范围，从零值到每分钟数十米之间，可进行无级调节。如摊铺机时快时慢、时开时停将导致熨平板受力系统平衡变化频繁，会对铺层平整度和密实度产生很大影响；过伏使铺层疏松、供料困难，停机会使铺层表面形成台阶状，且料温下降，不易压实。

3.摊铺机的摊铺作业

（1）熨平板加热。每天开始工作时，应对熨平板进行加热，以防止混合料冷黏在板底上，拉裂铺层表面，形成沟槽和裂纹。加热后的熨平板对铺层起到熨烫作用，使路表面平整无痕。但过热，除了使熨平板变形和加速磨损外，还会使铺层表面被烫出沥青胶浆和拉沟。因此一旦发现这种现象应立即停止加热。

在连续摊铺过程中，当熨平板已充分受热时，可暂停对其加热。但对摊铺低温混合料和沥青砂，熨平板应连续加热，以使底板对材料经常起到熨烫作用。

（2）摊铺机供料机构操作。摊铺机供料机构包括刮板输送器和两侧布料的螺旋布料器两部分。两者的工作应相互密切配合，工作速度匹配。工作速度确定后，还要力求保持其均匀性，这是决定路面平整度的一个重要因素。

刮板输送器的运转速度一经确定后应保持稳定，供料量基本依靠闸门的开启高度来调整。摊铺室内最恰当的混合料数量是料堆的高度平齐于或略高于螺旋摊铺器的轴心线，即稍微看见螺旋叶片或刚盖住叶片为度。料堆的这种高度应沿螺旋全长一致。因此要求螺旋的转速配合恰当。

闸门的最佳开度，应保证摊铺室内混合料处于正确堆料高度状态下，使刮板输送器和螺旋摊铺器在全部工作时间内能不停歇地持续工作。为了保持摊铺室内混合料高度常处于标准状态，最好的办法就是采用闸门自控系统。

（3）自卸汽车卸料。测量沥青混合料的温度符合要求后，第一辆自卸车缓慢后退到摊铺机前，轻轻接触摊铺机后，挂空挡，向摊铺机受料斗中缓缓卸料，直到受料斗中料满即停止卸料。摊铺机边受料边将混合料向后输送到分料室。摊铺机按事先确定的行驶速度起步摊铺混合料。起步时应控制好熨平板的高程，同时应有两人专门看护传感器，不让它滑出钢丝绳外，并注意不要有钢丝绳滑落现象。

摊铺机起步后边摊铺沥青混合料边推动自卸车前进，同时自卸车继续向受料斗中卸料。第一辆自卸车卸料完毕后立即开离摊铺机，同时第二辆自卸车向摊铺机倒退。为了维持摊铺机连续摊铺，也为了能让卜一辆车顺利卸料，过去习惯将摊铺机受料斗的两块侧板翻起，将混合料集中在链板送料器上并继续后送到分料室中。由于最后集中在送料器上的混合料中大碎石较多，用这种方式摊铺混合料容易产生局部大碎石集中现象（即摊铺层表面出现片状离析现象）。为了避免这种局部大碎石集中现象，第一辆车应尽早卸完料并立即开离，第二辆车应尽快后退到摊铺机前并及时向摊铺机喂料，使新料与受料斗中余料混合，严禁送料刮料板外露现象发生。第二辆自卸车后退到离摊铺机 20~30 cm 时即停止开住空扫，摊铺机继续向前进摊铺混合料，接触第二辆运料车开推动料。铺机受料斗缓缓卸料。以这种方式保持摊铺机匀速不间断地摊铺沥青混合料。

应十分注意，后退的料车不得撞击摊铺机，料车停在摊铺机前待卸料和卸料过程中不得使用制动而增加摊铺机的牵引负荷；另外，卸料不得过猛，否则摊铺机的速度变化会使平整度下降，甚至形成"波浪"或"搓板"等面层缺陷。

（4）摊铺方式。先按前述方法确定摊铺宽度，各条摊铺带的宽度最好相同，以节省重新接宽熨平板的时间（液压伸缩式调宽较省时）。使用单机进行不同宽度的多次摊铺时，应尽可能先摊铺较窄的那一条，以减少拆接宽次数。

若为多机摊铺，应在尽可能减少摊铺次数的前提下，各条摊铺带的宽度可按梯队方式作业，梯队间距宜在 5~15m，以便形成热接茬。若为单机非全幅作业，每幅铺筑应在 100~150m 后掉头完成另一幅，并注意接好茬。

（5）其他注意事项。在摊铺作业时，还应注意以下几点。

①设专人清扫摊铺机的两条履带前（或轮胎前）和浮式基准梁小车前的路面，保证摊铺机平稳行走。

②摊铺机操作人员要注意"三点"观察，即螺旋输料器末端供料情况，整机转向情况和倾向指标计变化情况，三点中任何一点出现意外情况，都应抓紧时间处理。另设专人处理螺旋输料器末端的离析现象。

③在摊铺机的熨平板上，非本机操作人员不得站立和通行，防止浮动熨平板瞬间下沉，影响路面平整度。

④应设专人对摊铺温度、虚铺厚度等进行实际测量，并做好记录。

（6）接缝处理。接缝包括纵向接缝和横向接缝（工作缝）两种。接缝处理的好坏直接影响路面质量。接缝处理不好，易使接缝处下凹或凸起造成平整度不良，或由于接缝处压实度不够和结合强度不足而产生裂纹。在用宽幅摊铺机全幅摊铺时，可避免纵向接缝，但横向接缝是不可避免的。

①纵向接缝。摊铺时采用梯队作业的纵缝应采用热接缝，将已铺部分留下 100~200 mm 宽暂不碾压，作为后续部分的基准面，然后作跨缝碾压以消除缝迹。

当半幅施工或因特殊原因而产生纵向冷接缝时，宜加设挡板或加切刀切齐，也可在混合料尚未完全冷却前用镐刨除边缘留下毛茬的方式，但不宜在冷却后采用切割机做纵向切缝。加铺另半幅前应涂洒少量沥青，重叠在已铺层上 50~100 mm，再铲走铺在前半幅上面的混合料，碾压时由边向中碾压留下 100~150 mm，再跨缝挤紧压实。

②横向接缝。横向接缝的质量好坏对路面的平整度影响很大，它比纵向接缝对汽车行驶速度和舒适性的影响更大。

横向接缝一般有斜接缝、阶梯形接缝和平接缝三种。高速公路和一级公路的表面层横向接缝应采用垂直的平接缝，以下各层可采用自然碾压的斜接缝，沥青层较厚时也可做阶梯形接缝。斜接缝的搭接长度与层厚有关，宜为 0.4~0.8 m。搭接处应洒少量沥青，混合料中的粗集料颗粒应予以剔除，并补上细料，搭接平整，充分压实。阶梯形接缝的台阶经铣刨而成，并洒黏层沥青，搭结长度不小于 3m。

平接缝宜趁尚未冷透时用凿岩机或人工垂直刨除端部层厚不足的部分，使工作缝成直角连接。当采用切割机制作平接缝时，宜在铺设当天混合料冷却但尚未结硬时进行。刨除或切割不得损伤下层路面。切割时留下的泥水必须冲洗干净，待干燥后透刷黏层油。

在预先处理好的接缝处，要求摊铺机第一次布满料时，不前行，用热料预热横向冷接缝至少 10 min（最好达到 30 min），并用温度最高的一车料开始摊铺，这样有利于提高接缝温度，也有利于整平压密接缝处混合料。新铺面与已铺的冷铺面重叠 5 cm，碾压前用耙子剔除重叠部分大料，搂回细料，整平接缝并对齐，趁热横向碾压，压路机大部分钢轮在冷铺面，新铺面第一次压 15~20 cm，以后逐渐展向新铺面直到全部在新铺层上为止，再改为纵向碾压。在碾压过程中，用 3 m 直尺检验平整度，低凹处用筛子筛出料弥补，料多时用耙子耙松，去掉多余大料，人工整平后再筛细料修饰表面，直到平整致密为止。

4.自动找平装置的运用

所有摊铺机都装有浮动式熨平板，具有自动找平功能，不会机械地复现下承层表面的波形。这种具有"滤波"的作用随摊铺机的结构、类型不同而不同。实际工作中，工作环境对浮动式熨平板的干扰因素错综复杂，很少有规律。因此，单纯依靠自动调平功能来"滤波"，不可能完全消除各种干扰因素的影响，必须辅之以外加调整。用人工转动调整手轮，通过螺杆传动来改变熨平板的工作迎角，用以改善平整度，其效果在很大程度上取决于工人的经验和熟练程度，实际上这种方式无法满足高等级公路施工摊铺质量的要求。而自动找平装置的诞生解决了这个问题。运用自动找平装置，需要有一个准确的基准面（线），常用的基准面（线）控制有：基准线钢丝法、滑橇法和平均梁法。基准线钢丝法的优点是可在大范围内相对准确地控制设计高程、纵横坡、厚度和平整度，但采用基准线钢丝法要求操作中各环节必须从严要求。

（1）纵坡基准的选择。使用自动调平装置必须事先选好纵坡基准。基准有专设的弦线或已铺好的路面结构层或路缘石等。

①弦线基准及敷设。当下承层高低不平，边侧又无平坦的基准面参考时，可在边侧专门设置符合设计纵坡的参考弦线（细钢丝或尼龙线），让传感器的触件沿着弦线移动。参考弦线要在施工前设好，它由弦线、铁立杆、弹簧秤和张紧器等组成。钢丝可使用直径为 2~2.5 mm 的弹簧钢丝，每段的长度以 200 m 为宜。总长度应满足两三天的施工用量。钢丝的优点是不受外界因素变化的影响，缺点是张紧度显示不明显，易出现松弛现象。为此，要做脚踩实验。200 m 长钢丝的张紧力一般需 800~1000 N。尼龙线的缺点是遇水会伸长，所以在遭受露水、雨水或受潮后都要再次张紧。每天早晨上班前要复查其张紧度，必要时再进行张紧。但尼龙线柔软，使用起来十分方便，所以使用较普遍。每根尼龙线

长 150~200 m，立杆间距 10 m 时，其张紧力需 300~400 N。

两根立杆的间距一般为 5~10 m，在弯道处的间距要短些。标桩是用来测定拉线的高程，所以它应设在立杆的附近，以便检查用，其数量视坡度变化程度而定。敷设基准线时，除了应按规定的纵坡保证各支点都处于正确的高程外，还要注意其纵向走向的正确性，最好使每根立杆与路中线的距离相等，这样就兼作导向线。对敷设好的基准线必须复核其高程的正确性，如果高程不正确，不但会失去使用自动调平装置的意义，还会出现不平整或纵坡不符合要求的铺层。另外，为了避免施工过程中可能发生碰撞，最好在各立杆上做出醒目的标志。

②利用现成表面作基准。现成基准面有较平整的下承层或路缘石，甚至坚实的边沟等。作为传感器的接触件有滑橇、平均梁等。

（2）纵向传感器的安置、检查和调整。纵向传感器的安装位置一般在牵引点上，或在熨平板上，或在牵引点与熨平板之间。调整之前要先检查左、右牵引臂铰点的高度是否一致，其适当的高度应使油缸行程处于中间位置。调整时要将牵引臂的铰锁住。传感器处于中间位置其信号灯不亮，如果信号灯亮，则表明它还未处于中间位置，要再次调整。调好后，拔出牵引臂锁销，将传感器的工作选择开关拨到"工作"位置。此后，接上电线，打开电源开关预热约 10 min。等到摊铺机摊铺到 10~15m 后，铺层厚度达到规定值时，就可让自动调平装置投入工作。

（3）横坡的控制。

铺层的横坡由横坡控制系统配合一侧的纵坡传感器来控制。但是如果一次摊铺的宽度较大（6m 以上），由于熨平板的横向刚度降低，就容易出现变形，使摆锤式横坡传感器的检测精度降低，因此常改用左、右两侧的横坡控制系统。横坡控制系统包括横坡传感器、选择器和控制器等。

直线摊铺时，只要给定设计横坡值，就能实现自动控制。在弯道上摊铺时，因横坡在变化，所以难以实现自动控制。为了正确操作，可事先在弯道路段每 5m 打一标桩，将各桩处的坡度值计入表格内，并画一曲线图；如果转弯半径很小，那么两桩的间距可适当缩小（最小为 1 m），进和出弯道处都要有标桩，不过其间距可稍大一些，操作人员根据图表在进入某标桩之前约 2 m 处提前调整横坡选择器（因为横坡的实际变化滞后于调整动作）。

四、摊铺过程中的质量检验及缺陷分析

1.质量检验

（1）沥青含量的直观检查。如果混合料又黑又亮、运料车上的混合料呈圆锥状或混合料在摊铺机受料斗中"蠕动"，则表明沥青含量正常；如果混合料特别黑亮，料车上的

混合料呈平坦状或沥青结合料从骨料中分离出来则表明沥青含量过大（或骨料没有充分烘干，表面上看起来沥青太多）；如果混合料呈褐色、暗而脆、粗骨料没有完全被裹覆、受料斗中混合料不"蠕动"，则表明含量太少（或过热、拌和不充分）。

（2）混合料温度检查。沥青混合料在正常摊铺和碾压温度范围内，往往冒出淡蓝色蒸汽。沥青混合料产生黄色蒸汽或缺少蒸汽说明温度过高或过低。通常在料车到达工地时，要测定混合料的温度。

（3）厚度检测。摊铺机在摊铺过程中，应经常检测虚铺厚度。

（4）表观检查。未压实混合料的表面结构无论是纵向还是横向都应均匀、密实、平整。无撕裂、小波浪、局部粗糙、拉沟等现象，否则，应查明原因，及时处理。

2. 摊铺中的质量缺陷及防治对策

摊铺中常见的质量缺陷主要有：厚度不准、平整度差（小波浪，台阶）、混合料离析、裂纹、拉沟等。

为了防止和消除在施工中可能发生的各种质量缺陷，应注意以下几点：

（1）波浪形基层的摊铺，不必考虑摊铺厚度的均一性，实际的混合料用量应比理论计算的要多。对有大波浪的基层应待其缺陷经处理，满足要求后方可摊铺。

（2）摊铺机的操作及本身的调整对摊铺质量影响很大。摊铺机速度的改变会导致摊铺厚度的变化。为了保持恒定的摊铺厚度，当速度变快时，厚度调节器应稍微向右（增加厚度方向）转动。当速度减慢时，则稍微向左（减少厚度的方向）转动。

振动梁起捣实混合料，同时混合料对熨平板有一定的支承作用，如果工作不正常，会改变混合料的支承能力，从而使摊铺厚度发生变化，铺层出现不平。振动梁应调整到比熨平板底面低 0.4~0.5 mm 为宜。

熨平板底面磨损或严重变形时，铺层容易产生裂纹和拉沟，故应及时更换。有时熨平板的工作迎角人小，也会使铺层的内边形成裂纹或拉沟。在这种情况下，可调整熨平板的前缘拱度，并在试铺过程中多次调整，直到能铺出具有良好的铺层为止。

（3）沥青混合料的性质也是影响摊铺质量的主要原因之一。混合料的性质不稳定，易使摊铺厚度发生变化。如温度过高、沥青量过多、矿粉掺量过多等都会使铺层变薄。

（4）其他因素。轮胎摊铺机气压超限（一般为 0.5~0.55 MPa），摊铺机易打滑，气压过低，机体会随受料重量变化而上下变动，使铺层出现波浪。履带式摊铺机履带松紧超限将导致摊铺速度发生脉冲，进而使铺面形成搓板。履带或轮胎的行使线上因卸料而撒落的粒料未清除，该部分摊铺厚度易突变。被顶摊的料车刹车太紧，使摊铺机负荷增大，或料车倒退撞击摊铺机或单测轮接触、另侧脱空等会引起速度变化或偏载，使铺面出现凸楞。施工中往往第一、第二车料质量常较差，注意取舍或调剂使用。自动熨平板装置运用中，挂线不紧，中间出现挠度，会引起铺层波浪。以上这些因素，在施工中加以注意，缺陷是能够避免的。

五、沥青混合料的压实

压实是沥青路面施工的最后一道工序，虽然采用优质的筑路材料，精良的拌和与摊铺设备及良好的施工技术，摊铺出了较理想的混合料层，但是良好的路面质量最终要通过碾压来体现。如果碾压过程中出现任何质量缺陷，必将前功尽弃。因此，必须重视压实工作。

压实的目的是提高沥青混合料的密实度，从而提高沥青路面的强度、高温抗车辙能力及抗疲劳特性等路用性能。压实工作的主要内容包括碾压机械的选型与组合、压实温度、碾压速度、碾压遍数、碾压方式及压实质量的检查等。

1.碾压机械的选型与组合

（1）常用的沥青路面压实机械。沥青路面压实机械分静载光轮压路机、轮胎压路机和振动压路机。静载光轮压路机分为双轮式和三轮式，常用的有6~8t双轮钢筒压路机、8~12t或12~15t三轮钢筒压路机。静载光轮压路机的工作量较小，常用于预压、消除碾压轮迹。轮胎压路机安装的光面橡胶碾压轮具有改变压力的性能，通常为5~11个，工作质量5~25 t，主要用于接缝和坡道的预压、消除裂纹、压实薄沥青层。振动压路机多为自行式，前面为钢质振动轮，后面有两个橡胶驱动轮，工作质量随振动频率和振幅的增大而增大，可作为主要的压实机械。

（2）选型与组合。结合工程实际，选择压路机种类、大小和数量，应考虑摊铺机的生产率、混合料特性、摊铺厚度、气候状况、施工现场的具体条件。

2.压实作业

沥青混合料路面的压实分初压、复压、终压三个阶段进行。

（1）初压。初压的目的是整平、稳定混合料，为复压创造条件。初压是压实沥青混合料的基础，一般采用轻筒压路机或关闭振动装置的振动压路机碾压两遍。应在沥青混合料摊铺后温度较高时进行初压，压实温度应根据沥青稠度、压路机类型、气温、摊铺层厚度、混合料类型等条件，经试铺、试压而定，并符合碾压温度要求。

（2）复压。复压的目的是使混合料密实、稳定、成形，是使混合料的稳定度达到要求的关键。初压后紧接着进行复压，一般采用重型压路机，碾压遍数经试压确定，一般不小于4~6遍，达到规定的压实度为止。用于复压的轮胎式压路机的压实质量应不小于15 t，用于碾压较厚的沥青混合料时，总质量应不小于22t，轮胎充气压力不小于0.5MPa。当采用三轮钢轮压路机时，总质量不应低于15t。当采用振动压路机时，应根据混合料种类、温度和厚度选择振动压路机的类型，振动频率取35~50 Hz，振幅取0.3~0.8 mm，当碾压层较厚时选用较大的振幅和频率。

（3）终压。终压的目的是消除碾压产生的轮迹，最后形成平整的路面。终压应紧跟在复压后用6~8 t的振动压路机（关闭振动装置）进行，碾压不少于两遍，直到无轮迹为止。碾压时必须将驱动轮朝向摊铺机，以免使温度较高的摊铺层产生推移和裂缝。压路机应从路面两侧向中间碾压，这样能够保持压路机以压实后的材料作为支撑边。三轮压路机每次重叠后轮轮宽的1/2，这种碾压方式，可减少压路机前推料、起波纹等。双轮压路机每次重叠宜为30 cm。

碾压过程中，为了保持正常的碾压温度范围，每完成一遍碾压，压路机就要向摊铺机靠近一些。这样做，也可避免在整个摊铺层宽度上，在相同横断面换向所造成的压痕。变更碾压道时，要在碾压区较冷的一端，并在停止压路机振动的情况下进行。

碾压过程中如有沥青混合料黏附于碾压轮时，可间歇向碾压轮洒少量水，但应防止用水量过大，以免使混合料表面冷却。压路机不得在新摊铺的混合料上转向、掉头、左右移动位置或突然刹车。压路机的碾压路线及碾压方向不应突然改变以防止混合料产生推移，压路机启动、停止必须缓慢进行。压实后的沥青路面在冷却前，任何机械不得在其上停放或行使，并防止矿料、油料等杂物的污染。路面冷却后方可开放交通。

（4）其他应注意的问题。为了保证各阶段的碾压作业始终在混合料处于稳定的状态下进行，碾压作业时应按下述规则进行。

①先静压后振动碾压，最后再静压。

②碾压时驱动轮在前（靠近摊铺机），从动轮在后。

③后退时沿前进碾压的轮迹行驶，压路机折回的地点不在同一断面上，而是呈阶梯形。初压、复压和终压的回程不准在相同的断面处，前后相距不少于1 m。

④压路机的碾压作业长度应与摊铺机速度相平衡，随摊铺机向前推进。

3.接缝碾压

（1）横向接缝碾压。可使用较小型压路机对横向接缝进行横向碾压或纵向碾压。开始时，将轮宽的10~20 cm置于新铺的沥青混合料上进行碾压，然后逐步横移至整个滚轮在新铺层上。

（2）纵向接缝碾压。当热料层与冷料层相接时，可将压路机位于热沥青混合料上，进行振动碾压，这种碾压方法，是把混合料从热边区压入相对的冷结合边，从而产生较高的结合密实度。也可采用另一种方法：在碾压开始时，只允许轮宽的10~20 cm在热料层上，压路机的其余部分位于冷料层上，碾压时，过量的混合料从未压实的料中挤出，这样就减少了结合边缘的料量，这种方法产生的结合密度较低。碾压时速度均应较低。

当采用热料层相接（梯队作业时）时，应先压实离中心热接缝两边20 cm以外的地方，最后压实中间剩下来的一窄条混合料。这样，混合料就不会被从旁边挤出，从而形成良好的结合了。

4.特殊路段的碾压

特殊路段的碾压是指弯道、交叉口、路边、陡坡等处的压实。

（1）弯道或交叉口的碾压。应选用较接转向式压路机作业，先内侧后外侧。急转弯处应尽可能采取直线式碾压（即缺角式碾压），并逐一转换压道，对缺角处用小型机具压实。压实中注意，转向同速度相结合，尽可能用振动碾压，以减少剪切力。

（2）路边碾压。可离边缘 30~40 cm 处开始碾压，留下一部分。这样就能在路边压实前，形成一条支承侧面，以减少沥青混合料碾压时塌边。留下的部分碾压时，压路机每次只能向自由边缘推进 10 cm。

（3）陡坡碾压。先用轻型压路机（不宜采用轮胎压路机）预压，压路机的从动轮应朝着摊铺方向。采用振动压路机压实时，应先静压，待混合料稳定后，方可采用低振幅的振动碾压。陡坡碾压过程中，压路机的启动、停止、变速要平稳，避免速度过高或过低，混合料温度不宜过高。

5.提高压实质量的关键技术与压实质量的检测

（1）合理确定碾压温度。实践证明，碾压温度是影响沥青混合料压实密实度的最主要因素。沥青混合料在规定的温度范围内温度越高，其塑性越大，越容易在外力作用下缩小其空隙和增加密实度，也越容易取得平整效果。而温度较低时，碾压工作变得较为困难，且容易产生很难消除的轮迹，造成路面不平整。因此，在实际施工中，要求在摊铺后及时进行碾压。沥青混合料的最佳碾压温度是指在材料允许的温度范围内，沥青混合料能够支承压路机而不产生水平推移、表面无开裂情况且压实阻力较小的温度，此时可用较少的碾压遍数，获得较高的密实度和较好的压实效果。最佳碾压温度与矿料组成、沥青材料及压实设备有关。

若碾压时混合料温度过高，就会引起压路机两旁混合料隆起、碾轮后的摊铺层裂纹、碾轮上黏起沥青混合料（尽管用水喷洒），以及前轮推料等问题；而碾压温度过低时，例如，当温度低于 70℃时，由于混合料黏性增大，导致压实无效，或起副作用。

摊铺机后面的碾压作业段长度，由混合料的种类和压实温度来确定。一般来说，压路机尽可能靠近摊铺机进行碾压。达到了密实度后，再以最少的碾压遍数进行表面修整时，压路机可离摊铺机远一点。

压实质量与压实温度有直接关系，而摊铺后混合料温度是在不断变化的，特别是摊铺后 4~15 min 内温度损失最大（1~5℃/min），因此必须掌握好有效压实时间，适时碾压。有效压实时间的长短与混合料的冷却速度、压实厚度等因素有密切关系。影响冷却速度的因素有气温、湿度、风力和混合料下承层的温度等。凡遇气温低、湿度大、风力大，以及下承层温度低等情况，都会使有效压实时间缩短，并增加碾压困难。当沥青层厚增大25%时，其有效压实时间将会增加近50%。对较薄层沥青混合料碾压时，反而要比较厚的沥青层压实困难些，这主要是因为较薄层的沥青混合料温度降低速度要比厚层快得多，从而使其有效压实时间大大缩短。因此，对于较薄沥青面层的施工，除了加强混合料运输过程中的保温措施以外，摊铺后应立即碾压（碾压段长度30~50 m，压路机与摊铺机之间的最短距离4~5 m）。除了初压时速度不应超过2.5 km/h，以免表面发生推移以外，可适当提高复压时的碾压速度，以保证在较短的有效压实时间内完成初压、复压和终压三个碾压阶段。

（2）选择合理的压实速度和遍数。合理的压实速度，对减少碾压时间，提高作业效率有着十分重要的意义。碾压速度过低，会使摊铺与压实工序间断，影响压实效果；碾压速度过快，则会产生推移、横向裂纹等。选择碾压速度的基本原则是：在保证沥青混合料碾压质量的前提下，最大限度地提高碾压速度，从而减少碾压遍数，提高工作效率。

（3）选择合理的振频和振幅。为了获得最佳的碾压效果，合理地选择振频和振幅是非常重要的。振频主要影响沥青面层的表面压实质量。若振动压路机的振频比沥青混合料的固有频率高一些，则可获得较好的压实效果。振幅主要影响沥青面层的压实深度。当碾压层较薄时，宜选用高振频、低振幅；当碾压层较厚时，则可在较低振频下，选取较大的振幅，以达到压实的目的。

（4）现场检测。沥青混合料施工现场质量检测及纠正很重要，一旦成形，很难补救。因此在施工中，随时检测，随时纠正，保证施工质量。

（5）压实度与厚度的检测。一般可通过钻芯取样的办法来检测。通常在第二天，用取芯机进行钻孔取样，量取试样的厚度。将芯样拿回试验室进行压实度检测，以确定沥青路面的压实度是否符合规范的要求。

第四节　其他沥青路面施工

一、冷拌沥青混合料路面

1.适用范围

冷拌沥青混合料适用于三级及三级以下公路的沥青面层、二级公路的罩面层，以及各级公路沥青路面的基层、联结层或整平层。冷拌改性沥青混合料可用于沥青路面的坑槽冷补。冷拌沥青混合料宜采用乳化沥青或液体沥青拌制，也可采用改性乳化沥青。冷拌沥青混合料宜采用密级配沥青混合料，当采用半开级配的冷拌沥青碎石混合料路面时应铺筑上封层。

2.混合料的配合比设计

冷拌沥青混合料矿料级配可按本章相应的矿料级配使用，并根据已有的成功经验经试拌确定设计级配范围和施工配合比。乳化沥青碎石混合料的乳液用量应根据当地实践经验以及交通量、气候、集料情况、沥青标号、施工机械等条件确定，也可按热拌沥青混合料的用量折算，实际的沥青残留物数量可比热拌沥青混合料的沥青用量少10%~20%。

3.冷拌沥青混合料路面施工

（1）混合料拌和。冷拌沥青混合料宜采用拌和厂机械拌和及沥青摊铺机摊铺的方式。在缺乏厂拌条件时也可采用现场路拌及人工摊铺的方式。当采用阳离子乳化沥青拌和时，宜先用水使集料湿润，若湿润后仍难以与乳液拌和均匀时，应改用破乳速度更慢的乳液，或用1%~3%浓度的氯化钙水溶液代替水润湿集料表面。矿料与乳液应充分拌和，适宜的拌和时间应根据实际情况调节并通过试拌确定，矿料中加进乳液后的机械拌和时间不宜超过30 s，人工拌和时间不宜超过60s。若在上述时间内不能拌和均匀，则应考虑使用性能更好的拌和机。拌和好的混合料应具有良好的施工和易性，以免冷拌沥青混合料施工时出现离析。

（2）摊铺混合料。已拌好的混合料应立即运至现场进行摊铺，并在乳液破乳前结束。在拌和与摊铺过程中已破乳的混合料，应予废弃，不得使用。摊铺时宜采用沥青混合料摊铺机摊铺，若采用人工摊铺，则更应防止混合料离析。

（3）碾压。混合料摊铺完毕，厚度、平整度、路拱横坡度等符合设计和规范要求，即可进行碾压。宜采用6t左右的轻型压路机初压1~2遍，使混合料初步稳定，再用轮胎式或钢筒式压路机碾压1~2遍。当乳化沥青开始破乳、混合料由褐色转变成黑色时，改用12~15t轮胎压路机碾压，将水分挤出，复压2~3遍后停止，待晾晒一段时间，水分基本蒸发后继续复压到密实为止。当压实过程中出现推移现象时应停止碾压，待稳定后再碾压。当天不能完全压实时，可在较高气温条件下补充碾压。施工遇雨天应立即停止摊铺，以防止雨水将乳液冲走。压实成形、路面水分完全蒸发后方可加铺上封层。乳化沥青混合料路面施工结束后宜封闭交通2~6 h，并注意做好早期养护。开放交通初期，应设专人指挥，车速不得超过20 km/h，不得刹车或掉头。

（4）施工中应注意的问题。

①混合料的拌和。由于乳液的黏度低，与各级配骨料都有良好的施工和易性，但由于乳液与骨料有黏附、破乳、恢复沥青性能等过程，拌和操作应注意下列事项。

粗级配混合料可用机械或人工拌和，密级配混合料因骨料中含有矿粉等细料，应采用机械拌和。拌和机械应选用强制式拌和机，不宜用自落式拌和机。因自落式拌和机拌和能力差、出料慢、细料容易聚团或黏附在拌和筒壁上，拌和混合料质量不均匀。

混合料的拌和应在乳液的破乳前结束，否则将因乳液的破乳而失去施工的和易性。如在乳液破乳后继续搅拌混合料，会使骨料表面黏附的沥青膜剥落。因此掌握好拌和时间是保证混合料质量的重要环节。在保证乳液与骨料拌和均匀的前提下，拌和时间宜短不宜长。矿料在与乳液拌和前，需用水将矿料润湿，潮湿的骨料便于乳液的分布，也可延缓乳液的破乳时间，保持良好的施工和易性，使乳液均匀裹覆在骨料的表面。但在低温季节（如15℃以下）施工时，骨料不必先湿润，可直接与乳液掺拌。

②混合料的摊铺。拌制的混合料可用摊铺机摊铺，也可用人工摊铺，但人工摊铺不得扬锹甩料，避免混合料的离散。整平工作，不要过多地用刮板摊料，因刚拌完混合料时沥青膜与骨料的黏附不牢，尤其是，大骨料表面的沥青膜在刮板来回地推动下可能剥落，所以在人工摊铺时，摊铺厚度应大致均匀，稍加平整即可。

③混合料的碾压。由于混合料含水，碾压受气温与湿度的影响，因此，对于这种混合料的压实应注意以下事项。

当混合料摊铺平整后，可以立即进行压实。为了防止初期碾压出现波浪推移现象，开始应用6t左右的轻型压路机碾压1~2遍，使混合料达到初步稳定，碾压时应匀速进退，不要在碾压路段上制动和启动，以免混合料发生局部拥包和搓板开裂。

为了避免碾压时黏轮，应在钢轮上经常涂废机油或洒水。

在混合料经过轻型压路机初步碾压后，最好再用轮胎压路机继续进行充分压实，也可用10~20t钢轮压路机碾压，但重型的钢轮压路机不能多碾，过碾会使路面出现开裂或推移，一般只宜碾压1~2遍。当路面铺筑厚度小于4cm，更不能用重型钢轮压路机对其进行碾压。为了促使路面加快成形，可将出现开裂和推移的路面晾晒一段时间后再进行压实，也可以将前一日完成的路段进行复压。这种复压工作最好在地面温度较高（25℃以上）时进行。在进行碾压时，应配有经验的人随机检查路面，发现局部有松散和开裂的地方，应立即将局部混合料挖换，补料整平后继续碾压密实。修补要仔细，保证路面的平整度。

④表面封层。用阳离子沥青乳液拌制的混合料，虽经压实，但其中仍然有水分不断蒸发出来，使路面产生空隙，为了提高路面的密实性、稳定性和耐磨性，在铺好的路面上再做一次表面的封层处理。

二、沥青表面处治与封层

1.使用条件

沥青表面处治是指用拌和法或层铺法施工的路面薄层，主要用于改善行车条件，厚度不大于3cm。由于处治层很薄，一般不起提高强度作用，其主要作用是抵抗行车的磨耗，增强防水性，提高平整度，改善路面的行车条件。沥青表面处治适用于三级及三级以下公路、城市道路的支路、县镇道路、各级公路的施工便道以及在旧沥青面层上加铺的罩面层或磨耗层。各种封层适用于加铺薄层罩面、磨耗层、水泥混凝土路面上的应力缓冲层、各种防水和密水层、预防性养护罩面层。

沥青表面处治具有三个主要目的：提供耐久抗滑的道路表面；封闭道路表面以防止被水浸入；抑制道路表面的崩解。

影响表面处治性能的因素有六个。

（1）交通量。每条道路每天货运汽车的数量对石屑嵌入道路表面有一定的影响。货运汽车是指未载货自重大于 1.5t 的车，较低轴载的车辆对石屑埋入影响不大。

（2）现有道路表面。石屑陷入原有道路表面的程度与它的表面硬度以及车道上面行驶的货运汽车数量有关。当陈旧道路表面呈多孔情况时，必须估计到部分黏结料因渗入下层导致面层黏膜的实际厚度减少。陈旧道路表面严重开裂最终会扩展到表面处治层上。

（3）石屑粒径和种类。石屑不应太小，否则不久会被埋入表面下层；要是太大，车辆会把它们从路面挤脱。石屑应有足够的强度和抗磨光能力，适用于道路的表面处治。

（4）黏结料。它的功能是填实裂缝并把石屑同下层表面结合起来。黏结料须有适当的黏度，以使它在摊铺时将石屑充分湿润，道路开放行车后可以防止石屑脱落，并在长期低温时不致脆化。

（5）黏结料的撒布率。必须有足够的撒布率在表面处治施工后牢固地黏住石屑，在表面处治使用期内要有足够的表面纹理深度，撒布时不应过量，但要考虑部分黏结料应用手工填补孔隙。

（6）环境条件。环境条件可能与当时的位置、气候或特殊的交通情况有关，表面处治的黏结料凝结速度与铺筑的地点（空旷或有遮盖场地）有关，进行表面处治的季节和处治后初期的气候对其性能有重要影响；车辆在交叉口或环道处因制动、加速或转弯而增加的应力会加快石屑被剥落的速度。

2.材料规格和用量

沥青表面处治可采用道路石油沥青、乳化沥青、煤沥青铺筑，沥青标号应按照现行《公路沥青路面施工技术规范》（JTG F40—2004）相关规定选用。沥青表面处治的集料最大粒径应与处治层的厚相等。沥青表面处治施工后，应在路侧另备 S12（5~10 mm）碎石或 S14（3~5 mm）石屑、粗砂或小砾石（2~3）m³/1000 m² 作为初期养护用料。

3.施工方法

（1）沥青表面处治。沥青表面处治宜选择在干燥和较热的季节施工，并在最高温度低于 15℃时期到来之前半个月及雨季前结束，施工方法可采用拌和法和层铺法。

①拌和法。拌和法施工时可采用热拌热铺法，也可采用冷拌冷铺法。热拌热铺可按照热拌沥青混合料路面的施工方法进行；冷拌冷铺时可按照乳化沥青碎石混合料路面的施工

方法进行。

②层铺法。层铺法施工前应做好路用材料的准备及质量检验工作，调试沥青洒布车、集料撒布车及压实等机械，使其处于正常工作状态。沥青表面处治层的下承层上应浇洒透层、黏层或铺筑封层。三层式沥青表面处治的施工工艺应按下列步骤进行。

a.清扫基层，撒布第一层沥青。沥青的撒布温度根据气温及沥青标号选择，石油沥青宜为130~170℃，煤沥青宜为80~120℃，乳化沥青在常温下撒布，加温撒布的乳液温度不得超过60℃。前后两车喷洒的接茬处用铁板或建筑纸铺1~1.5 cm，使搭接良好。分几幅浇洒时，纵向搭接宽度宜为100~150 cm。撒布第二、第三层沥青的搭接缝应错开。浇洒应均匀，若出现空白或缺边，应立即用人工补洒，沥青过分积聚时应予刮除。

b..撒布主层沥青后应立即用集料撒布机或人工撒布第一层主集料。撒布集料后应及时扫匀，达到全面覆盖、厚度一致、集料不重叠，也不露出沥青。局部有缺料时适当找补，积料过多的要将多余集料扫出。两幅搭接处，第一幅撒布沥青应暂留100~150 mm 宽度不撒布石料，待第二幅一起撒布。

c.撒布主集料后，不必等全段撒布完，立即用6~8t 钢轮双轮压路机从路边向路中心碾压3~4 遍，每次轮迹重叠约30 cm。碾压速度开始不宜超过2 km/h，以后可适当增加。

第二、第三层的施工方法和要求与第一层相同，但可以采用8 t 以上的压路机碾压。沥青表面处治应注意初期养护。当发现有泛油时，应在泛油处补撒与最后一层石料规格相同的嵌缝料并扫匀，过多的浮料应扫出路外。

（2）封层。为封闭表面空隙、防止水分浸入面层或基层而铺筑的沥青混合料薄层。铺筑在面层表面的称为上封层；铺筑在面层下面的称为下封层。一般当面层空隙较大、渗水严重、有裂缝或已修补的旧沥青路面和需要铺筑抗滑磨耗层或保护层的旧沥青路面，需要在沥青面层上铺筑上封层；位于多雨地区且沥青面层空隙较大、渗水严重的路面或基层铺筑后不能及时铺沥青面层而又需要开放交通的路面，宜在喷洒透层油后铺筑下封层。

①上封层根据情况可选用乳化沥青稀浆封层、微表处、改性沥青集料封层、薄层磨耗层或其他适宜的材料。铺设上封层的下承层必须彻底清扫干净，对车辙、坑槽、裂缝进行处理或挖补。上封层的类型根据使用目的、路面的破损程度选用。

a.裂缝较细、较密的可采用涂洒类密封剂、软化再生剂等涂刷罩面。

b.对二级及二级以下公路的旧沥青路面可以采用普通的乳化沥青稀浆封层，也可在喷洒道路石油沥青后撒布石屑（沙）后碾压作封层。

c.对高速公路、一级公路有轻微损坏的宜铺筑微表处。

d.对用于改善抗滑性能的上封层可采用稀浆封层、微表处或改性沥青集料封层。

②下封层宜采用层铺法表面处治或稀浆封层法施工。下封层的厚度不宜小于6 mm，

且做到完全密水。

③稀浆封层和微表处。稀浆封层是用适当的石屑或沙、填料（水泥、石灰、粉煤灰、石粉等）与乳化沥青、外加剂和水按一定比例拌和成流态的乳化沥青稀浆，然后用稀浆封层摊铺机均匀地摊铺在需设置封层的结构层上，厚度为 3~6 mm。稀浆封层可采用普通乳化沥青或改性沥青（慢裂或中裂拌和型），其品种和质量均应符合要求。一般适用于二级及二级以下公路的预防性养护，也适用于新建公路的下封层。

微表处主要用于高速公路及一级公路的预防性养护以及填补轻度车辙，也适用于新建公路的抗滑磨耗层。必须采用专用的摊铺机进行摊铺，单层微表处适用于旧路面车辙深度不大于 15 mm 的情况；超过 15 mm 的必须分两层铺筑，或先用 V 字形车辙摊铺箱摊铺；深度大于 40 mm 时不宜做微表处处理。

稀浆封层和微表处应选择坚硬、粗糙、耐磨、洁净的集料，各项性能应符合规定要求。其中稀浆封层用通过 4.75 mm 筛的合成矿料的沙当量不得低于 50%；微表处用通过 4.75 mm 筛的合成矿料的沙当量不得低于 65%。细集料宜采用碱性石料生产的机制沙或洁净的石屑。对于集料中超尺寸的颗粒必须筛除。

稀浆封层和微表处施工前，应彻底清除原路面的泥土、杂物，修补坑槽、凹陷，较宽的裂缝宜清理灌缝。在水泥混凝土路面上铺筑微表处时宜洒布黏层油，过于光滑的表面需拉毛处理。最低施工温度不得低于 10℃，严禁在雨天施工，摊铺后尚未成形混合料遇雨时应予以铲除。稀浆封层和微表处两幅纵缝搭接的宽度不宜超过 80 mm，横向接缝宜做成对接缝。分两层摊铺时，第一层摊铺后至少应开放交通 24h 后方可进行第二层摊铺。

三、沥青贯入式路面

1.使用条件

沥青贯入式路面是在初步压实的碎石（砾石）层上，分层浇洒沥青、撒布嵌缝料后经压实而成的路面。沥青贯入式路面适用于三级及三级以下公路，也可作为沥青路面的联结层或基层。厚度一般为 4~8 cm，但乳化沥青不宜超过 5cm。当贯入层上部加铺拌和的沥青混合料面层成为上拌下贯式路面时，拌和层的厚度不宜小于 1.5 cm。沥青贯入式路面宜选择在干燥和较热的季节施工，并宜在日最高温度降低至 15℃ 以前半个月结束，使贯入式结构层通过开放交通碾压成形。

2.材料规格和用量

沥青贯入式路面可选用黏稠石油沥青、煤沥青或乳化沥青作为结合料，沥青用量选用时应根据当地气温和施工季节及沥青标号等在规定的范围内选用。沥青贯入式路面的集料应选择有棱角、嵌挤性好的坚硬石料。沥青贯入层集料中大于粒径范围中值的数量不宜少于 50%。表面不加铺拌和层的贯入式路面在施工结束后每 1000m² 宜另备 2~3m³ 与最后一层嵌缝料规格相同的细集料，以供初期养护使用。沥青贯入式的主层集料的最大粒径宜与贯入层厚度相当。当采用乳化沥青时，主层集料的最大粒径可采用厚度的 0.8~0.85 倍，数量宜按压实系数 1.25~1.30 计算。

3.施工方法

（1）施工准备。沥青贯入式路面施工前，基层必须清扫干净。需要安装路缘石时，应在安装后进行施工。当采用乳化沥青贯入式路面时必须先浇洒透层或黏层沥青。当沥青贯入式路面厚度小于或等于 5 cm 时，也应浇洒透层或黏层沥青。

（2）铺撒主层集料。采用碎石摊铺机、平地机或人工摊铺主层集料。应避免颗粒大小不均匀，松铺系数为 1.25~1.30，应经试铺实测确定。撒布集料的同时，检查路拱和平整度，并严禁车辆通行。

（3）碾压主层集料。主层集料撒布后，应采用 6~8t 的轻型钢筒式压路机自路侧向路中心碾压，碾压速度宜为 2 km/h，每次轮迹重叠约 30 cm，碾压一遍后检查路拱和纵向坡度，当不符合要求时，应调整找平后再压。然后用重型的钢轮压路机碾压，每次轮迹重叠 1/2 左右，宜碾压 4~6 遍，直到主层集料嵌挤稳定，无显著轮迹为止。

（4）浇洒第一层沥青。主层集料碾压完毕后应立即用沥青撒布车浇洒沥青，浇洒方法与沥青表面处治层施工相同。浇洒时沥青的温度应根据沥青标号、施工环境及气温状况确定。当采用乳化沥青时，为避免乳液下渗过多，可在主层集料碾压稳定后，先撒一部分嵌缝料，再洒主层乳化沥青。

（5）撒布第一层嵌缝料。主层沥青浇洒后，应立即用集料撒布机或人工撒布第一层嵌缝料。撒布应均匀，不足之处应找补。当使用乳化沥青时，石料撒布必须在乳液破乳前完成。

（6）碾压嵌缝料。应立即用 8~12t 钢筒式压路机碾压嵌缝料，轮迹重叠轮宽的 1/2 左右，宜碾压 4~6 遍，直到稳定为止。碾压时应随压随扫，使嵌缝料均匀嵌入。当气温较高使碾压过程中发生较大推移现象时，应立即停止碾压，待气温稍低时再继续碾压。

（7）按上述方法浇洒第二层沥青、撒布第二层嵌缝料，然后碾压，再浇洒第三层沥青。

（8）撒布封层料。按照撒布嵌缝料的方法撒布封层料。

（9）终压。用 6~8t 压路机做最后碾压，宜碾压 2~4 遍，然后开放交通并进行交通管制，尽可能使路面全宽受到行车的均匀碾压。

当铺筑上拌下贯式路面时，贯入层不撒布封层料，拌和层应紧跟贯入层施工，使上下层成为一个整体。贯入部分采用乳化沥青时应待其破乳、水分蒸发且成形稳定后方可铺筑拌和层。当拌和层与贯入部分不能连续施工，且要在短期内通行施工车辆时，贯入部分的第二遍嵌缝料应增加 2~3 m³/1 000 m²，在摊铺拌和层沥青混合料前，应做补充碾压。

四、透层、黏层

1.透层

透层是为了使路面沥青层与非沥青材料层结合良好而在非沥青材料层上浇洒乳化沥青、煤沥青或液体石油沥青后形成的透入基层表面的薄沥青层。沥青路面各类基层都必须喷洒透油层，沥青层必须在透油层完全渗入基层后方可铺筑。基层上设置下封层时，透层不宜省略。透层沥青宜采用慢裂洒布型乳化沥青，也可使用中、慢裂液体石油沥青或煤沥青。表面致密、平整的半刚性基层上宜采用较稀的透层沥青，粒料类基层宜采用较稠的透层沥青。

透层沥青应紧跟在基层施工结束、表面稍干（对半刚性基层尚未硬化）后浇洒。当基层完工后时间较长时，应对表面进行清扫；若表面过于干燥时，应在基层表面适当洒水并待稍干后浇洒透层沥青，高速公路和一级公路的透层沥青宜采用沥青洒布车一次喷洒均匀，当沥青洒布车喷洒不均匀时宜改用手工沥青洒布机喷洒；其他公路可采用手工沥青洒布机喷洒。浇洒透层沥青应符合以下要求：浇洒的透层沥青应渗入基层的深度不小于5mm，但又不致流淌而在表面形成油膜；气温低于10℃以及大风、降雨时不得浇洒透层沥青；浇洒后，禁止车辆、行人通行；未渗入基层的多余透层沥青应刮除，有遗漏的部位应补洒。

透层沥青洒布后的养生时间随透层沥青的品质和气候条件由试验确定，确保液体沥青中的稀释剂全部挥发，乳化沥青渗透且水分蒸发，然后尽早铺筑沥青面层，防止工程车辆损坏透层。在半刚性基层上浇洒透层沥青后，立即以 2~3 m³/1 000 m² 的用量将石屑或粗砂撒布在基层上，然后用6~8t的钢筒压路机稳压一遍，压路机应行驶平稳，并不得刹车或掉头。当通行车辆时，应控制车速。在铺筑沥青面层前如发现局部地方透层沥青剥落，应予修补，当有多余的浮动石屑或砂时也应予扫除。

透层洒布后应尽早铺筑沥青面层。当用乳化沥青作透层时，洒布后应待其充分渗透、水分蒸发后方可铺筑沥青面层，此段时间不宜少于24 h。

碾压完毕后原则上封闭交通7d，必须行驶的施工车辆最少在12h后才可上路，并保证车速低于5km/h，不得刹车或掉头，7d至1个月内亦要控制车辆行驶，1个月后可开放正常交通（7d后若摊铺下面层，只需将下封层上的多余石屑扫去即可）。从养生期间到后一层铺筑完之前，洒过透层油的表面，应采用路帚拖扫的办法养护，并防止产生车辙。

2.黏层

黏层是为了加强沥青层之间、沥青层与水泥混凝土面板之间的黏结而洒布的薄沥青层。黏层沥青宜采用快裂或中裂乳化沥青、改性乳化沥青，也可采用快、中凝液体石油沥青。其规格和质量应符合规范的要求，所使用的基质沥青标号宜与主层沥青混合料相同，黏层沥青的品种和用量，应根据下承层的类型通过试洒确定。

一般符合下列情况之一时，必须喷洒黏层沥青。

（1）双层式或三层式热拌热铺沥青混合料路面的沥青层之间。

（2）水泥混凝土路面、沥青稳定碎石基层或旧沥青路面层上加铺沥青层。

（3）路缘石、雨水口、检查井等构造物与新铺沥青混合料接触的侧面。

黏层沥青宜采用沥青洒布车喷洒，并选择适宜的喷嘴，洒布速度和喷洒量保持稳定。当采用机动或手摇的手工沥青洒布机喷洒时，必须由熟练的技术工人操作，均匀洒布。气温低于10℃时不得喷洒黏层沥青，寒冷季节施工不得不喷洒时可分成两次喷洒。路面潮湿时不得喷洒黏层沥青，用水洗刷后需待表面干燥后喷洒。

喷洒的黏层沥青必须呈均匀雾状，在路面全宽范围内均匀分布成一薄层，不得有洒花漏空或成条状，也不得有堆积。喷洒不足处要补洒，喷洒过量处应予以刮除。喷洒黏层沥青后，严禁除运料车外的其他车辆和行人通过。黏层沥青宜在当天洒布，待乳化沥青破乳、水分蒸发完成，或稀释沥青中的稀释剂基本挥发完成后，紧跟着铺筑沥青层，确保黏层不受污染。

第五节　沥青面层施工质量控制与验收

沥青路面的施工质量必须达到设计和规范的要求。施工过程中应进行全面质量管理，建立健全行之有效的质量保证体系。实行严格的目标管理、工序管理及岗位质量责任制度，对各施工阶段的工程质量进行检查、控制、评定，从制度上确保沥青路面的施工质量。

一、质量控制的基本内容

沥青路面的施工质量控制包括所用材料的质量检验、修筑试验路段、施工过程中的质量控制和工序间的检查验收。

1.材料的质量检验

沥青路面施工前应按规定的技术要求对原材料的质量进行检验或试验。在施工过程中逐班抽样检验时，对于沥青材料可根据实际情况只做针入度、软化点、延度的试验；对石料的检测项目有：抗压强度、磨耗率、磨光值、压碎值、级配组成、相对密实度（比重）、含水量、吸水率、土及杂质含量、扁平细长颗粒含量、与沥青黏结力、松方单位等指标；对于砂和石屑测定其相对密度、级配组成、含水量、含土量等；对矿粉测定其相对密度和含水量并进行筛析试验。材料的质量以同一料源、同一次购入并运至生产现场为一批进行检查。

2.施工过程中的质量管理与检查

在沥青路面施工过程中，施工单位应随时对施工质量进行抽检，工序间实行交接验收，待前一工序质量符合要求后方可进入下一工序的施工。施工过程中应对沥青混合料性能做抽样检查，其项目主要有马歇尔稳定度、流值、空隙率、饱和度、沥青抽提试验、抽提后矿料级配组成等。

二、交工验收阶段的工程质量检查与验收

沥青路面施工完毕，施工单位应将全线以 1~3 km 作为一评定路段，每一侧车行道按规定的检查项目、频度，随机选取测点进行检测；对沥青面层进行全线自检，将单个测定值与表中的质量要求或允许偏差进行比较，计算合格率；然后计算一个评定路段的平均值、极差、标准差及偏差系数。施工单位应在规定时间内提交全线检测结果及施工总结报告，申请交工验收。施工质量监理单位在检查工程质量时，应随机抽取检查段，总长度不少于施工里程的 30%，且不少于 3 个检查段。路面弯沉测定应在基层的设计龄期或第二年的不利季节进行。

竣工检查的检验数据应真实、准确，能客观地反映沥青路面的施工质量，为准确评价路面的施工质量提供可靠的依据。

正确地进行工程项目质量的评定和验收，是保证工程质量的重要手段。公路工程验收分为交工验收和竣工验收两个阶段，交工验收由建设单位或业主主持，主要是检查施工合同的执行和监理工作情况，并对工程质量进行评分，提出工程质量等级建议。竣工验收由交通主管部门主持，主要是全面考核建设成果，总结经验教训，对建设项目进行综合评价，确定工程质量等级。在验收时，需按照《公路工程质量检验评定标准》（JTG F80/1—2004）进行质量评定。该标准也是公路工程质量监督部门对工程质量的检查鉴定、监理工程师对工程质量的抽查认定、施工单位自检和分项工程交接验收的质量标准，是公路工程交工验收和竣工验收的质量评定依据。

三、工程施工总结及质量保证期管理

工程结束后，施工企业应根据国家竣工文件编制的规定，提出施工总结报告及若干个专项报告，连同竣工图表，形成完整的施工资料档案。施工总结报告应包括工程概况（包括设计及变更情况）、工程基础资料、材料、施工组织、机械及人员配备、施工方法、施工进度、试验研究、工程质量评价、工程决算、工程服务计划等。

施工管理与质量检查报告应包括施工管理体系、质量保证体系、施工质量目标、试验段铺筑报告、施工前及施工中材料质量检查结果、施工过程中工程质量检查结果、工程交工验收质量自检结果、工程质量评价，以及原始记录、相册、录像等各种附件。

在质保期内，施工企业应进行路面使用情况观测、局部损坏的原因分析和维修保养等。

第四章 水泥混凝土路面施工

第一节 概述

水泥混凝土路面俗称白色路面，它是以水泥与水拌和成的水泥浆为结合料，以碎（砾）石、砂等矿质集料为骨料和填充料，经过拌和、摊铺、振捣、整平和养生后修筑的水泥混凝土板做面层的路面。总体由面层、基层、垫层（底基层）、路基、路肩和排水设施等组成，是高等级重交通公路路面的主要类型之，属于刚性路面。

一、水泥混凝土路面类型

按组成材料和施工方法不同，水泥混凝土路面有以下几种类型。

1.普通混凝土路面

普通混凝土路面亦称无筋混凝土或素混凝土路面，是指除接缝处和边角外，板内不配筋的水泥混凝土路面。这是目前在公路、城市道路及机场道路中应用最广泛的一种类型，通常采用常规的振捣方法进行铺筑。

2.碾压混凝土路面

碾压混凝土路面指水泥和水的用量较普通混凝土显著减少的水泥混凝土混合料经摊铺、碾压成形的无筋混凝土路面，这是近年来出现的工艺。

3.钢筋混凝土路面

钢筋混凝土路面为防止混凝土板产生的裂缝缝隙张开而在板内配置纵、横向钢筋或钢筋网的水泥混凝土路面。

4.连续配筋混凝土路面

连续配筋混凝土路面指沿纵向配置连续的钢筋，除了在与其他路面交接处或邻近构造物处设置胀缝以及视施工需要设置施工缝外，不设横向缩缝的水泥混凝土路面。由于钢筋用量大，造价较高，目前在我国仅铺筑了试验路。

5.预应力混凝土路面

预应力混凝土路面对混凝土和钢筋施加预应力的无筋或钢筋混凝土路面。在我国曾修建过试验路，尚未推广应用。

6.钢纤维混凝土路面

钢纤维混凝土路面指在混凝土中掺入一些低碳钢或不锈钢纤维，形成一种均匀多向配筋的水泥混凝土路面，我国已铺筑过试验路。

7.复合式混凝土路面

复合式混凝土路面指由两层或两层以上不同强度或不同类型的混凝土复合而成的水泥混凝土路面。

二、水泥混凝土路面特点

与其他类型路面相比，水泥混凝土路面具有以下特点。

1.刚度大、强度高、板体性好

水泥混凝土具有较高的刚度，弹性模量达（25~40）× 10^3MPa，路面用混凝土的抗弯拉强度达 4.0~5.5 MPa，抗压强度达 30~40 MPa。因而，混凝土路面具有较高的承载能力和扩散荷载能力。

2.稳定性好

水泥混凝土路面的水稳性、热稳性均较好，特别是它的强度能随着时间的延长而逐渐提高，不存在沥青路面的老化现象，也不易出现沥青路面的某些稳定性不足的损坏（如车辙等）。

3.耐久性好

由于水泥混凝土路面的强度和稳定性好，所以它经久耐用，在保证设计和施工质量的情况下，可使用 20~40 年以上。

4.抗侵蚀能力强

水泥混凝土对油、大多数化学物质不敏感，有较强的抗侵蚀能力。

5.养护费用少

在正常设计、施工和养护条件下，水泥混凝土路面的养护工作量和养护费用均比沥青路面小，通常为后者的1/3~14。因此，从长远角度来看，选用混凝土路面，其经济效益是比较显著的。

6.有利于夜间行车

混凝土路面色泽鲜明，能见度好，对夜间行车有利。

但是，混凝土路面也存在一些缺点，主要有以下几个方面。

1.对水泥和水的需要量大

修筑 0.2 m 厚、7 m 宽的混凝土路面，每 1 km 要耗费水泥 400~500t 和水约 250t，尚不包括养生用水在内，这为水泥供应不足和缺水地区带来较大困难。

2.有接缝

由于混凝土的硬化收缩和热胀冷缩影响，水泥混凝土路面设有许多纵向和横向接缝。这些接缝一方面增加了施工的难度；另一方面形成了路面的薄弱处，当施工和养护不当时，易于导致唧泥、错台和断裂等损坏。同时，接缝也容易引起行车跳动，影响行驶的舒适性。

3.开放交通较迟

除碾压混凝土外，其他混凝土路面都需要一定的养生期，以获得足够的强度。因而，铺筑完工后需要隔一定时期（14~21 d 以上）才能开放交通。

4.修补困难

水泥混凝土路面出现损坏后，修补工作较沥青路面困难得多，且修补的整体强度稍差。

5.噪声大

混凝土路面使用的中后期，由于接缝变形，而使平整度降低，车辆行驶的噪声较大。

三、水泥混凝土路面适用场合

由于水泥混凝土路面具有上述特点，使其适用的场合与沥青路面有所不同。国内外对水泥混凝土路面的修筑技术一直进行不懈的研究和总结，使水泥混凝土路面在技术上日臻完善，得到了较为广泛的应用。总的来说，水泥混凝土路面适用于交通繁重和重载交通道路、天气炎热和严重冰冻，路基承载能力低，且无不均匀沉降、缺乏优质集料、沥青来源不足，而水泥和其他水硬性结合料资源充足、建设资金筹集无困难等情况。

四、水泥混凝土原材料的要求

组成混凝土的原材料包括水泥、细集料（沙）、粗集料（碎石或砾石）、水及外加剂。

1.水泥

水泥是混凝土路面的重要组成材料，混凝土的性能（强度、收缩性、温度徐变等）很大程度上取决于水泥的质量和用量。水泥品种及强度等级的选用，必须根据公路等级、工期、铺筑时间和方法及经济性等因素综合考虑决定。通常情况下，应采用强度高、收缩性小、耐磨性强、抗冻性好的水泥。公路城市道路、厂矿道路应采用硅酸盐水泥或普通硅酸盐水泥（简称普通水泥），水泥强度等级不应低于 32.5 级。当条件受到限制时，亦可采用矿渣水泥，但其强度等级亦不应低于 32.5 级，并应严格控制用水量，适当延长搅拌时间，加强养护工作。民航机场道面和高速公路，必须采用强度等级不低于 32.5 级的硅酸盐水泥。

水泥进场时，应有产品合格证及化验单，并应对品种、强度等级、包装、数量、出厂日期等进行检查验收。不同强度等级、厂牌、品种、出厂日期的水泥，不得混合堆放，严禁混合使用。出厂期超过 3 个月或受潮的水泥，必须经过试验，按其试验结果决定正常使用或降级使用，已经结块变质的水泥不得使用。

2.细集料

混凝土中粒径在 0.16~5 mm 范围的集料称为细集料。细集料一般宜采用天然沙与人工沙或石屑，其质地应坚硬、耐久、洁净，并具有良好的级配。其细度模数宜在 2.5 以上。

3.粗集料

集料粒径大于 5 mm 的叫作粗集料。普通混凝土常用的粗集料有砾（卵）石与碎石两种。

为满足混凝土高强、抗滑、耐磨及耐久性等方面的要求，所用粗集料（碎石或卵石）必须坚硬、耐磨耗、洁净，并符合一定级配。颗粒应接近立方体，最大粒径不应超过 40 mm。

4.水

一般饮用水均可用于水泥混凝土拌制和养护；对非饮用水，应经化验并符合下列要求。

（1）硫酸盐含量（SO_4^{2-}）不得超过 2.7 mg/cm³。

（2）含盐量不得超过 5 mg/cm³。

（3）pH 值≥4。

5.外加剂

为改善混凝土的技术性质，如早强、大流动度、高耐久性、缓凝、速凝、降低水化热等，可以在混凝土的制备过程中加入适量的外掺剂。修建路面常用的外加剂有以下四类。

（1）改善混凝土拌和物流动性能的外加剂包括：减水剂、引气剂、泵送剂等。

（2）调节水泥凝结时间、硬化性能的外加剂包括：缓凝剂、速凝剂、早强剂。

（3）改善混凝土耐久性的外加剂包括：引气剂、防水剂、阻锈剂。

（4）改善混凝土其他性能的外加剂包括：加气剂、膨胀剂、防冻剂、着色剂等。

所选用的外加剂的质量应符合现行的国家标准，并应在充分调查、试验和实地试用后，再决定其是否适用。

6.接缝材料

接缝材料主要包括填缝料和接缝板。

（1）填缝料。填缝料是指为防止雨水及沙、石等杂物进入水泥混凝土路面面板各种接缝内部，在其上部灌入的材料。填缝料应具有与混凝土面板缝壁黏结能力强、弹性好、拉伸量大、不溶于水、不渗水、高温时不流淌、低温时不脆裂和耐久性好等性能。常用的填缝料按施工温度分为两种，一种是加热施工式填缝料，另一种是常温施工式填缝料。加热施工式填缝料的品种主要有聚氯乙烯胶泥、沥青橡胶类和沥青玛蹄脂等；常温施工式填缝料的品种主要有聚氨酸焦油类、氯丁橡胶类、乳化沥青橡胶类等。

（2）接缝板。接缝板是指为防止水泥混凝土路面面板膨胀压屈，置放在胀缝板中的预制板。混凝土面层的各种伸缩缝均应设置接缝板。接缝板的品种主要有杉木板、泡沫橡胶板、泡沫树脂板和纤维板等。

7.钢材

水泥混凝土路面所用的钢筋有传力杆、拉杆及补强钢筋等。各种钢筋必须符合现行国家标准的规定。但不作为加强混凝土板构造强度用的钢筋，如支架等所用的钢筋，不受此限制。

第二节　接缝的构造与布置

混凝土面层是由一定厚度的混凝土板组成，它具有热胀冷缩的性质。由于一年四季气温的变化，混凝土板会产生不同程度的膨胀和收缩。而一昼夜中，白天气温升高，混凝土板顶面温度较底面温度高，这种温度坡差会造成板的中部隆起。夜间气温降低，板顶面温度较底面为低，会使板的周边和角隅翘起。这些变形会受到板与基础之间的摩阻力和黏结力以及板的自重和车轮荷载等的约束，致使板内产生过大的应力，造成板的断裂或拱胀等破坏。

混凝土板由于温度变化而产生的伸缩变形和翘曲变形会因板的尺寸过大而产生较大的内应力。为了避免混凝土板的损坏，混凝土路面不得不在纵横两个方向设置许多接缝，把整个路面分割成较小尺寸的板块。

水泥混凝土路面的接缝按方向分为垂直于行车方向的横向接缝和平行于行车方向的纵向接缝。按它所起的作用又可分为缩缝、胀缝和施工缝。缩缝保证板因温度和湿度的降低而收缩时沿该薄弱断面断裂，从而使表面避免产生不规则的裂缝。胀缝保证板在温度升高时能部分伸长，从而避免产生路面板在热天的拱胀和折断破坏，同时起到缩缝的作用。混凝土施工时，摊铺和振捣等机具有一定的操作宽度限制，每天的工作量有一定限度而必须中断以及因雨天或其他原因不能继续施工时，需要设置施工缝。

一、横缝的构造与布置

横缝分为横向缩缝、横向胀缝和横向施工缝。

1.横向缩缝

横向缩缝间距即为混凝土板块的长度。随着板长增加，混凝土的收缩应力增大，特别是温度翘曲应力迅速增大。对现有路面的大量使用调查表明，当板长控制在5~6m以上时，出现横向断裂的坏板比例急剧增高。同时，板长越短，温度变化引起的板长伸缩量越小，因而缝隙的变化量也越小。这对于保证接缝的传荷能力起到重要作用，特别是对靠集料嵌锁作用传荷的假缝作用更大。因此，目前都倾向于采用短板，其长度为 4~5 m。横向缩缝通常都成等间距布置。为改善行驶质量，国外也有采用变间距布置，并倾斜于行车方向的布置方案。横向缩缝一般采用假缝形式，不设传力杆。但在特重交通公路上或地基水文条件不良的公路上，宜在板中央设置传力杆。其他各级交通的公路上，在邻近胀缝或路面自由端部的 3 条缩缝内，均宜加设传力杆。横向缩缝的槽口可采用锯切或压入的方式形成。

2.横向胀缝

横向胀缝处混凝土板完全断开，因而也称为真缝。缝宽为 2~2.5cm，在缝隙上部 3~4cm 深度内浇灌填缝料，下部则设置富有弹性的嵌缝板，它可由油浸或沥青浸制的软木板制成。在板厚的中央设置传力杆，传力杆的一半以上应涂沥青或加塑料套，并加长 10cm 的小套子，套底和传力杆头之间留 3 cm 的空隙（用纱头填），在同一条胀缝上的传力杆，设有套筒的活动端最好在缝的两边交错布置。在与建筑物衔接处或其他公路交叉处的胀缝，当无法设置传力杆时，可采用边缘钢筋型或厚边型。

3.横向施工缝

每日工作结束或因临时原因而中断施工时，需设置横向施工缝。原则上，横向施工缝应尽量少设，如需设置，其位置宜在胀缝或缩缝处。

在桥涵两端以及小半径平、竖曲线处应设置胀缝。胀缝是混凝土路面的薄弱环节，它不仅给施工带来不便，同时由于施工传力杆设置不当（未能准确定位），使胀缝处的混凝土常出现裂碎等病害；当雨水通过胀缝渗入地基后，易使地基软化，引起地基、错台等破坏；当沙石进入胀缝后，易造成胀缝处边板挤碎、拱胀等破坏。同时，胀缝容易引起行车跳动，其中的填缝料又要经常补充或更换，增加了养护的麻烦。因此，近年来国内外修筑的混凝土路面均有减少胀缝的趋势。我国现行混凝土路面设计规范规定，胀缝应尽量少设或不设；但在临近桥梁或固定建筑物处，或与其他类型路面相连接处、板厚变化处、隧道口、小半径曲线和纵坡变换处，均应设置胀缝。在其他位置，当板厚等于或大于 20cm 并在夏季施工时，也可不设胀缝。但是，采用长间距胀缝或无胀缝路面结构时，需注意采取一些相应的措施，如增大基层表面的摩阻力以约束板在高温或潮湿时伸长的趋势；在气温较高时施工，应尽量减小水泥混凝土板的胀缩幅度，相对地缩短缩缝间距，以便减少板的温度翘曲应力，缩小缩缝缝隙的宽度以提高传荷能力，并增进板对地基变形的适应性。

二、纵缝的构造与布置

纵缝分为纵向缩缝和纵向施工缝。纵缝间距为板宽，可按路面宽度和每个车道宽度而定，一般按 3~4.5m 设置，其最大间距不得超过 4.5m，这对行车和施工来说都比较方便。

1.纵向缩缝

当双车道路面按全幅宽度施工时，应增设纵向缩缝。纵向缩缝可做成假缝加拉杆形式。

2.纵向施工缝

当一次铺筑宽度小于路面宽度时，需设置纵向施工缝。纵向施工缝可采用设拉杆的企口缝或设拉杆的平缝形式。根据国内外的实践经验，企口缝易产生破坏。因此，纵向施工缝一般采用平缝。

多车道路面，应每隔 3~4 个车道设一条纵向胀缝，其构造与横向胀缝相同。当路旁有路缘石时，路缘石与路面板之间也应设胀缝，但不必设置传力杆。

纵缝与横缝一般做成垂直正交形式，使混凝土板具有 90° 的角隅。纵缝两旁的横缝一般成一条直线。实践证明，如横缝在纵缝两旁错开，将导致板产生从横缝延伸出来的裂缝。

三、拉杆和传力杆

1.拉杆

拉杆是设在纵缝板厚中央的螺纹钢筋，其目的是防止板块横向位移。对拉杆中部 10cm 范围内应进行防锈处理。其最外边的拉杆距接缝或自由边的距离一般为 25~35 cm。

2.传力杆

传力杆主要用于横向接缝，一般采用光圆钢筋，传力杆长度的一半再加 5cm 范围内应涂沥青或加塑料套。胀缝处的传力杆应在涂沥青一端加一套子，内留 3 cm 孔隙并填纱头或泡沫塑料，套子端宜在相邻板中交错布置。其最外边的传力杆距接缝或自由边的距离一般为 15~25 cm。

四、水泥混凝土路面与其他构造物的衔接

1.混凝土路面与沥青路面相接

在混凝土路面和沥青路面相接处，常出现沉陷、错台或沥青路面受顶推而拥起等破坏现象，因此，在相接处要采取合理技术措施进行处理。对高速公路和一级公路，应在沥青路面面层下埋设长度为 3m 的混凝土板，此板在混凝土路面相接一端的厚度与混凝土面板相同，另一端不小于 15cm。埋设的混凝土板与混凝土路面相接处的拉杆，应采用螺纹钢筋，直径一般为 25 mm，长为 70cm，间距为 40cm。对于其他各等级公路，由于汽车行驶速度低，交通量不大，可采用径向连接或混凝土预制块过渡，过渡长度一般不小于 3m。

2.混凝土路面与桥梁相接

在各等级的公路上，特别是在高等级的公路上，应设置桥头搭板。搭板与混凝土路面之间采用钢筋混凝土面板过渡，其长度不小于 5m。搭板与钢筋混凝土面板之间的接缝应设置传力杆，钢筋混凝土面板与混凝土面板之间应设置胀缝。当桥梁为斜交时，在钢筋混凝土搭板与混凝土面板之间要设钢筋混凝土渐变板，渐变板的块数根据与桥梁斜交的角度而定：大于 70° 时设 1 块；45° ~70° 时设 2 块；小于 45° 时设 3 块以上。渐变板的短边

不得小于 5m，长边最大为 10m。搭板和渐变板角隅部分用发针钢筋或钢筋网补强。

3.构造物横穿公路

为了防止横穿公路的涵洞、管线等构造物不因行车荷载下传的力而造成破坏，引起路面出现裂缝、错台和跳车现象，应对构造物顶部及两侧适当范围内的混凝土板采用钢筋网补强或用钢筋混凝土板。

当箱状构造物顶面至混凝土板底的距离 d<30 cm 或嵌入基层时，应采用双层钢筋网补强；当 d=30~80cm 时，采用单层钢筋网补强。

五、补强钢筋

混凝土面板的边缘和角隅是薄弱处，容易在行车荷载作用下应力过大而断裂破坏。当采用板中计算厚度的等厚式板，或混凝土板纵、横向自由边缘下的基础有可能产生较大的塑性变形时，应在其纵横向自由边缘加设补强钢筋，角隅处加设发针形钢筋或钢筋网补强。

1.边缘钢筋布置

边缘钢筋一般用两根直径 12~16 mm 的螺纹钢筋或圆钢筋，设在板的下部板厚 1/4 处，且距边缘和板底均不小于 5cm，间距一般为 10cm。纵向边缘钢筋一般只做在一块板内，不得穿过缩缝，以免妨碍板的翘曲；但有时亦可将其穿过缩缝，但不得穿过胀缝。为加强锚固能力，钢筋两端应向上弯起。在横向胀缝两侧板边缘以及混凝土路面的起终端处，为加强板的横向边缘，亦可设置横向边缘钢筋。

2.角隅钢筋布置

设置在胀缝两侧板的角隅处，一般可用两根直径 12~16mm 的螺纹钢筋，布置在板的上部，距板顶不应小于 5cm，距板边一般为 10cm。

绊脚呈锐角时，亦可采用双层钢筋网补强。钢筋可选用直径为 6 mm，布置在板的上、下部，距板顶和板底以 5~10 cm 为宜。

第三节 小型机具施工

一、施工前的准备工作

施工前的准备工作是路面施工质量保证体系的重要一环，是保证路面施工顺利进行，按期完成任务的关键。因此，必须做好施工前的一切准备工作。

1.编制施工组织设计

施工单位根据设计文件及施工条件，确定施工方案，编制施工组织设计，包括施工工艺、材料使用计划、劳动计划、机械选型及使用计划、临时设施、现场组织管理计划、安全措施等。

2.选择混凝土拌和场地

拌和场地选择既要考虑交通便利、运距最短，又要考虑水电供应方便，并且有足够的场地堆放材料和搭建办公生活用房、工棚仓库和消防等设施，一般情况下宜设置在施工路段的中部。

3.进行材料试验和混凝土配合比检验及调整

按公路等级的要求及工地的具体情况在现场建立工地实验室，并依据相应的试验规程和检测频率对混凝土面层所用的各种原材料进行检验，并根据检验结果调整混凝土的配合比和改善施工工艺。

4.基层检查与整修

检查基层的宽度、高程、横坡、弯沉、平整度等是否符合要求。在混凝土摊铺施工前，应清理基层表面，并充分洒水湿润，以防混凝土底部的水分被干燥基层吸去，使混凝土变得疏松以致产生细小裂缝。

5.模板安装

常用模板有木模和钢模。模板应平直，装、拆方便，而且加载后挠度小。同时其高度应与混凝土板厚相同。高速公路、级公路混凝土路面施工，应采用钢模板，这样不仅保证工程质量，而且可多次重复使用。钢模板可用4~5 mm厚钢板冲压制作，或用3~4 mm厚钢板与边宽40~50mm的角（槽）钢组合构成。模板一般长为3m，接头处应设置牢固的拼装配件。

安装模板前，应根据设计图纸定出路面中心及路面边缘线，模板顶面应与路面设计高程一致。如果因基层局部低洼而造成模板下出现空隙，可在空隙处模板两边填入沙浆等材料。

模板两侧用铁钎打入基层以固定位置，接头处拼装应牢固紧密。安装完毕后，应再检查次模板相接处的高差和模板内侧是否有错位和不平整等情况，高度差大于3mm或有错位和不平整的模板应拆掉重新安装。确认安装合格的模板其内侧表面应刷涂隔离剂，以利于拆模。两侧模板安装就位后，应横跨路面拉线，用直尺检测拉线至基层表面的距离是否满足混凝土板厚的要求，基层局部高出部分应予以铲除。

模板准确定位是保证混凝土路面质量的重要因素，因此，施工时必须经常检查，严格控制。

二、混凝土的制备和运输

1.混凝土的制备

混凝土混合料应采用机械搅拌，搅拌站位置应根据施工和运输工具选定，容量由工程量大小和施工进度确定。进行拌和时，掌握好混凝土施工配合比，严格控制加水量，应根据沙、石料的实测含水量，调整拌和时的实际用水量。混合料组成材料的计量允许误差为：水泥为土1%，粗、细骨料为±5%，水为±1%，外加剂为±2%。搅拌机装料顺序宜为沙、水泥、碎（砾）石，进料后，边搅拌边加水。每锅混合料的搅拌时间取决于搅拌机的性能和混合料的和易性，一般为1.5~3.0min，干硬性混凝土搅拌时间略长一点，一般为2.0~4.0min。

常用的搅拌机械有自落式搅拌机和强制式搅拌机两大类。自落式搅拌机是通过搅拌鼓的转动，将混合料提到一定高度后自由落下而达到拌和目的。其优点是能耗小，价格较便宜，但仅适用于搅拌塑性和半塑性混凝土。而对于干硬性混凝土，由于坍落度小，粒料容易黏附在叶片上，难以拌和均匀，出料也有困难，因而不宜使用。强制式搅拌机是在固定不动的搅拌筒内，用高速旋转的多组搅拌叶片对筒内材料进行强制搅拌。它的优点是搅拌时间短、效率高、操纵系统灵活、卸料干净；缺点是需要较大的动力，搅拌叶片及搅拌筒磨耗大。它适用于搅拌干硬性混凝土及细粒料混凝土。强制式搅拌机从构造上分为立轴式和双卧轴式，立轴强制式搅拌机由于其叶片、衬板磨耗量较大，其使用受到一定限制。双卧轴强制式搅拌机拌和均匀，轴和叶片更换方便、省电，有较好的技术经济指标。因此，水泥混凝土搅拌设备选型时应尽可能选用双卧轴强制式搅拌机。

2.混凝土的运输

混合料宜采用翻斗车或自卸车运输，当运距较远时，宜采用水泥混凝土搅拌运输车运输。混合料从搅拌机出料后，运至铺筑施工现场进行摊铺、振捣、整平，直至铺筑结束的允许时间，可根据水泥初凝时间及施工气温确定。装运混合料，应防漏浆和离析，夏季和冬季施工，应有遮盖或保温设备，卸料高度不宜超过1.5m。若出现明显离析，在铺筑时应重新拌匀。

三、混凝土的摊铺和振捣

1.混凝土的摊铺

摊铺混凝土前，应对模板的位置、高度、支承情况及拉杆的放置再进行一次全面检查，确认满足要求后，即可进行混凝土的摊铺。

混凝土混合料由运输车辆直接卸在基层上。卸料时应不使混合料离析，且应尽可能将其卸成几小堆，以便于摊铺。如发现离析现象，应在铺筑时用铁锹拌均匀，但严禁第二次加水。

混凝土板厚度不大于24 cm时可一次摊铺。大于24 cm时宜分两次摊铺，下层厚度宜为总厚度的3/5。摊铺时应考虑混凝土振捣后的下落高度，而预留一定厚度，松铺厚度通过现场试验确定，一般为设计厚度的1.1~1.15倍。

人工用铁锹摊铺时，应采用"扣锹"的方法，严禁抛掷和搂耙，以防止混合料离析。

2.钢筋设置

当混凝土板中根据设计要求需要设置钢筋时，应配合摊铺工作一起进行。

安放单层钢筋网片时，应在其底部先摊铺一层混凝土，其高度按钢筋网片设计位置预加一定的下落高度。待钢筋网片就位后，再继续浇注混凝土。

安放双层钢筋网时，对厚度不大于25 cm的板，上、下两层钢筋网可事先用架立钢筋扎成骨架后，一次安放就位；厚度大于25cm的，按单层网片的方法，上、下两层网片分两次安放。

钢筋网的接头应搭接，其搭接长度应为一个网格或者20 cm，搭接处应用细铁丝绑扎。

安放角隅钢筋时，先在角隅处摊铺一层混凝土拌和物带，摊铺厚度应按钢筋设计位置预加一定的下落度，角隅钢筋就位后，用混凝土拌和物压住。

安放边缘钢筋时，先沿边缘铺筑一条混凝土拌和物，拍实至钢筋位置，然后放置边缘钢筋，在钢筋两端弯起，用混凝土拌和物压住。

3.混凝土的振捣

混合料摊铺后，应迅速振捣密实。常用振捣器有插入式振捣器、平板式振捣器和振动梁。对厚度不大于24 cm的铺层，应先用插入式振捣器对边角及安置钢筋的部位依顺序振捣，然后再用不小于2.2kW的平板式振捣器纵横交错全面振捣。振捣器在每一位置振捣的持续时间以混合料停止下沉，不再冒气泡并泛出水泥浆为准，不宜过振，一般为10~15s。水灰比小于0.45时，用平板振捣器，不宜少于30s；用插入式振捣器时，不宜少于20s。

平板式振捣器作业完成后，再用带有振动器且底面平直的振动梁进一步拖拉振实并初步整平。振动梁移动的速度要缓慢均匀，一般以每分钟1.2~1.5m为宜，不允许中途停留。在拖振过程中，多余的混合料随着振动梁的拖移而刮去。低陷处应及时人工填补，填补时应用较细的混合料，但严禁用纯沙浆。最后再用直径130~150 mm的平直无缝钢管滚杠进一步滚揉表面，使表面进一步提浆并整平。滚杠既可滚拉又可平推提浆赶浆，使混凝土表面均匀保持5~6 mm的沙浆层，以利于密封和作面。

对采用两次摊铺的混凝土板（厚度>24cm），应特别注意上层混凝土拌和料的振捣必须在下层拌和料初凝之前完成。另外，在振捣上层拌和料时，插入式振捣器应插入下层拌和料5 cm，以使两层更好融合。

在整个振捣过程中，要随时注意检查模板，如发现问题，应及时处理。

四、接缝施工

接缝是混凝土路面施工的难点，接缝施工质量的好坏直接影响到混凝土路面使用寿命和行车舒适性，因此，需认真加以对待。

1.胀缝施工

胀缝应与混凝土路面中心线垂直，缝壁垂直于板面，宽度均匀一致，缝中不得有黏浆或坚硬杂物，相邻板的胀缝应设在同一横断面上。胀缝传力杆的准确定位是胀缝施工成败的关键。为了保证传力杆位置的正确（平行于混凝土板面及路面中心线，其误差不得大于5 mm），可采用两种固定方式：顶头木模固定法和支架固定法。

（1）顶头木模固定法，适用于混凝土一天施工终了时设置的胀缝。传力杆长度的一半穿过端头挡板，固定于外侧定位模板中。在混凝土拌和料浇筑前先检查传力杆位置，浇筑时先摊铺下层拌和料，用插入式振捣器振实，并在校正传力杆位置后，再浇筑上层拌和料。第二天浇筑邻板前，拆去顶头木模，并及时设置胀缝板、木制嵌条和传力杆套管等。

（2）支架固定法，适用于混凝土板连续浇铸过程中设置的胀缝。传力杆长度的一半穿过胀缝板和端头挡板，并用钢筋支架固定就位。浇筑时先检查传力杆位置，再在胀缝两侧摊铺混凝土拌和料至板面，振捣密实后，抽出端头挡板，空隙部分填补混凝土拌和料，并用插入式振捣器振实，然后整平。

胀缝中嵌条的尺寸及拆除时间应把握好。嵌条尺寸应比设计接缝稍宽些，稍低些，最好做成上宽下窄的楔形，以便拔出。嵌条拆除时间以混凝土初凝前、泌水后为宜。嵌条取出后，再将缝槽抹平整。

2.横向缩缝施工

横向缩缝一般采用锯切缝或压入缝。与压入缝相比，切缝法做出的缩缝质量较好，接缝处质量均匀。因此，缩缝施工应尽量采用切缝法。为防止切缝不及时可能出现的早期裂缝，也可每隔几条切缝做一条压缝。

（1）切缝

混凝土结硬后应及时用金刚石或碳化硅锯片切缝。切缝时间的一定要控制好，切得过早（混凝土抗压强度<10 MPa，粗骨料容易从沙浆中脱落，不能切出整齐的缝；切得过迟，不但造成切缝困难，增加切缝刀片的消耗，而且会使因混凝土的温度下降和水分减少而产生的收缩因板较长而受到阻碍，导致收缩应力超出其抗拉强度而在非预定位置出现不规则的早期裂缝。目前施工中较多采用"温度一小时"法来控制切缝的合适时间。即混凝土浇筑到切割开始的间隔小时与气温的乘积一般控制在250~300"温度一小时"左右。当然，这只是一种粗略估算的方法。最佳切缝时间除与施工温度有关外，还与混凝土质量，特别是集料的质量、水泥类型及水灰比等因素有关，施工时应通过试切后确定。切缝可采用一次切割成型或两次切割成型的方法。一次切割成型的槽口窄而深，进行嵌缝料施工不易填实，且当缝隙因板的伸缩稍有变化时，嵌缝料便会在深度上出现较大的起落，引起嵌缝料被挤出槽口外或槽口内嵌缝料不足两次切割成型即先用薄锯片进行深锯切再用厚锯片做

浅锯切以加宽上部槽口。这种两次切割成型的槽口工作性能较前种好。

（2）压缝

为防止出现早期裂缝，每隔3~4条切缝做一条压缝。压缝的做法是：当混凝土拌和料做面后，立即用振动压缝刀压缝，当压至规定深度后提出压缝刀，用原浆修平缝槽，然后放入铁质或木质的嵌条，再次修平缝槽，待混凝土初凝前、泌水后，取出嵌条，便形成了缝槽。施工时应特别小心，尽量避免接缝两边的混凝土结构受到扰动，并保证两边平整。如难以做到这点，缩缝也可仅由切缝形成，但应保证不出现早期裂缝。

缩缝传力杆的安装一般采用支架固定法，传力杆长度的一半再加5 cm范围内涂上沥青，保证其在混凝土中自由滑动。

3.纵缝施工

纵缝施工一般为平缝加拉杆形式。纵缝施工应符合设计规定的构造，保持顺直、美观。拉杆可采用三种方式设置。

（1）根据拉杆的位置在模板上留孔，立模后在浇筑混凝土之前将拉杆穿在孔内。但拆模时较为费事。

（2）事先将拉杆弯成直角，沿模板按设计位置放置，并将其一半浇筑在板内。在浇筑临板时再将拉杆扳直。当拉杆较粗时，采用此方法易损坏拉杆相接处的混凝土。

（3）采用带螺丝的拉杆。一半拉杆用支架固定在基层上，然后浇筑混凝土，摊铺相邻板前将另一半带螺丝接头的拉杆接上。施工时应注意使拉杆螺纹接头端面紧靠板侧面，且套节的螺纹部分不能进入混凝土或沙浆（用黄油等材料封填），以免另一半拉杆无法接上。此方法在日本广泛使用，效果良好。

4.施工缝

施工缝宜设于胀缝或缩缝处，多车道路面及民航机场道面的施工缝应避免设在同一横断面上。传力杆一半锚固于混凝土中，另一半涂上沥青，传力杆必须平行于板面，垂直于缝壁。

5.灌注嵌缝料

混凝土养护期满即可灌注嵌缝料，嵌缝料必须清洁、干燥，并与缝壁黏附紧密、不渗水，灌注高度一般比板面低2 mm左右。当使用加热施工型嵌缝料时，应加热到规定的温度并搅匀，采用灌缝机或灌缝枪灌缝；气温较低时应用喷灯加热缝壁，使嵌缝料与缝壁结合良好。

第四节　真空作业施工

一、概述

在混凝土施工工艺中，密实成型是保证质量的一个重要环节。目前运用最广泛的是振动成型，其设备简单，操作方便、效果良好，但它噪声大、能耗多、机械磨损严重。混凝土真空作业法，既避免了振动成形的缺点，又能有效地排除混凝土中多余的水分，使混凝土拌和物得到密实，是一项很有发展前途的技术。

真空作业法，是借助于真空负压，将水从刚成型的混凝土拌和物中排出，同时又能使混凝土密实的一种成型方法。

按真空作业的方式，分为表面真空作业与内部真空作业两种。表面真空作业是在混凝土构件的上、下表面及侧表面布置真空腔进行。上表面真空作业适用于水泥混凝土路面、机场道面、楼面及预制混凝土平板的施工。下表面真空作业适用于薄壳、隧道顶板等结构。对于水池、桥墩、水坝等则可采用侧表面真空作业。有时还可将上述几种方法结合使用。

内部真空作业，是利用插入混凝土内部的真空管进行的，在不能实现表面作业情况下可采用此法。对于一些没有预留孔道的构件或构筑物，如能直接利用结构的预留孔道，布置真空管进行内部真空作业则尤为适宜。一般来说，内部真空作业比较复杂，在实际工程中应用较少。

二、真空混凝土路面的施工

1.工艺设备

混凝土真空作业的主要设备有真空吸水机组、真空腔及吸水软管三部分。辅助设备有清洗槽、抹面机及振动机等。

真空吸水机组由真空泵、电动机、真空室、集水室、排水管及滤网等组成。真空泵启动后，在真空腔内形成一定的真空度，水便被挤压吸出，经吸水软管引入真空室，再由真空室进入集水室，最后从排水管排出。泵的吸口处设有滤网，以防止水泥颗粒进入泵内。这种轻型真空吸水机组十分轻巧，其质量一般只有100kg左右，安装在手推车上，移动灵活。

真空腔有刚性吸盘与柔性吸垫两种。刚性吸盘用金属板材做成，其底部为带孔钢板，外设滤网、滤布，沿吸盘周边有一条边框，边框下贴有橡胶垫以防止外界空气吸入。刚性吸盘能承受较大压力而不变形，作业后表面平整度较好，但吸盘下容易漏气。此外，它比较笨重，一般适用于预制构件的施工。瑞典研制的柔性吸垫轻便、耐用。吸垫的过滤层，由透水纤维织物如尼龙做成，直接铺于新浇混凝土拌和物的表面，骨架层由柔性塑料网做成，用以形成真空区并作为吸水通道，密封层一般用致密的橡胶布或化纤织物类胶布做成，覆盖在骨架上起密封作用。用这种柔性吸垫，施工方便，效果良好，可广泛用于各种现浇混凝土的施工。

2.施工程序

为了保证真空作业的顺利进行，应特别防止真空系统的漏气及空腔底部过滤层的堵塞。对于柔性吸垫，在真空系统处理将近完毕时，要掀开吸垫边缘，然后继续做一段时间的真空处理，以除去吸垫底层的残余水分，不使其回渗到混凝土拌和物内。

三、真空作业

1.真空度的选择

由真空脱水密实的原理可知，真空作业采用的真空度越高，混凝土拌和物受到的附加作用力越大，其脱水密实的效果越好。实际上，要达到较高的真空度，对设备的要求也相应提高，因而采用过高的真空度是不经济的。

对于不同厚度的构件，可采用不同的真空度，构件厚度越大，真空度也要相应提高，对薄壁构件可采用较小的真空度。

2.真空作业时间

真空作业时间与构件厚度、所采用的真空度、环境温度、水泥品种以及混凝土的配合比（主是水泥用量、水灰比）等因素有关。

构件厚度越大，作业时间越长，构件厚度小于 15cm 时，两者关系近似线形。一般情况下，水泥用量越大，水灰比越大，真空作业的时间就越长。

3.真空—振动作业方式

在真空作业过程中，附加适当的振动，可促使混凝土拌和物液化，减小脱水阻力，并有利于固相颗粒位置的调整和气泡的排出。采用合理的真空—振动制度，真空混凝土的强度比普通振动成型的混凝土高 60%左右。

进行真空—振动作业时，应采用周期性的短时振动，振动的频率要高，而振幅要低，这可以防止混凝土的分层离析和提高脱水密实效率。

振动时，真空腔内保持较高的真空度，会削弱振动的效果，对混凝土的强度产生不利影响。

四、真空作业施工中常见问题及对策

1."弹簧层"现象

真空吸水作业完成后，踩在板面上感到像踩在弹簧上一样，这就是"弹簧层"现象。

此现象可能是由于板体上、下层脱水不匀所造成，也可能是吸垫搭接处理不当造成漏吸所致。因此在真空吸水过程中要经常检查密封情况，随时补漏，并在两块吸垫之间搭接 20 cm。

2.裂缝

出现裂缝的原因之一是开始阶段真空度提得过高，混凝土应负压差过大而产生收缩裂缝，因此，开泵吸水时，真空度应缓慢升高。原因之二是真空吸垫搭接宽度不够或出现空位，在混凝土的干湿交接处出现收缩裂缝，故吸垫严禁留有空位，并至少保证搭接 20 cm。

吸水完成后，若偶有裂缝，可用抹光机多抹一会，在混凝土有塑性时将缝抹平即可。

第五节　轨道式摊铺机施工

一、施工准备

1.材料准备及其性能检验

混凝土路面施工前的准备工作包括材料准备及质量检验、混合料配合比检验与调整、基层的检验与整修、施工放样及机械准备等。

根据混凝土路面施工进度计划，施工前应分批备好所需的各种材料，并在使用前进行核对、调整，各种材料应符合规定的质量要求。新出厂的水泥应至少存放一周后方可使用。路面在浇筑前必须对混凝土拌和物的工作性进行检验并做必要的调整。

2.基层检查与整修

混凝土路面施工前，应对混凝土路面板下的基层进行强度、密实度及几何尺寸等方面的质量检验。基层质量检查项目及其标准应符合基层施工规范要求。基层宽度应比混凝土路面板宽 30~35 cm 或与路基同宽。

3.施工放样

施工放样是用轨模式摊铺机施工混凝土路面的重要准备工作。首先根据设计图纸恢复路中心线和混凝土路面边线，在中心线上每隔 20m 设一中桩，同时布设曲线主点桩及纵坡变坡点、路面板胀缝等施工控制点，并在路边设置相应的边桩，重要的中心桩要进行拴桩。每隔 100m 左右设置一临时水准点，以便复核路面高程。由于混凝土路面一旦浇筑成功就很难拆除，因此测量放样必须经常复核，在浇捣过程中也要进行复核，做到勤测、勤核、勤纠偏，确保混凝土路面的平面位置和高程符合设计要求。

4.机械配套及检修

混凝土路面施工前必须做好各种机械的检修工作，以便施工时能正常运行。用轨道式摊铺机施工时，主要工序是混凝土的拌和与摊铺成型，因此，应把混凝土摊铺机作为第一主导机械,搅拌机作为第二主导机械。选择的主导机械应能满足施工质量和工程进度要求。搅拌机与摊铺机应互相匹配,拌和质量、拌和能力、技术可靠性及工作效率等应能满足要求。在保证主导机械发挥最大效率的前提下,选用的配套机械要尽可能少。

二、拌和与运输

1.混凝土拌和

确保混凝土拌和质量的关键是选用质量符合规定的原材料、搅拌机技术性能满足要求、拌和时配合比计量准确。采用轨道式摊铺机施工时,拌和设备应附有可自动准确计量的供料系统;若无此条件,可采用集料箱加地磅的方法进行计量。各种组成材料的计量精度应不超过下列范围:水和水泥 ±1%,粗、细集料 ±3%,外加剂 ±2%。拌和过程中加入外加剂时,外加剂应单独计量。最佳拌和时间应控制为:立轴式强制搅拌机为 90~180s;双卧轴强制式搅拌机为 60~90s,最短拌和时间不低于低限,最长拌和时间不超过高限的 3 倍。

2.混凝土运输

通常采用自卸汽车运输混凝土拌和物,拌和物坍落度大于 5cm 时应采用搅拌车运输。从开始拌和到浇筑的时间应满足下列要求:用自卸汽车运输时,不得超过 1h;用搅拌车运输时,不得超过 1.5 h。若运输时间超过上述时间限制或在夏季浇筑时,拌和过程中应加入适量的缓凝剂。运输时间过长,混凝土拌和物的水分蒸发和离析现象会增加,因此应尽量缩短混凝土拌和物的运输时间,并采取措施防止水分损失和混合料离析。拌和物运到摊铺现场后倾卸于摊铺机卸料机内,摊铺机卸料机有侧向和纵向两种。侧向卸料机在路面摊铺范围外操作,自卸汽车不进入路面铺摊范围卸料,设有供卸料机和汽车行驶的通道;纵向卸料机在摊铺范围内操作,自卸汽车后退供料,施工时不能像侧向卸料机那样在基层上预先安设传力杆。

三、摊铺与振捣

1.轨道与模板(轨模)安装

轨道式摊铺机的整套机械在轨道上前后移动,并以轨道为基准控制路面的高程。摊铺机的轨道与模板同时进行安装,固定在模板上,然后统一调整定位,形成的轨模既是路面边模又是摊铺机的行走轨道。

模板应能承受机组的质量,横向要有足够的刚度。轨模数量应根据施工进度配备并能满足周转要求,连续施工时至少需配备三个全工作量的轨模。

轨模安装时必须精确控制高程,做到轨模平直、接头平顺,否则将影响路面的外观质量和摊铺机的行驶性能。

2.摊铺

轨道式摊铺机有刮板式、箱式或螺旋式三种类型，摊铺时将卸在基层上或摊铺箱内的混凝土拌和物按摊铺厚度均匀地充满轨模范围内。刮板式摊铺机本身能在轨道上前后自由移动，刮板旋转时将卸在基层上的混凝土拌和物向任意方向摊铺。这种摊铺机质量轻，容易操作，易于掌握，使用较普遍，但摊铺能力较小。箱式摊铺机摊铺时，先将混凝土拌和物通过卸料机一次卸在钢制料箱内，摊铺机向前行驶时料箱内的混合料摊铺于基层上，通过料箱横向移动按摊铺厚度准确、均匀地刮平拌和物。螺旋式摊铺机由可以正向和反向旋转的螺旋布料器将拌和物摊平，螺旋布料器的刮板能准确调整高度。螺旋式摊铺机的摊铺质量优于前述两种摊铺机，摊铺能力较强。

摊铺过程中应严格控制混凝土拌和物的摊铺厚度，确保混凝土路面的厚度和高程符合设计要求。一般应通过试铺来确定拌和物的摊铺厚度。

3.振捣

摊铺机摊铺时，振捣机跟在摊铺机后面对拌和物做进一步的整平和捣实。在振捣梁前方设置一道长度与铺筑宽度相同的复平梁，用于纠正摊铺机初平的缺陷并使摊铺的拌和物在全宽范围内达到正确的高度，复平梁的工作质量对振捣密实度和路面平整度影响很大。复平梁后面是一道弧面振动梁，以表面平板式振动将振动力传到全宽范围内。拌和物的坍落度及集料粒径对振动效果有很大影响，拌和物的坍落度通常不大于 2.5 cm，集料最大粒径应控制在 40 mm 以下。当混凝土拌和物的坍落度小于 2cm 时，应采用插入式振捣器对路面板的边部进行振捣，以达到应有的密实度和均匀性。振捣机械的工作行走速度一般应控制在 0.8 m/min，但随拌和物坍落度的增减可适当变化，混凝土拌和物坍落度较小时可适当放慢速度。

第六节　滑模式摊铺机施工

一、施工工艺

滑模式摊铺机施工混凝土路面不需要轨模，摊铺机支承在 4 个液压缸上，两侧设置有随机移动的固定滑模，摊铺厚度通过摊铺机上下移动来调整。滑模式摊铺机一次通过即可完成摊铺、振捣、整平等多道工序。铺筑混凝土时，首先由螺旋式布料器将堆积在基层上的混凝土拌和物横向铺开，刮平器进行初步刮平，然后振捣器进行捣实，随后刮平板进行振捣后的整平，形成密实而平整的表面，再使用搓动式振捣板对拌和物进行振实和整平，最后用光面带进行光面。整面作业与轨道式摊铺机施工基本相同，但滑模摊铺机的整面装置均由电子液压系统控制，精度较高。

滑模式摊铺机比轨道式摊铺机更高度集成化，整机性能好，操纵方便，生产效率高，但对原材料混凝土拌和物的要求更严格，设备费用较高。

二、施工过程

1.准备工作

滑模式摊铺机施工水泥混凝土路面的准备工作包括以下内容。

（1）基层质量检查与验收。对基层的检验项目及质量验收标准与轨道式摊铺机施工相同。一般情况下滑模式摊铺机施工的长度不少于4km。基层应留有供摊铺机施工行走的位置，因此，基层应比混凝土面层宽出50~80 cm。

（2）测量放样，悬挂基准绳。滑模式摊铺机的摊铺高度和厚度可实现自动控制。摊铺机一侧有导向传感器，另一侧有高程传感器。导向传感器接触导向绳，导向绳的位置沿路面的前进方向安装。高程传感器接触高程导向绳，导向绳的空间位置根据路线高程的相对位置来安装。摊铺机摊铺的方向和高程准确与否，取决于导向绳的准确程度，因此导向绳经准确定位后固定在打入基层的钢钎上。

（3）混凝土配合比与外加剂。滑模式摊铺机对混凝土拌和物的品质要求十分严格，集料最大粒径应小于40 mm，拌和物摊铺时的坍落度应控制在4~6cm。为了增加混凝土拌和物的施工和易性，以达到所需要的坍落度，常需要使用外加剂。所掺外加剂品种、数量应先通过试验确定。

（4）选择摊铺机类型。高速公路、一级公路宜选配一次能摊铺2~3个车道宽度（7.5~12.5m）的滑模摊铺机；二级及二级以下公路路面最小摊铺宽度不得小于单车道设计宽度。

硬路肩的摊铺宜选配中、小型多功能滑模摊铺机，并宜连体次摊铺路缘石。

2.施工过程

滑模式摊铺机摊铺混凝土拌和物时，用自卸汽车将拌和物运至现场并卸在摊铺机料箱内；螺旋布料器前拌和物的高度保持在螺旋布料器高度的1/2~2/3，过低会造成拌和物供应不足，过高摊铺机会因阻力过大而造成机身上翘。滑模式摊铺机工作速度应根据拌和物稠度、供料多少和设备性能控制在0.8~3.0 m/min，一般宜在1 m/min左右。当拌和物稠度发生变化时，应先调整振捣频率，后改变摊铺速度。混凝土强度初步形成后，用刻纹机或拉毛机制作表面纹理。混凝土路面的养护、锯缝、灌缝等施工方法与轨道式摊铺机施工相同。

使用纹理养生机对新铺水泥混凝土路面拉毛，并随后进行养生薄膜液体的洒布。纹理养生要在30 min内摊铺段完成。刷子应调整到低于水泥混凝土路面表面8~10 mm。趁新铺水泥混凝土路面表面还发亮时，就应进行薄膜液体的喷洒。喷嘴应调整到距路面表面

40~50cm 高度。

用洒布机在新铺路面喷洒薄膜材料应分两层进行。第一层是在混凝土路面精整并除去水泥浆后，当湿润的路面表面逐渐变得无光泽时进行；第二层是在第一次喷洒之后，过30~60 min 后进行。养生膜的总厚度应为 0.4~0.7 mm。

为了避免热天阳光直接照射，在第二层养生膜喷洒之后，给路面铺上一层厚度为 2~4cm 的沙子，或洒布一层石灰浆。石灰浆装在洒布机的料罐里，由洒布机进行喷洒。

滑模式摊铺机摊铺混凝土路面板时，可能会出现板边塌陷、麻面、气泡等问题，应及时采取措施进行处理。塌陷的主要形式为边缘坍落、松散无边或倒边。造成塌边的主要原因是模板边缘调整角度不正确，摊铺速度过慢。边缘坍落会影响路面的平整度，横坡达不到设计要求；双幅施工时，会造成路面排水不畅。因此，应根据混凝土拌和物的坍落度调整出一定的预抛高，使混凝土坍落变形后恰好符合设计要求。造成倒边和松散无边的主要原因是集料针片状或圆状颗粒含量较多而造成拌和物成型性差、离析严重。此外，混凝土配合比不当、摊铺机的布料器将混凝土稀浆分到两侧也会导致倒边。为防止各种原因造成的倒边，应采用拌和质量好的搅拌机；当施工过程中出现集料集中时，应将集料分散、除去或进行二次布料。麻面主要是混凝土拌和物坍落值过低造成的，混合料拌和不均匀也是原因之一。因此，应严格控制混凝土拌和物的坍落度，使用计量准确且拌和效果好的搅拌机，同时对混凝土的配合比做适当调整。

第七节　施工质量检查与竣工验收

一、施工质量控制

1.原材料质量检验

施工前应对各种原材料进行质量检验，以检验结果作为判定材料质量是否符合要求的依据。在施工过程中，当材料规格和来源发生变化时，应及时对材料进行质量检验。材料质量检验的内容包括：材料质量是否满足设计和规范要求；数量供应能否满足工程进度；材料来源是否稳定可靠；材料堆放和储存是否满足要求等。质量检查时以"批"为单位进行，通常将同一料源、同一次购进的同品种材料作为一批，取样方法按试验规程进行。混凝土所用的水泥、粗细集料、水、外加剂、钢材、接缝材料等原材料的质量检查项目和标准应符合本有关要求。

2.施工过程中的质量控制

在混凝土路面施工过程中，应检查混凝土拌和物的配合比是否符合设计要求，对拌和、摊铺、振捣的质量等进行检查，并做好记录。混凝土的抗折强度以养护 28 d 龄期的小梁试件来测定，以试验结果计算的抗折强度作为评定混凝土质量的依据。强度试验应按下列规定进行。

（1）用正在摊铺的混凝土拌和物制作试件；若施工时采用真空脱水工艺，则试件亦采用真空脱水工艺成型。

（2）每台班或每铺筑 200 m³ 混凝土，应同时制作两组试件，龄期分别采用标准养生 7d 和 28d。每铺筑 1000~2000 m³ 混凝土拌和物需增制一组试件，用于检查后期强度，龄期不少于 90d。

（3）当普通硅酸盐水泥混凝土在标准养护条件下养生 7d 的强度达不到 28 d 强度的 60%时，应分析原因，并对混凝土的配合比做适当调整。

（4）铺筑完毕的混凝土路面，应抽检实际强度、厚度。可采用现场钻取圆柱试件测定，并进行圆柱劈裂强度试验，以此推算小梁抗折强度。

二、竣工验收

混凝土路面施工完毕，施工单位应将全线以 1 km 作为一个检查段，按随机取样的方法选择对每检查段的测点，按混凝土面层质量验收和允许偏差的规定进行自检，并向监理部门和建设单位提供全线检测结果及施工总结报告。施工质量监理单位应会同施工单位一起按随机抽样的办法选择一定数量的检查段进行抽样检查，抽样总长度不宜少于全程的 30%，检查的内容和频度应符合规范规定。检查指标的评定标准为：对于高速公路和一级公路，可考虑 a_1=95%的保证率；对于其他等级公路可考虑 a_{II}=90%的保证率。检查段应不少于 3 个，每段长度为 1 km。

混凝土路面完工后，应根据设计文件、交工资料和施工单位提出的交工验收报告，按国家建设工程竣工验收的办法组织验收。验收时应提交设计文件和交工资料、交工验收报告、混凝土强度试验报告、材料检查及材料试验记录、基层检查记录、工程重大问题处理文件、施工总结报告、工程监理总结报告等。

第五章 桥梁施工基本作业

第一节 施工测量

一、桥梁施工测量的主要内容

在桥梁施工准备阶段以及桥梁施工过程中，应该按照相关施工技术规范的要求进行测量，主要的测量内容如下。

1.对设计单位所交付的资料进行检查、核对，主要包括所有桩位、水准点以及其他测量资料。

2.建立满足施工精度要求的施工控制网，并进行平差计算。

3.根据施工的需要，补充桥涵中线桩和水准点。

4.测定墩台纵横向中心线及基础桩的位置。

5.在施工过程中，对有关构造物的标高进行测量并放样，将设计图纸上的标高及必需的几何尺寸设于实地。

6.施工过程中对关键部位进行必要的施工变形观测和精度控制。

7.测定并检查施工中的关键位置和高程，以便为工程资料的评定提供依据。

8.对已完工程进行竣工测量。

二、桥梁平面控制测量

（一）施工控制网建立

桥位勘测过程所建立的控制网，一般来说在精度方面都能够满足桥梁定线放样施工要求，因此为了减少测量工作，应该对该控制网复测利用。如果桥位勘测阶段建立的控制网不能满足桥梁定线放样的要求，或者原来控制网的基点桩移动或丢失，则必须重新建立施工控制网。

桥梁施工控制网必须满足桥梁各项施工的要求，布置控制网时要综合考虑施工程序、施工方法以及施工现场的布置情况。

1.三角网的设置要求

（1）构成三角网的各点，应采用前方交会法进行墩台放样，同时要求各点间能互相通视。

（2）桥轴线应当作为三角网的边，因此两岸中心线应各设置一个三角点，使这些点与桥台相距不远，以便于计算桥梁轴线的长度和墩台放样。

（3）三角网不可设置在容易受到影响的地方，如可能被水淹没的地方、材料存储区、车辆来往频繁的地段以及不能通视的地方。

（4）三角网的图形主要以跨河桥位中心线的长度来确定，在满足精度的前提下，应尽量力求简单、平差方便；同时三角网必须具有足够的强度。

（5）在三角网中，单三角形之内任意夹角都应在 30°~120° 范围内。

2.基线的设置要求

（1）基线位置的选择，应当满足相应测量距离方法对地形等因素的要求；一般都设置在坚实、地形平坦且便于准确丈量的地方；同时与桥梁轴线接近垂直。

（2）为了提高三角网的测量精度，通常设置两条基线，以便具有较多的校核条件；一般是两岸各设置一条基线，若地形不允许时，亦可以在同一岸边设置两条基线。

（3）当采用电磁波测距仪器时，其基线宜选择在地面覆盖物相同的地段，且基线上下不应有树枝、电线等障碍物；同时还应该避开高压线等磁场的干扰。

（4）基线的长度一般不小于桥轴线长度的 7/10，困难地段也不小于 1/2，以避免三角网的内角太小。

（二）控制网的精度及测量

1.控制网的精度要求

桥梁"三角控制网"的精度要满足施工规范的要求。对精度有特殊要求的桥梁，其桥轴线和基线的精度应按照设计要求执行。通常是根据桥梁架设误差和桥墩定位的精度要求来计算桥梁三角控制网的必要精度。为了安全可靠，通常可以采用其中精度较高者作为桥梁三角控制网精度的要求，也可以按照桥梁轴线需要精度的 1.5 倍计算。

2.距离测量

距离测量的方法有钢尺量距、红外光电测距仪测距、全站仪测距等。当基线精度要求不超过 1/100000 时，可使用普通钢尺进行丈量；当基线精度要求超过 1/100000 时，可使用红外光电测距仪或全站仪测距。

3.角度测量

角度测量方法比较多，应根据仪器性能和需要的测角精度来具体选择测角方法。测角方法有三种。

（1）单测法：在水平观测时，对每一个角度都单独进行测量的方法。

（2）复测法：将某一角度在水平不同度盘的不同处进行两次以上的观测，取其平均值求得水平角。

（3）全测回法：一种消除测量仪器自身结构误差的观测方法。用望远镜正镜和倒镜观测同一目标，求得其正镜和倒镜的平均角度，称为一测回。全测回法可以消除以下误差：视准轴误差、横轴误差、不同心误差、度盘偏心误差和水平度盘的刻画误差。

三、桥梁轴线标定和墩台中心定位

桥梁轴线的位置是在桥位勘测时根据线路的总走向、桥位地形条件、地质条件以及河床情况等综合选定的，在施工前必须在现场恢复桥梁轴线的位置，并进行桥梁墩台中心的定位。对于干河流或浅水河流中的中、小桥，一般可采用直接丈量法进行桥梁轴线长度的标定，同时定出墩台中心位置；对于跨越江河的大桥或特大桥，通常利用三角控制网来测算桥梁轴线长度，并利用三角控制网放样桥梁墩台。

（一）直接丈量法

直接丈量法是自桥轴线一端向另一端逐跨进行，并与桥梁轴线另一端控制桩闭合的方法。

1.丈量方法

（1）清理中心范围内的场地，便于测量；

（2）根据桥轴线控制桩和墩台的里程，计算出其间的距离；

（3）在控制桩上设置经纬仪，照准中心方向，用检定过的钢尺沿中线依次放出各段距离，将墩台中心位置用大木桩标定出来，并在木桩顶面钉一颗铁钉；

（4）用水平仪器测量各桩高程，计算出各桩的高程差，用以计算倾斜改正。

2.直接丈量的精度要求

（1）桥梁中心线位置桩间的距离在200 m以内者为1/5000；

（2）桥梁中心线位置桩间的距离在200~500 m者为1/10000；

（3）桥梁中心线位置桩间的距离在500 m以上者为1/20000。

（二）前方交会法

利用已知点求未知点的方法称为前方交会法。前方交会法有：设角法一岸交会、视标法一岸交会和设角法两岸交会。

四、施工放样

放样的目的是将设计图纸上结构物的位置、形状、大小和高低，在实地上标定出来，作为后续施工的依据。

在放样之前，测量人员首先要熟悉结构物的总体布置图和细部结构设计图；其次根据由整体到局部的原则，以三角控制网为基础，找出结构物的轴线和主要点的设计位置，以及各部分之间的几何关系；最后结合现场的实际情况和控制点的分布情况，综合确定所需的放样方法。

（一）施工放样常用的基本方法

1.放样已知长度的直线：首先采用经纬仪标定直线；其次用钢尺沿地面丈量出倾斜距离；最后加入倾斜、温度、尺长等改正值，放出正确的水平距离。

2.放样已知数值的水平角：通常采用正镜、倒镜分中法。

3.放样已知点的方法：常用的有直角坐标法、极坐标法、角度交会法和距离交会法。

（二）桥梁施工放样的主要工作内容

1.确定墩台纵横向轴线的位置；

2.基坑开挖和墩台扩大基础的放样；

3.桩基础的桩位放样；

4.承台及墩身结构尺寸和位置放样；

5.墩帽及支座垫石的结构尺寸和位置放样；

6.各种结构中线及细部尺寸放样；

7.桥面系结构的位置和尺寸放样；

8.各施工阶段的高程放样。

（三）墩台纵横向十字线的测设

旱地直线桥梁的墩台纵横向十字线测设方法：首先在定出的桥台中心位置上设置一个大木桩在桩顶面钉一颗铁钉代表桥台中心位置；其次在铁钉位置上安置经纬仪，以桥轴线为基准，放出与桥轴线重合的墩台纵向直线和与桥台垂直的墩台横向直线，并在开挖线外的纵横向十字线的每端方向上设置两个以上的方向桩，这些方向桩是施工中恢复墩台中心点的依据，必须妥善保存。

水中桥梁的墩台纵横向十字线测设方法：采用交会法设置，一般可在交会点的围堰上设置镜子，根据墩台纵横向十字线的方位与前方线的方位关系控制施工。

墩台纵横向十字线确定后，可以根据墩台设计的尺寸选择适宜的方法进行放样。

（四）基础放样

基础放样工作是以实地标定的墩台中心位置为基础进行的，对无水地点可以直接将经纬仪架设在墩台中心位置，用木桩准确地固定基础纵横轴线和基础边缘尺寸。对河水不深而采用围堰施工的桥梁可以待围堰施工完成后，再进行详细放样。

五、桥梁施工水准测量

（一）水准基点设置原则和方法

1.设置原则

水准点的精度直接影响桥梁施工的精度，因此水准点设置中需要遵循以下四项原则。

（1）中、小桥和涵洞水准测量按五等水准要求设置水准基点。

（2）大桥、特大桥施工水准点测设精度应不低于四等水准测量要求，桥头两岸应设置不少于2个水准点，每岸至少设1个稳固的水准基点。

（3）水准点设置的位置应该在桥址附近并且安全稳固，同时还要便于施工观测。

（4）如果施工需要或地质条件不良以及易受破坏地段应增设辅助水准基点，其精度要符合五等水准要求，同时还要满足下列要求：

①辅助点与基准点间转换镜的次数不得超过2次；

②高差不得超过2 m且应在同一地质或结构物基础上。

2.设置方法

基准点和施工水准点可采用混凝土、钢管、管柱、钻孔桩或基岩来标示。对于中、小桥和涵洞及工期短、桥型简单、精度要求较低的大桥，可以在附近建筑物上设立标点，或者埋设木桩设立铁钉标志，作为辅助施工水准点，但是应注意加强复核；对于小桥和涵洞，可以利用线路测量的水准基点。

（二）高程放样的方法

桥涵结构物的高程放样，主要采用几何水准测量法、三角高程测量法、钢尺直接丈量法和悬挂钢尺测量法。

1.几何水准测量法：首先将高程控制点以必要的精度引测到施工区域，建立临时水准点。临时水准点的密度要保证架设一次仪器就可以放样出所需的高程。

2.三角高程测量法：当高差不是很大时，为了保证精度，可以采用三角高程测量法。

3.悬挂钢尺测量法：通常在深基坑的高程放样和高桥墩施工中采用。

第二节　模板、拱架、支架和脚手架（板）工程

一、概述

（一）模板和脚手架（板）的技术要求

1.定义

模板：使混凝土构件在浇筑过程中具有设计要求的形状和尺寸而制作的模型板临时结构。

拱架：在混凝土浇注和硬化或砌体砌筑过程中，支撑上部结构的拱形临时结构物。

支架：支撑模板或拱架的辅助杆件结构。

脚手架（板）（板）：在施工中承担工人操作和堆置材料重力的临时结构。

2.模板技术要求

（1）具有足够的强度、刚度和稳定性，能够可靠地承受施工过程中可能产生的各项荷载，保证结构物各部形状、尺寸满足设计要求和施工规定的误差；

（2）制作简单，拆装方便，拆卸时能减少模板和杆件的损伤，以提高模板使用的周转率；

（3）模板板面平整，接缝严密不漏浆；

（4）操作方便，保证安全；

（5）尽可能采用组合钢模板，以节约木材。

3.脚手架（板）（板）基本要求

（1）有足够的面积，能够满足工人操作、材料堆放和运输的需要；

（2）有足够的强度、刚度和稳定性能够保证人员、材料等荷载在大风、暴雨等恶劣气候条件下不变形、不倾斜、不摇晃；

（3）搭拆简单，移动和运输方便，能多次周转使用；

（4）尽可能因地制宜，就地取材，节约材料。

（二）模板的种类

模板按照制作材料可分为木模板、钢模板、土或砖模板、竹木模板、钢丝网水泥模板、玻璃钢模板、胶囊内胎模板等。

按照模板在成型中的作用可分为内模、外模、侧模、端模、底模。

按照模板造型和安装方法可分为固定式模板和活动式模板。

1.固定式模板

浇筑混凝土直到终凝后拆卸的模板称为固定式模板。固定式模板又可分为：

（1）零拼模板：在工地用零星板件拼制而成的模板，一般适用于较分散的小工程。

（2）拼装式模板：首先将木板或钢板制作成板扇，其次在工地组拼而成的模板。拆除后的板扇直接或略加修改就可以用于下一个工序或工程。

（3）整体安装式模板：首先在工地附近将模板板件或板扇组拼，其次用吊机等起重设备将模板整体安装就位。

2.活动式模板

浇筑的混凝土达到一定强度（或初凝）时，即将模板竖直或水平部分移动，继续浇筑上一节混凝土的模板称为活动式模板。活动式模板可分为滑升模板和水平滑动模板。

二、模板、拱架、支架和脚手架（板）（板）的设计计算

（一）设计内容

模板、拱架、支架和脚手架（板）（板）的设计包括以下主要内容：

1.绘制模板、拱架、支架和脚手架（板）（板）的总装图和细部构造图；

2.在计算荷载作用下，对模板、拱架、支架和脚手架（板）（板）结构按受力程度分别验算其强度、刚度（挠度）及稳定性；

3.制定模板、拱架、支架和脚手架（板）（板）结构的安装、使用、拆除及保养等有关技术安全措施及需要特别注意的事项；

4.编制模板、拱架、支架和脚手架（板）（板）的材料数量表；

5.编制模板、拱架、支架和脚手架（板）（板）的设计说明书。

（二）设计荷载

1.铁路工程

根据《铁路混凝土工程施工技术指南》（TZ 210—2005）的规定，铁路桥梁施工作用于模板的荷载如下。

（1）竖向荷载

①模板及支架的密度：按照设计图纸计算，钢材的密度取 $7800kg/m^3$，木材的密度取 $750 kg/m^3$。

②新浇筑混凝土放入密度：粗骨料为卵石或碎石时取 $2500kg/m^3$，为其他骨料时根据实际确定。

③钢筋混凝土的密度可取 $2600 kg/m^3$。

④人及运输机具作用在模板或支架铺板上的荷载：

a.对模板及直接支承模板的拱架或梁的楞木的支架，可取 2.5 kPa；

b.对支承拱架或（梁的楞木），可取 1.5 kPa；

c.对支架立柱或支承拱架的其他构件，可取 1.0 kPa；

d.对模板、铺板的板材或直接支承这些板材的梁，除上述规定外还应该加算双轮手推车的荷载 2.5 kN，或其他运输机具的荷载不小于 1.4 kN。

⑤振捣混凝土时产生的荷载（在没有上述第④项荷载计算时才计算，例如，在计算梁的底模板时），可采用 2 kPa。

⑥滑升模板与混凝土之间的摩擦力：钢模板可按 1.5~2.0 kPa 计，木模板可按 2.5 kPa 计算。

（2）水平荷载

①新浇筑混凝土对模板的侧压力，可按照表 5-1 的规定计算。

②倾倒混凝土时因振动产生的荷载，可按照表 5-2 的规定计算。

表 5-1　新浇筑混凝土对模板的侧压力（MPa）

序号	施工条件	混凝土浇筑速度 v（m/h）			
	工程	0	0.81	0.57	1.80
1	大体积及一般混凝土工程	17.0		72v/（v+1.6）	
2	柱、墙混凝土工程，坍落度大于 10 cm 或泵送混凝土一次浇筑到顶，并用强力振动器	17.0	61v/（v+0.4）		72v/（v+1.6）
3	外部振动器	50.0		61v/（v+0.4）	
4	水下混凝土	28v（u≥0.25 m/h）			
5	液压滑升模板	72v/（v+1.6）			

表 5-2　倾倒混凝土时因振动产生的水平荷载

向模板中的供料方式	水平荷载（kPa）
用溜槽、串桶或导管输出	2
用容量 0.2m³ 或小于 0.2m³ 的运输器具倾倒	2
用容量为 0.2~0.8m³ 的运输器具倾倒	4
用容量大于 0.8 m³ 的运输器具倾倒	6

2.公路工程

根据《公路桥涵施工技术规范》（JTJ 041—2000），公路桥梁施工中作用于模板的荷载有以下四种。

（1）计算模板、支架和拱架时，应考虑下列荷载并按表 5-3 进行荷载组合。

①模板、支架和拱架自重；

②新浇筑混凝土、钢筋混凝土或其他圬工结构物的重力；

③施工人员和施工材料、机具等行走运输或堆放的荷载；

④振捣混凝土时产生的荷载；

⑤新浇筑混凝土对侧面模板的压力；

⑥倾倒混凝土时产生的水平荷载；

⑦其他可能产生的荷载，如雪荷载、冬季保温设施荷载等。

表 5-3　模板设计计算的荷载组合

模板结构名称	荷载组合	
	计算强度用	验算刚度用
梁、板和拱的底模板以及支承板、支架及拱等	①+②+③+④+⑦	①+②+⑦
缘石、人行道、栏杆、柱、梁板、拱等的侧模板	④+⑤	⑤
基础、墩台等厚大建筑物的侧模板	⑤+⑥	⑤

（2）钢、木模板的设计，可按《公路桥涵钢结构及木结构设计规范》（JTJ 025—86）的有关规定执行。验算模板的刚度时，其变形值不得超过下列数值：结构表面外露的模板，挠度为模板构件跨度的 1/400；结构表面隐蔽的模板，挠度为模板构件跨度的 1/250；钢模板的面板变形为 1.5 mm；钢模板的钢棱、柱箍变形为 3.0 mm。

（3）计算模板的强度和稳定性时，应考虑作用在模板上的风力。

（4）普通模板荷载计算分以下五种。

①模板的容重按照设计图纸计算确定。

②新浇筑的混凝土和钢筋混凝土的混凝土容重取 24kN/m³，钢筋混凝土容重可采用 25~26 kN/m³（以体积计算的含筋量小于等于 2% 时采用 25 kN/m³，大于 2% 时采用 26 kN/m³）。

③施工人员和施工材料、机具行走运输或堆放荷载标准取值：

a.计算模板及直接支撑模板的小棱时，均布荷载取 2.5 kPa，另外以集中荷载 2.5 kN 进行验算；

b.计算直接支撑小棱的梁或拱架时，均布荷载取 1.5kPa；

c.计算支架立柱及支撑拱架的其他结构构件时，均布荷载取 1.0 kPa；

d.有实际资料时按实际取值。

④振捣混凝土时产生的荷载（作用范围在有效压头高度之内）：对水平面模板为 2.0 kPa；对垂直面模板为 4.0kPa。

⑤其他可能产生的荷载：如雪荷载、冬季保温设施荷载等，按照实际情况考虑。

三、容许挠度和杆件长细比

模板、拱架、支架的设计除按强度考虑外，还应验算其挠度和杆件长细比不得超过规定的值。

1.容许挠度

（1）结构表面外露模板，为模板构件跨度的1/400；

（2）结构表面隐蔽的模板，为模板构件跨度的1/250；

（3）拱架、支架受荷载后承受挠曲的杆件（盖梁、纵梁），其弹性挠度或下沉度为相应结构自由跨度的1/1000；

（4）钢模板的面板或单块模板为1.5 mm；

（5）钢模板的钢楞、柱箍为3.0 mm；

（6）钢模板的结构体系，为相应结构跨度的1/1000；

（7）脚手架（板）（板）的容许挠度可按照上述要求放宽一些。

2.杆件长细比

（1）主要受压杆件（立柱）的长细比为150；

（2）次要受压杆件的长细比为200。

四、施工质量和误差

模板安装前应对模板尺寸进行检查，确认正确无误后方可进行安装；安装时模板要坚实牢靠，以免振捣混凝土时引起跑模、漏浆；安装位置要符合结构设计要求。有关桥梁施工模板制作与安装的允许偏差见表5-4和表5-5。

表5-4 桥梁施工模板制作允许偏差

项次	项目		允许偏差（mm）
木模板	（1）模板的长度和宽度		＋40
	（2）不刨光模板相邻两模板表面高低差		3.0
	（3）刨光模板相邻两模板表面高低差		1.0
	（4）平板模板表面最大的局部不平（用2m直尺检查）	刨光模板	3.0
		不刨光模板	4.0
	（5）拼合板中木板间的缝隙		2.0
	（6）榫头相接紧密度		2.0
钢模板	（1）外形尺寸	长和宽	0，−1
		肋高	±4.0
	（2）面板端倾斜		≤0.5
	（3）连接配件（螺栓、卡子）的孔眼位置	孔中心与板面的间距	±0.3
		板端孔中心与板端的间距	0~0.5
		沿板长、宽方向的孔	±0.6
	（4）板面局部不平（用300 mm的尺检查）		1.0
	（5）板面与板侧的挠度		±1.0

表 5-5　桥梁施工模板安装允许偏差

项次	项目		允许偏差（mm）
1	模板标高	基础	±15
		墩台	±10
2	模板内部尺寸	基础	±30
		墩台	±20
3	轴线偏位	基础	±15
		墩台	±10
4	装配式构件支承面的标高		+2，-5
5	模板相邻两板表面高低差		2
	模板表面平整（用 2 m 直尺检查）		5
6	预埋件中心线位置		3
	预留孔洞中心线位置		10
	预留孔洞截面内部尺寸		+10，0

第三节　钢筋工程

一、钢筋材料

（一）钢筋分类

钢筋种类很多，通常按生产工艺、化学成分、使用性能和力学性能、轧制外形、供应形式、直径大小等进行分类。

1.按生产工艺分类

（1）热轧钢筋：经热轧成型并自然冷却后的钢筋。有光圆钢筋和带肋钢筋两种。热轧光圆钢筋按照屈服强度可分为 HPB235 和 HPB300 两个级别；热轧带肋钢筋按屈服强度可分为 HRB335、HRB400 和 HRB500 三个级别。钢筋可按直条或盘卷交货。

（2）冷拉钢筋：将热轧钢筋在常温下拉到屈服点以上、极限强度以下的一定硬度，卸荷后原钢筋的屈服点、极限强度和硬度都得到提高得到的钢筋。

（3）冷拔低碳钢丝：将直径 6.5~8mm 的热轧光圆钢筋在常温下通过拔丝模具，多次强力冷拔后，钢筋直径减小、塑性降低、极限强度提高得到的钢筋。

（4）热处理钢筋：将热轧带肋钢筋经淬火和回火的调质热处理后而成的钢筋。

（5）预应力混凝土用钢丝：通常称为高强度钢丝，是用优质碳素结构钢经冷拉或再经回火等工艺处理制成的。按加工状态分，有冷拉钢丝和消除应力钢丝两类。消除应力钢丝按松弛性能又分为低松弛级钢丝（WLR）和普通松弛级钢丝（WNR），按外形可分为光圆钢丝（P）、螺旋肋钢丝（H）和刻痕钢丝（I）三种。

（6）钢绞线：指以数根直径为 2.5~5.0mm 的优质碳素结构钢钢丝，经绞捻和消除内应力的热处理而制成的钢丝束。

2.按化学成分分类

（1）碳素钢筋：含碳量低于 0.25% 的称为低碳钢钢筋，含碳量在 0.25%~0.6% 的称为中碳钢钢筋，含碳量为 0.6%~1.4% 的称为高碳钢钢筋。低碳钢钢筋、中碳钢钢筋和高碳钢钢筋统称为碳素钢筋。

（2）普通低合金钢筋：在低碳钢或中碳钢中掺入合金元素硅锰等轧制而成的钢筋。

3.按使用性能和力学性能分类

（1）普通钢筋：仅作为非预应力钢筋使用，按其机械强度大小分为 I~IV 级。

（2）预应力混凝土用钢材：用作预应力的钢筋。目前使用的有热处理钢筋、矫直回火钢丝、冷拉钢丝、刻痕钢丝、钢绞线等。

4.按轧制外形分类

可分为圆钢筋（圆钢丝）、变形钢筋、刻痕钢丝三种。变形钢筋有螺旋形、人字形和月牙形三种。

5.按供应形式分类

可分为圆盘钢筋（直径 6~10 mm）和直条钢筋（长度 6~12 m）两种。

6.按直径大小分类

可分为钢丝（直径 3~5mm）、细钢筋（直径 6~10mm）、中粗钢筋（12~20mm）和粗钢筋（直径大于 20mm）四种。

7.牌号标示方法和符号

钢的牌号由代表屈服强度的字母、屈服强度数值、质量等级符号、脱氧方法符号 4 部分组成。例如，Q235AF，其中 Q 代表钢材屈服强度"屈"字汉语拼音首个字母；235 代表材料屈服强度，主要有 195、215、235、275 几种；A 代表质量等级，目前质量等级有 A、B、C、D 四种；F 代表脱氧方法，F 表示沸腾钢，Z 表示镇静钢，TZ 表示特殊镇静钢。

（二）钢筋保管与鉴别

1.钢筋保管

（1）在现场钢筋应按照等级、牌号、直径、长度分别挂牌堆放。

（2）钢筋应尽量堆入仓库或料棚内。当限于条件，必须露天堆放时，应选择在地势较高、地形平坦、土质坚实的地方，并采取排水措施，钢筋下面还要设置垫木。

（3）已弯轧焊接成型的钢筋，应按工程名称和构件名称编号顺序堆放。

（4）钢筋不得与酸、盐、油类等物品堆放在一起，并避免与产生有害气体的车间靠近。

2.钢筋鉴别

钢筋的品种多，在运输和保管中稍有疏忽，就可能使外形相似的钢筋品种混淆。如果已经混淆，可以根据端部轧记的标志来区分。当钢筋经多次运转或其他原因，标志不清楚时，可以采用火花实验来进行鉴别。

（三）钢筋检验

钢筋在进场时应具有出厂质量证明书或实验报告单，每捆（盘）钢筋均应有标牌，并按照批号和直径分别验收。验收内容按照桥涵施工技术规范或施工指南中规定的内容进行。

二、钢筋加工

钢筋一般先在钢筋车间加工，然后运至现场安装或绑扎。钢筋的加工一般有调直、除锈、冷拉时效、弯钩焊接、绑扎等工序。下面介绍其中的几个工序。

1.钢筋调直

钢筋调直方法主要根据设备条件决定：对于直径小于 12 mm 的盘圆钢筋，一般用铰磨卷扬机或调直机调直；大直径钢筋可用卷扬机、弯曲机、平直机调直。

2.钢筋除锈

钢筋除锈方法有手工除锈、机械除锈和化学除锈。

手工除锈可以采用榔头、铲刀、刮刀、钢丝刷等工具。手工除锈劳动强度大，除锈效率低，工作环境恶劣，难以除去氧化皮等污物，除锈效果不佳，难以达到规定的清洁度和粗糙度，已逐步被机械方法和化学方法所替代。

机械除锈工具和工艺较多，主要有小型风动或电动除锈、喷丸（砂）除锈、高压水磨料除锈、抛丸除锈等。

化学除锈主要是利用酸与金属氧化物发生化学反应，从而除掉金属表面锈蚀产物。即通常所说的酸洗除锈，只能在车间内操作。

3.钢筋的冷拉及时效强化

冷拉强化是指将钢材于常温下进行冷拉使其产生塑性变形，从而提高屈服强度的过程。时效处理是指将经过冷拉的钢筋于常温下存放 10~20 d 或加热到 100~200 ℃并保持一段时间的过程。前者称为自然时效，后者称为人工时效。冷拉以后再经时效处理的钢筋，其屈服点进一步提高，抗拉极限强度也有所提高，但是塑性降低。由于时效过程中内应力的消减，弹性模量可基本恢复。工地或预制工厂常利用这一原理，对钢筋或低碳钢盘条按定工序进行冷拉加工，从而提高屈服强度，节约钢材。冷拉钢筋被拉直时，表面锈渣剥落，因此冷拉还可同时完成调直除锈工作。

冷拉时，钢筋的应力和延伸率，是影响钢筋冷拉质量的两个主要参数。在冷拉时最好采用同时控制钢筋应力和延伸率的方法，即"双控"。但以应力控制为主，延伸率控制为辅。

4.钢筋的焊接与绑扎

钢筋连接常用的方法有：绑扎连接、焊接连接、冷压连接。除个别情况（如不准出现明火）外应尽量采用焊接连接，以保证质量、提高效率和节约钢材。现行《铁路混凝土与砌体施工规范》（TB10210—2001）规定：当设计对钢筋接头无明确要求时，应采用闪光弧焊或电弧焊连接，并以闪光弧焊为主；仅在确无条件实施焊接时，对直径25mm以下钢筋方采用绑扎连接。

钢筋对焊机制是：将两根钢筋成对接形式水平安置在对焊机夹钳中，并使两钢筋接触，通以低电压的强电流，把电能转化为热能。当钢筋加热到一定的温度后，立即施加轴向压力挤压（称为顶锻），便形成对焊接头。

钢筋闪光对焊过程：先将钢筋夹入对焊机的两电极中（钢筋与电极接触处应清除锈污，电极内应通以循环冷却水），闭合电源，使钢筋两端轻微接触，这时即有电流通过。由于接触轻微，钢筋端面不平，接触面积小，故电流密度与接触电阻很大，因此接触点很快熔化，形成金属过梁。过梁进一步加热，产生蒸汽飞溅（火花般的熔化金属微粒自钢筋两端面的间隙中喷出，此称为烧化），形成闪光现象，故称闪光对焊。通过烧化使钢筋端部温度升高到要求温度后便快速将钢筋挤压（称顶锻），然后断电，即形成对焊接头。闪光对焊具有生产效率高、操作方便、节约钢材、焊接质量高、接头受力性能好等优点。

根据所用对焊机功率大小及钢筋品种、直径不同，闪光对焊又分为连续闪光焊、预热闪光焊、闪光—预热闪光焊等不同工艺。当钢筋直径较小时，宜采用连续闪光焊；当钢筋直径较大，端面较平整时，宜采用预热闪光焊；钢筋直径较大，且端面不够平整时，宜采用闪光—预热闪光焊。

（1）连续闪光焊。采用连续闪光焊时，先闭合电源，然后使两钢筋端面轻微接触，形成闪光。闪光一旦开始，便应徐徐移动钢筋，形成连续闪光过程。待钢筋烧化到规定的长度后，以适当的压力迅速进行顶锻，使两根钢筋焊牢。连续闪光焊所能焊接的最大钢筋直径，随着焊机容量的降低和钢筋级别的提高而减小。

（2）预热闪光焊。预热闪光焊是在连续闪光焊前增加一次预热过程，以达到均匀加热的目的。采用这种焊接工艺时，先闭合电源，然后使两钢筋端面交替地接触和分开。这时钢筋端面的间隙中会发出断续的闪光而形成预热过程。当钢筋烧化到规定的预热流量后，随即进行连续闪光和顶锻，使钢筋焊牢。

（3）闪光—预热闪光焊。闪光—预热闪光焊是指在预热闪光焊前加一次闪光过程。

目的是使不平整的钢筋端面烧化平整，预热均匀。这种焊接工艺的焊接过程是：首先连续闪光，使钢筋端部闪平；然后断续闪光，进行预热；接着连续闪光；最后进行顶锻。

冬季钢筋的闪光焊宜在室内进行。焊接时的环境温度不宜低于0℃。困难条件下，对以承受静力为主的钢筋，闪光对焊的环境气温可适当降低，但不应低于-10℃。在低温条件下焊接时，焊件冷却快，容易产生淬硬现象，内应力也将增大，使接头力学性能降低，对接头带来不利影响。因此在低温条件下焊接时，应掌握好冷却速度。为使加热均匀，增大焊件受热区域，宜采用预热闪光焊或闪光—预热闪光焊。

钢筋的焊接与绑扎接头应满足下列要求。

（1）轴心受拉和小偏心受拉杆件中的钢筋接头不宜绑扎。普通混凝土中直径大于25mm的钢筋。宜采用焊接。

（2）绑扎的两根钢筋必须具有一定的搭接长度，该搭接长度与钢筋种类、受力情况和混凝土强度有关。

（3）受拉区内的光面钢筋绑扎接头末端应做成弯钩，带肋钢筋末端可不做成弯钩。

（4）直径≤12mm的受压光面钢筋的末端，可以不做弯钩，但是搭接长度不应小于钢筋直径的1/30。

（5）钢筋搭接处，应在中心和两端用铁丝扎牢。

（6）钢筋的纵向焊接应采用闪光对焊（HRB500钢筋必须采用闪光对焊）。当缺乏闪光对焊条件时，可采用电弧焊、电渣压力焊、气压焊。钢筋的交叉连接，无电阻点焊机时，可采用手工电弧焊。各种预埋件T形接头钢筋与钢板的焊接，也可采用预埋件钢筋埋弧压力焊。电渣压力焊只适用于竖向钢筋的连接，不能用作水平钢筋和斜钢筋的连接。钢筋焊接的接头形式、焊接方法、适用范围应符合现行《钢筋焊接及验收规程》（JGJ18—2003）的规定。

（7）钢筋焊接前，必须根据施工条件进行试焊，合格后方可正式施焊。焊工必须持考试合格证上岗。

（8）钢筋接头采用搭接或帮条电弧焊时，宜采用双面焊缝，双面焊缝困难时，可采用单面焊缝。

（9）钢筋接头采用搭接电弧焊时，两钢筋搭接端部应预先折向一侧，使两接合钢筋轴线一致。接头双面焊缝的长度不应小于$5d$，单面焊缝的长度不应小于10d（d为钢筋直径）。

钢筋接头采用帮条电弧焊时，帮条应采用与主钢筋同级别的钢筋，其总截面面积不应小于被焊钢筋的截面面积。帮条长度，如用双面焊缝不应小于5d，如用单面焊缝不应小于$10d$（d为钢筋直径）。

（10）凡施焊的各种钢筋、钢板均应有材质证明书或试验报告单。焊条、焊剂应有合格证，各种焊接材料的性能应符合现行《钢筋焊接及验收规程》（JGJ18—2003）的规定。各种焊接材料应分类存放和妥善管理，并应采取防止腐蚀、受潮变质的措施。

（11）电渣压力焊、气压焊、预埋件钢筋埋弧压力焊的技术规定及电弧焊中的坡口焊、窄间隙焊、熔槽帮条焊和钢筋与钢板焊接的技术规定可参照现行《钢筋焊接及验收规程》（JGJ18—2003）。

（12）受力钢筋焊接或绑扎接头应设置在内力较小处，并错开布置。对于绑扎接头，两接头间距离不小于搭接长度的13/10。对于焊接接头，在接头长度区段内，同一根钢筋不得有两个接头；配置在接头长度区段内的受力钢筋，其接头的截面面积占总截面面积的百分率应符合相关的规定。对于绑扎接头，其接头的截面面积占总截面面积的最大百分率，应符合表5-6的规定。

表5-6　接头长度区段内受力钢筋接头截面面积占总截面面积的最大百分率

接头形式	接头面积最大百分率（%）	
	受拉区	受压区
主钢筋绑扎接头	25	50
主钢筋焊接接头	50	不限制

注：①焊接头长度区段内是指35d（d为钢筋直径）长度范围内，但钢筋直径不得小于500 mm，绑扎接头长度区段是指1.3倍搭接长度。

②在同一根钢筋上应尽量少设接头。

③装配式构件连接处的受力钢筋焊接接头可不受此限制。

④绑扎接头中钢筋的横向净距不应小于钢筋直径且不应小于25 mm。

⑤环氧树脂涂层钢筋绑扎搭接长度对受拉钢筋应至少为涂层钢筋锚固长度的1.5倍且不小于375mm；对受压钢筋为无涂层钢筋锚固长度的1倍且不小于250 mm。

（13）电弧焊接和绑扎接头与钢筋弯曲处的距离不应小于10倍钢筋直径，也不宜位于构件的最大弯矩处。

（14）焊接时，对施焊场地应有适当的防风、雨、雪、严寒设施。冬期施焊时应按冬期施工的要求进行，低于-20℃时，不得施焊。

（15）受拉钢筋绑扎接头的搭接长度，应符合表5-7的规定；受压钢筋绑扎接头的搭接长度，应取受拉钢筋绑扎接头搭接长度的7/10。

表5-7　受拉钢筋绑扎接头的搭接长度

钢筋类型		混凝土强度等级		
		C20	C25	>C25
光圆钢筋		35d	30d	25d
带肋钢筋	HRB335 钢筋	45d	40d	35d
	HRB400 钢筋	55d	50d	45d

注：①当带肋钢筋直径 d 不大于 25 mm 时，其受拉钢筋的搭接长度应按表中值减少 $5d$ 采用；当带肋钢筋直径 d 大于 25 mm 时，其受拉钢筋的搭接长度应按表中值增加 $5d$ 采用。

②当混凝土在凝固过程中受力钢筋易受扰动时，其搭接长度宜适当增加。

③在任何情况下纵向受拉钢筋的搭接长度不应小于 300 mm；受压钢筋的搭接长度不应小于 200mm。

④当混凝土强度等级低于 C20 时，光圆钢筋、HRB335 钢筋的搭接长度应按表中 C20 的数值相应增加 $10d$；HRB400 钢筋不宜采用绑扎接头。

⑤对有抗震要求的受力钢筋的搭接长度，当抗震烈度为 7 度（及以上）时应增加 $5d$。

⑥两根不同直径的钢筋的搭接长度，以较细的钢筋直径计算。

5.钢筋的机械连接

（1）钢筋机械连接的接头性能指标应符合规范。

（2）钢筋连接件处的混凝土保护层宜满足设计要求，且不得小于 15mm，连接件之间的横向净距不宜小于 25 mm。

（3）对受力钢筋机械连接接头的位置要求，可依照焊接接头要求办理。

（4）带肋钢筋套筒挤压接头（以下简称挤压接头）适用直径为 16~40 mm 的 HRB335、HRB400 带肋钢筋的径向挤压连接。用于挤压连接的钢筋应符合现行国家标准的要求。

（5）钢筋锥螺纹接头适用于直径为 16~40 mm 的 HRB335、HRB400 钢筋的连接，用于连接的钢筋应符合现行国家标准的要求。锥螺纹连接套的材料宜用 45 号优质碳素结构钢材或其他经试验确认符合要求的钢材。钢筋锥螺纹接头的技术要求，应符合现行《钢筋锥螺纹接头技术规程》（JGJ 109—96）的规定。

6.钢筋骨架的组成与安装

钢筋骨架可以焊接成形，也可以绑扎成形，但都必须保证骨架有足够的刚度，确保在搬运、安装和灌筑混凝土过程中不致变形和松散。

焊接钢筋骨架应在紧固的焊接工作台上进行施工。骨架的焊接一般采用电弧焊，先焊成单片平面骨架，再将它组拼成立体骨架。在焊接过程中，由于被焊钢筋的温度变化，骨架将会产生翘曲变形，所以同时在焊缝内采用双面焊缝为好，即先焊好一面的焊缝，而后把骨架翻身，再焊另一面的焊缝。当大跨径骨架翻身困难而不得不采用单面焊时，则须在垂直骨架平面的方向设预拱度（其大小可由实地测验而定）。同时，在焊接操作上应采用分层跳焊法，即从骨架中心向两端对称地、错开地焊接，先焊骨架下部，后焊骨架上部；在同一截面处，如钢筋层次多时，各道焊缝也应互相交错跳焊。

实践表明，装配式简支梁焊接钢筋骨架焊接后在骨架平面内还会发生两端上翘的焊接变形。为此，结合骨架在安装时可能产生的挠度，将骨架事先拼成具有一定预拱度的骨架，再行施焊。焊接成形的钢筋骨架，安装比较简单，用一般起重设备吊装入模板即可。

骨架钢筋的安装，应事先拟定安装顺序。一般的梁肋钢筋，先安放箍筋再安放下排主筋，最后装上排钢筋。在钢筋安装工作中为了达到设计及构造要求，应注意以下几点。

（1）钢筋的接头应按规定要求错开布置。

（2）钢筋的交叉点应用铁丝绑扎结实，必要时可通电焊接。

（3）除设计有特殊规定外，梁中箍筋应与主筋垂直。箍筋弯钩的叠合处，在梁中应沿纵向置于上面并交叉布置。

（4）为了保证混凝土保护层的厚度，应在钢筋与模板间设置垫块，如水泥垫块、混凝土垫块、钢筋头垫块或其他形式的垫块。垫块应错开设置，不应贯通界面全长。

（5）为保证固定钢筋相互间的横向净距，两排钢筋之间可使用混凝土分割块，或用短钢筋扎接固定。

（6）为保证钢筋骨架具有足够的刚度，必要时可增加装配钢筋。

第四节　混凝土工程

一、混凝土的配置与搅拌

（一）混凝土的配料

1.配料方法和允许偏差

配置混凝土的原材料应分别堆放、运输和称量。原料称量应尽可能地准确，其允许偏差见表5-8。

表5-8　混凝土配料数允许偏差

材料类别	允许偏差（%）	
	现场拌制	预制场或集中搅拌站拌制
水泥混合材料	±2	±1
粗、细骨料	±3	±2
水、外加剂	±2	±1

2.投料顺序

（1）一次投料法：宜采用的投料顺序为沙、水泥、石子、水；

（2）翻斗多次投料法：宜采用的顺序为 1/2 石子→1/2 沙→水泥+1/2 水→1/2 砂→1/2 石子→1/2 水。

3.称料数量调整

沙子和石子常含有一定量的水分，并且随气候和料堆部位的变化而变化。因此在实际配料的过程中，需要根据气候和料堆部位的变化，并按照有关施工技术规范的规定及时调整砂石料和水的实际用量。

4.搅拌机械装料数量

装料的容量均按照各项固体材料松散体积计算，不应超过搅拌机械额定容量的110%。所装材料经搅拌后，出料系数一般在0.65~0.7。

5.坍落度要求

配制混凝土时，应根据结构情况和施工条件确定混凝土拌和物的坍落度，浇筑入模时的坍落度可按表5-9选用。

表5-9　混凝土浇筑入模时的坍落度

结构类别	坍落度（mm）（振动器振动）	结构类别	坍落度（mm）（振动器振动）
小型预制块及便于浇筑振动的结构	0~20	配筋较密、断面较小的钢筋混凝土结构	50~70
桥涵基础、墩台等无筋或少筋的结构	10~30	配筋极密、断面高而窄的钢筋混凝土结构	70~90
普通配筋率的钢筋混凝土结构	30~50	—	—

注：①水下混凝土、泵送混凝土的坍落度，另见有关规定。

②用人工捣实时，坍落度宜增加20~30 mm。

③当工程需要获得较大的坍落度时，可适当掺加外加剂，但不改变混凝土的水灰比，不影响混凝土的质量。

（二）混凝土的拌和

1.拌和种类

混凝土拌和有机械搅拌和人工搅拌两种。混凝土应尽可能采用机械搅拌。对于较分散的零星工程，也可以采用人工搅拌。人工搅拌一般采用"三干三湿"的方法，即先将沙子和水泥干拌至少三遍，至拌和物均匀、颜色一致；然后倒入石子，边加水、边拌和至少三遍，至拌和物均匀、颜色一致为止。

2.拌和时间

混凝土拌和时间应根据搅拌机类型、混凝土坍落度等情况确定。时间不足，拌和物达不到均匀的要求；拌和时间过长，拌和物则可能产生离析。表5-10规定了混凝土最短搅拌时间。

表 5-10　混凝土最短搅拌时间

搅拌机类别	搅拌机容量（L）	混凝土坍落度（mm）		
		<30	30~70	>70
		混凝土最短搅拌时间（min）		
自落式	≤400	2.0	1.5	1.0
	≤800	2.5	2.0	1.5
	≤1200	—	2.5	1.5
强制式	≤400	1.5	1.0	1.0
	≤1500	2.5	1.5	1.5

注：①搅拌细砂混凝土或掺有外加剂的混凝土时，搅拌时间应适当延长 1~2 min；

②外加剂应先调成适当浓度的溶液后再掺入搅拌；

③搅拌机装料数量（装入粗骨料、细骨料、水泥等松散体积的总数）不应大于搅拌机标定容量的 110%；

④搅拌时间不宜过长，每一工作班至少应抽查两次；

⑤表列时间为从搅拌加水时算起；

⑥当采用其他形式的搅拌设备时，搅拌的最短时间应按设备说明书的规定或经试验确定。

3.拌和的均匀性

对于在施工现场集中搅拌的混凝土，应检查混凝土拌和物的均匀性。

（1）混凝土拌和物应拌和均匀，颜色一致，不得有离析和泌水现象。

（2）混凝土拌和物均匀性的检测方法应按现行国家标准《混凝土搅拌机技术条件》（GB9142—1988）的规定进行。

（3）检查混凝土拌和物均匀性时，应在搅拌机卸料过程中，从卸料流的 1/4~3/4 部位采取试样，进行试验，其检测结果应符合下列规定：

①混凝土中沙浆密度两次测值的相对误差不应大于 0.8%；

②单位体积混凝土中粗骨料含量两次测值的相对误差不应大于 5%。

混凝土搅拌完毕后，应按下列要求检测混凝土拌和物的各项性能。

（1）混凝土拌和物的坍落度，应在搅拌地点和浇筑地点分别取样检测，每一工作班或每一单元结构物不应少于两次。评定时应以浇筑地点的测值为准。如混凝土拌和物从搅拌机出料起至浇筑入模的时间不超过 15min 时，其坍落度可仅在搅拌地点取样检测。在检测坍落度时，还应观察混凝土拌和物的黏聚性和保水性。

（2）根据需要还应检测混凝土拌和物的其他质量指标并符合相关规定。

二、混凝土运输

（一）基本要求和时间控制

1.运输道路和机具

运输混凝土的道路应尽可能平整，所使用的机具应不渗漏，转载次数少，以防止拌和物漏浆、离析，失去匀质性。

2.运输延续时间

混凝土的运输能力应适应混凝土凝结速度和浇筑速度的需要，保证浇筑工作不间断并使混凝土运到浇筑地点时仍保持均匀性和规定的坍落度。当混凝土拌和物运距较近时，可采用无搅拌器的运输工具运输；当运距较远时，宜采用搅拌运输车运输。

（二）混凝土运输

混凝土运输有水平运输和垂直运输两种。

1.水平运输

采用的机械设备有：手推车、机动翻斗车、自卸汽车、带吊斗载重汽车、混凝土搅拌运输车和缆索起重机等。

2.垂直运输

可以采用起重机、混凝土泵和混凝土泵车等机械设备。

3.采用泵送混凝土时的要求

（1）混凝土的供应必须保证输送混凝土的泵能连续工作。

（2）输送管线宜直，转弯宜缓，接头应严密。如管道向下倾斜时，应防止混入空气而产生阻塞。

（3）泵送前应先用适量的、与混凝土内成分相同的水泥浆润滑输送管内壁。当混凝土出现离析现象时，应立即用压力水或其他方法冲洗管内残留的混凝土，泵送间歇时间不宜超过 15 min。

（4）在泵送过程中，受料斗内应有足够的混凝土，以防止吸入空气产生阻塞。

4.用带式运输机运送混凝土时的要求

（1）混凝土卸于传送带上和由传送带卸下时，应通过漏斗等设施传送，并保持垂直下料。

（2）传送带上应设置刮刀等清理设备。

（3）传送带运转速度不应超过 1.2 m/s。

（4）做配合比设计时，应考虑有 2%~3% 的沙浆损失。

三、混凝土浇筑

（一）一般规定及要求

1.浇注混凝土的基本技术要求

（1）混凝土拌和物要材料均匀、浇筑密实。

（2）结构位置、外形尺寸偏差不允许超出范围。

（3）混凝土表面要平整、密实，符合要求。

（4）混凝土与基底或应连接的结构连接要紧密、黏结牢固。

（5）钢筋骨架及预埋件的位置要正确，偏差不应超出允许范围。

（6）钢筋保护层厚度不应小于规定。

2.基底处理

（1）基底或基层的土质或结构的类别、密实度、平整度应符合要求，表面浮层、杂物应清除，必要时予以夯实、修整。

（2）桥涵墩台等结构的基底，如果为干燥的非黏性土，应用水湿润；如果为岩石，则应用水洗干净；如果为倾斜面，则应凿平或凿成阶梯状。

（3）基底不得有积水，如有渗透水，应在基底范围以外设置排水沟排除。

（4）基底地质或其承载力如与设计不符，应与有关方面协商处理。

3.模板内的清理

（1）模板内和钢筋上的杂物、泥灰、油污应清理干净。

（2）模板如果有缝隙、空洞应堵严。

（3）模板应洒水润湿，靠混凝土的一面应涂抹隔离剂（脱模剂）。

4.浇注混凝土前的检查

浇注混凝土前应由有关方面对基底、模板、钢筋、预埋件、脚手架（板）（板）以及各项机具、设备等进行检查。各项条件符合要求、各项施工准备工作安排就绪后，才能开始浇注混凝土工作。

5.混凝土的卸落

（1）混凝土垂直卸落入模时，其自由卸落高度不宜超过 2m；当超过 2m 时，应通过串桶等设施使混凝土垂直并缓慢地下落。

（2）混凝土倾斜卸落时，可以通过串桶、溜槽等进行，但必须在卸落设备下口设置漏斗和导桶，其长度不小于 60cm，以防止混凝土离析。

（3）当模板较高、钢筋较密、模板内不能垂放串桶时，可在模板侧面适当高度处设置投料窗口，使混凝土自由下落高度不超过 2m。但由投料窗口投料时，窗口外应设侧向开口投料斗，使串桶保持垂直下料。

（4）向窄而深的模板内倾泻混凝土时，模板上口应设漏斗、挡板等防离析装置。

6.混凝土分层浇筑

浇筑混凝土时，应根据混凝土结构形状、钢筋布置、卸料方法及振动方法等情况，按顺序分层进行，并应在下层混凝土初凝或重塑前完成上层混凝土的浇筑。

按照桥涵施工技术规范，上下层同时浇筑时，上层与下层前后浇筑距离应保持在1.5m以上。在倾斜面上浇筑混凝土时，应从低处开始逐层扩展升高，保持水平分层。

7.混凝土间断浇筑处理

每一整体结构的混凝土一般宜连续进行浇筑，以保持结构的整体性，避免产生薄弱断面。当因故不得不间断浇筑时，间断时间包括间断后续浇筑时间，都不应超过下层混凝土的初凝或重塑时间，否则按照施工缝处理。

8.施工缝的设置和处理

（1）施工缝的设置

对组合梁桥、刚构桥、用挂篮分段浇筑的梁等须分段浇筑的混凝土结构，以及多跨连续梁或截面尺寸较大的桥梁墩台等受浇筑能力和结构外形的限制，不能连续浇筑的混凝土结构，必须在浇筑中断处设置施工缝。施工缝的位置应在混凝土浇筑之前确定，宜设在结构受剪力和弯矩较小且便于施工的部位。

（2）施工缝的处理

①应凿除处理层混凝土表面的水泥砂浆和松弱层。凿除时，处理层混凝土须达到下列强度：

a.用水冲洗凿毛时，须达到0.5 MPa；

b.用人工凿毛时，须达到2.5 MPa；

c.用风动机凿毛时，须达到10 MPa。

②经凿毛处理的混凝土面，应用水冲洗干净，在浇筑次层混凝土前，对垂直施工缝宜刷一层水泥净浆，对水平缝宜铺层厚为10~20mm的1∶2的水泥砂浆。

③重要部位及有防震要求的混凝土结构或钢筋稀疏的钢筋混凝土结构，应在施工缝处补插锚固钢筋或石榫；有抗渗要求的施工缝宜做成凹形、凸形或设置止水带。

④施工缝为斜面时应浇筑成或凿成台阶状。

⑤施工缝处理后，须待处理层混凝土达到一定强度后才能继续浇筑混凝土。需要达到的强度，一般最低为1.2 MPa，当结构物为钢筋混凝土时，不得低于2.5 MPa。混凝土达到上述抗压强度的时间应通过试验确定。

⑥接续浇筑混凝土时，必须用振动器振动密实，防止在接缝处出现蜂窝或胶结料不足，

影响新旧混凝土的黏结。

⑦接缝处必须特别注意养生。

（二）混凝土振捣

混凝土的振捣，除了少量零星工程用人工进行振捣外，一般选用振动器进行振捣。

振动器的类型有：插入式振动器、附着式振动器、平板式振动器以及振动台，振动器的详细内容见第一章。

插入式振动器工作时可按照直线行列或交错行列移动，防止漏振或过振。

插入式振动器的振动深度，一般不应超过振动棒长度的 2/3~3/4。振动时应不断上下移动振动棒，以便捣实均匀；当分层浇筑时，振动棒应插入到下层混凝土中 5~10cm，并应在下层混凝土初凝前振动完成其相应部位的上层混凝土，以使上下层混凝土紧密地连接。

插入式振动器在每一振动位置的振动时间，应依据振动器的振动频率和混凝土的流动度而异，可通过试验确定。一般通过下列现象来判断振动时间：

（1）振动时混凝土不再有显著的沉落；

（2）不再出现大量的气泡；

（3）混凝土表面均匀、平整，并已泛浆。

振动时间不可过长或过短，过长时混凝土可能产生离析现象，过短则混凝土振捣不密实。

一般情况下，振动的适宜时间为 20~30s，任何情况下不得少于 10s。

（三）混凝土真空脱水处理

混凝土真空脱水处理是用真空脱水机组及吸垫对刚浇筑的混凝土进行脱水的技术。混凝土真空脱水处理后，可显著降低水灰比，提高密实度和早期强度，改善物理力学性能。与未经真空脱水处理的混凝土相比，强度可提高 20%~50%，抗冻性可提高 2~2.5 倍，耐磨性可提高 0.5~1.0 倍，钢筋握裹力提高 20%~25%，抗渗性也会提高。真空脱水处理后，可立即产生 0.1~0.2MPa 的抗压强度；可以立即抹面、拆除侧模板。因此可以加快模板周转，加快施工进度，降低施工费用。

真空脱水不是完全将水脱净，而是使混凝土的剩余水灰比不小于 0.31，因此不影响水泥的水化。

混凝土真空脱水处理按照脱水方式分表面真空脱水作业和内部真空脱水作业。内部真空脱水作业比较复杂，应用的比较少。表面真空脱水作业分为上脱式、下脱式和侧脱式。其中，上脱式工艺较简单，应用较广。

下面简单介绍真空脱水工艺要点。

（1）混凝土的浇筑。混凝土宜采用低强度的水泥，用量不宜过多；细骨料宜采用中砂或粗砂，砂率宜稍大一些；混凝土的坍落度宜为 2~4 cm。

（2）吸垫的铺设。首先铺设过滤层，使其紧贴在混凝土面上，但每边应比混凝土表面小 5~10 cm。其次在过滤层上铺设骨架层，骨架层不宜超出过滤层范围。最后铺设密封层，密封层应宽出过滤层 5~10cm 与模板连接，并应轻压密封边使其紧贴在混凝土面上。

（3）真空脱水。软管连接好后，用真空泵开始抽吸，待混凝土表面水分抽完、手指按压混凝土无指痕时，即完成脱水工作。

（4）完工抹面。真空脱水完成后，应修抹混凝土表面。一般采用机械抹面，使混凝土表面进一步泛浆、压实。

（四）大体积混凝土浇筑

1.大体积混凝土墩台身或基础等结构浇筑混凝土时，应严格控制混凝土水化热温度，以防止结构开裂。一般采用以下措施：

（1）采用 C3A、C3S 含量小及水化热低的水泥；

（2）用改善骨料级配、降低水灰比、掺加混合材料和外加剂等方法减少水泥用量；

（3）减少分层厚度，加快混凝土散热速度；

（4）减少混凝土拌和时所用的骨料及降低水的温度；

（5）在混凝土结构内适当布置管道，在养生过程中不断地以循环冷水吸收混凝土中的热量。

2.在大体积混凝土中，可埋设一定数量的石块，用以减少混凝土用量和降低水化热。埋设时应符合下列规定：

（1）石块厚度不应小于 15 cm，不得使用薄片或圆卵石；

（2）石块应无裂缝、夹层，抗压强度不低于 30 MPa；

（3）石块应清洗干净，用前润湿；

（4）石块应在每一浇筑层埋入 1/3~1/2，并应分布均匀，净距离不小于 10 cm，距结构表面不小于 15 cm；

（5）石块不得贴靠混凝土中的钢筋和预埋件；

（6）埋放石块的总数量可为结构体积的 10%~25%。

3.大体积混凝土浇筑中，当平截面过大、不能在混凝土初凝或重塑前浇筑完成次层混凝土时，为了降低水化热和保证结构的整体性，可按照下列方法进行浇筑：

（1）合理布置分块，各分块平面面积一般不小于 50m²；

（2）每一分块高度不超过 2m；

（3）分块与分块间的竖向接缝应与结构平截面边缘平行或垂直；

（4）各分块间的接缝要互相错开，做成企口，并按照施工缝进行处理。

四、混凝土养护与拆模

（一）混凝土养护

混凝土的凝结与硬化是水泥水化反应的结果。为使已浇筑的混凝土能获得所要求的物理力学性能，在混凝土浇筑后的初期，采取一定的工艺措施，建立适应水化反应条件的工作，称为混凝土的养护。由于影响水泥水化反应速度和水化程度的两个主要因素是温度和湿度。因此，混凝土的养护就是对凝结硬化过程中的混凝土进行温度和湿度的控制。

根据混凝土在养护过程中所处温度和湿度条件的不同，混凝土的养护可分为标准养护、自然养护和热养护三种。混凝土在温度为（20±3）℃和相对湿度为90%以上的潮湿环境或水中进行的养护为自然养护。为了加速混凝土的硬化过程，对混凝土进行加热处理，将其置于较高温度条件下进行硬化的养护为热养护。

1.自然养护

在施工现场，对混凝土进行自然养护时，根据所采取的保湿措施的不同，可分为覆盖浇水养护和塑料薄膜保湿养护两类。

（1）覆盖浇水养护

覆盖浇水养护是在混凝土表面覆盖吸湿材料，采取人工浇水和蓄水措施，使混凝土表面保持潮湿状态的养护方法。所用的覆盖材料应具有较强的吸水保湿能力，常用的有麻袋、帆布、草帘、草席锯末等。

一般在混凝土浇筑完毕后3~12 h（根据外界气候条件的具体情况而定）进行覆盖和浇水的工作。水泥的品种和用量决定了覆盖浇水养护日期的长短。在正常水泥用量情况下，采用硅酸盐水泥、普通硅酸盐水泥拌制的混凝土，养护时间不得少于7昼夜；掺用缓凝型外加剂或有抗渗性要求的混凝土，养护时间不得少于14昼夜。每日浇水次数视具体情况而定，以能保持混凝土经常处于足够的湿润状态即可。当日平均气温低于5℃时，不得浇水。

（2）塑料薄膜保湿养护

塑料薄膜保湿养护是用防蒸发材料将混凝土表面予以密封，阻止混凝土中的水分蒸发，使混凝土保持或接近饱水状态，保证水泥水化反应正常进行的养护方法。它与湿养护法相比，可改善施工条件，节省人工，节约用水，保证混凝土的养护质量。根据所用密封材料的不同，保湿养护又可分为塑料布养护和薄膜养护剂养护。

2.蒸汽养护

蒸汽养护是热养护方法中最常用的一种。在冬季施工或需要混凝土强度快速增长时，常采用蒸汽养护。蒸汽养护一般分为四个阶段：预护、升温、恒温和降温。预护是指混凝土浇筑完毕后在常温下凝固一段时间（3~4h）。升温速度与结构表面系数有关，一般不得超过 10~15℃/h。恒温时间视养护温度和要达到的强度而定，一般在 8~12 h。降温速度与升温速度相同。养护最高温度与水泥种类有关。《铁路混凝土与砌体工程施工规范》（TB 10210—2001）规定，当采用快硬硅酸盐水泥、硅酸盐水泥和普通硅酸盐水泥时，养护温度不得高过 60℃。

（二）混凝土拆模

1.拆模期限

混凝土浇筑完成后，为加速模板的周转，混凝土达到一定强度后即可拆除模板。但是拆模时间不可过早，以防止混凝土结构损坏、变形。拆模的时间一般依据水泥类别、结构形状、荷载状况及环境气温等因素综合确定，一般规定如下。

（1）不承重的侧模，应该在混凝土能够保证其表面及棱角不因拆模而受损伤破坏时拆模，一般抗压强度应达到 2.5 MPa。

（2）采用活动内模时，应在混凝土强度能保证混凝土不塌陷、不裂缝时拆模，拆除的时间一般可按照侧模的时间进行。

（3）承重的模板、拱架、支架，应在混凝土强度能够承受其本身重力及叠加荷载时拆除。拆除时混凝土必须达到一般规定的强度：对于跨径等于及小于 3m 的梁或拱，不低于混凝土设计强度的 50%；对于跨径大于 3 m 的梁或拱，或跨径小于等于 2m 的悬臂梁，不低于混凝土设计强度的 70%；对于跨径大于 8m 的梁、拱以及跨径大于 2m 的悬臂梁，不低于混凝土设计强度的 100%。

2.拆模时的注意事项

（1）拆除模板时应先拆除非承重的侧模和端模，并对混凝土结构及支承结构的支柱进行仔细的检查，确定一切正常后方可逐步拆除承重的立柱、支架及模板。

（2）拆除大跨径拱架、拱圈及梁的模板时，须缓慢、分阶段地松动和降落其支架，在支架松动和降落之后，方可拆除支架和模板。一般可采用卸落设备进行卸落。

（3）拆除支架、模板时，应防止混凝土结构受到振动、损伤。

（4）已拆除模板的结构，应在混凝土达到设计要求的强度后，承受全部的计算荷载。

五、混凝土缺陷修补

（一）缺陷的现象及产生原因

1.麻面：结构表面密布小凹坑。主要原因为模板表面不光、模板不够湿润、混凝土表面水分被吸走或模板隔离剂涂抹不均匀、混凝土表面泥浆被粘掉等。

2.蜂窝：结构表面呈现蜂窝状窟窿。主要原因为混凝土分层下料和振动不密实，水泥砂浆分布不均匀，模板接缝不严密，水泥浆流失，混凝土入模时投料方法不当，石子和砂浆分离或混凝土坍落度过小，分布不均匀等。

3.露筋：钢筋局部裸露在结构表面。主要原因为保护层混凝土漏振，振捣不密实，钢筋密集处粗集料集中在其外部，混凝土或沙浆分布不均匀，钢筋骨架发生移动，保护层厚度不足等。

4.空洞：结构中有较大空洞。主要原因为在钢筋较密的部位，由于振捣不够或结构断面复杂、模板内空气排不出去以致混凝土没有填充进去。

5.缝隙及夹层：混凝土中存在松散层。主要原因为在分层浇筑时分层处或在施工接缝处上下层连接不良，缺乏水泥浆。

6.表面裂纹：结构表面出现网状裂纹。主要原因为混凝土浇筑完成后未及时养护，受日晒和风吹后表面急剧收缩造成。

7.深裂纹：主要原因为混凝土用量过大、施工接缝处理不良或支架有不均匀沉降。

（二）缺陷的修补

1.麻面：将麻面部位用水刷洗干净，用与混凝土同样的沙浆将麻面抹平或喷射泥浆补平。

2.蜂窝：对丁较小蜂窝，可洗刷干净后用 1：2~1：2.5 的水泥沙浆抹平、压实；对于较大的蜂窝，应先凿除松散薄弱部分，再用钢丝刷或压力水刷干净，最后支模、用细石混凝土填塞、捣实；对于较深的蜂窝，可先灌筑细石混凝土，然后压注水泥浆或直接压注水泥浆。

3.露筋：对于表面露筋，用钢丝刷或压力水冲洗干净，用 1：2~1：2.5 的水泥沙浆填满空洞和抹平。对于较深处的露筋，应先凿除松散部分和突出部分，然后用细石混凝土填满、压实，必要时加注水泥浆。

4.空洞：将空洞内松散的薄弱层凿除，用压力水冲洗干净，然后支模、填充细石混凝土捣实或用压浆混凝土修补。

5.缝隙及夹层：一般用压力水冲洗后，进行压浆或压注环氧树脂黏合剂处理。

6.表面裂纹：可用水泥浆或环氧树脂黏合剂压注或将表面封闭。

7.深裂纹：较深的裂纹一般须压注环氧树脂黏合剂或水泥浆。

六、混凝土质检查及质标准

（一）质量检查

1.应经常对各种材料、各工程项目和各个工序进行检查，保证它们符合设计和施工技术规范的要求。检查项目和次数应符合下列规定。

（1）浇筑混凝土前的检查

①检查施工设备；

②检查混凝土各组成材料及配合比（包括外加剂）；

③检查混凝土凝结速度等性能；

④检查基础、钢筋、预埋件等隐蔽工程及支架、模板的安装位置；

⑤检查养护方法及安全设施。

（2）拌制和浇筑混凝土时的检查

①检查混凝土拌和物的外观及配料、拌制，每一工作班至少 2 次，必要时随时抽样试验；

②检查混凝土的和易性（坍落度等），每一工作班至少 2 次；

③检查沙石材料的含水率，每日开工前 1 次。气候有较大变化时随时检测，当含水率变化较大将使配料偏差超过规定时，应及时调整；

④检查钢筋、模板、支架等的稳固性和安装位置；

⑤检查混凝土的运输、浇筑方法和质量；

⑥检查外加剂使用效果。

（3）浇筑混凝土后的检查

①检查养护情况；

②根据实际情况确定混凝土强度、拆模时间；

③检查混凝土外露面质量。

（4）结构外形尺寸、位置、变形和沉降

2.隐蔽工程检查、分部工程检查、工程变更设计、施工技术修改、施工方案变更、质量事故的发生和处理等事项，应按有关规定及时通知有关人员。

3.对混凝土的强度，应制取试件检验其在标准养护条件下 28 d 龄期的抗压极限强度。试件制取组数应符合下列规定。

（1）不同强度及不同配合比的混凝土应分别制取试件，应在浇筑地点或拌和地点随机制取试件。

（2）浇筑一般体积的结构物（如基础、墩台等）时，每一单元结构物应制取 2 组。

（3）连续浇筑大体积结构物混凝土时，每 80~200 m³ 或每一工作班应制取 2 组。

（4）梁长 16m 以下每片应制取 1 组，16~30m 制取 2 组，31~50m 制取 3 组，50m 以上者制取不少于 5 组。

（5）就地浇筑混凝土小桥涵，每一座或每一工作班制取不少于 2 组；当原材料和配合比相同，并由同一拌和站拌制时，可几座合并制取 2 组。

4.根据施工需要，应制取与结构物同条件养护的试件作为考核结构混凝土在拆模、出池、吊装、预施应力、承受载荷等阶段强度的依据。

（二）质量标准

1.混凝土抗压强度应以标准条件下养护 28d 龄期试件的抗压强度进行评定，其合格条件如下。

（1）应以强度等级、龄期以及生产工艺条件和配合比相同的混凝土组成同一验收批。同一验收批的混凝土强度应以同批内所有各组标准尺寸试件的强度测定值（当为非标准尺寸试件时应进行强度换算）为代表值。

（2）大桥等重要工程及中小桥、涵洞工程的试件大于或等于 10 组时，应以数理统计方法按下述条件评定

$$Rn - K1 Sn \geqslant 0.9R$$

$$Rmin \geqslant K2R$$

式中 Rn——同批 n 组试件强度的平均值（MPa）；

n——同批混凝土试件组数；

Sn——同批 n 组试件强度的标准差（MPa），当 S<0.06R 时，取 S=0.06R；

R——设计的混凝土强度值（MPa）；

$Rmin$——组试件中强度最低一组的值（MPa）；

$K1$、$K2$——合格判定系数。

（3）中小桥及涵洞等工程，同批混凝土试件少于 10 组时，可用非统计方法按下述条件进行评定

$$Rn \geqslant 1.15R$$

$$Rmin \geqslant 0.95R$$

2.在按试件强度进行评定，混凝土强度达不到合格条件时，可采用钻取试样或以无损检测法查明实际结构混凝土的抗压强度和浇筑质量，如仍有不合格，应由有关单位共同研究处理。

3.结构混凝土应符合下列规定。

（1）表面应密实、平整。

（2）如有蜂窝、麻面，其面积不超过结构同侧面积的 0.5%。

（3）如有裂缝，其宽度不得大于设计规范的有关规定。

（4）预制桩桩顶、桩尖等重要部位无掉边或蜂窝、麻面现象。

（5）小型构件无翘曲现象。

4.混凝土和钢筋混凝土结构物的位置及外形尺寸允许偏差应符合有关规定。

七、混凝土冬季施工

（一）一般规定

铁路施工规范中规定，当工地昼夜平均气温连续 3d 低于 5℃ 或最低气温低于 -3℃ 时应按冬季施工办理。《公路桥涵施工技术规范》（JTJ 041—2000）中规定，冬季施工是指根据当地多年气温资料，室外日平均气温连续 5d 稳定低于 5℃ 时混凝土、钢筋混凝土、预应力混凝土及砌体工程的施工。冬季施工除应满足相应工程的规定外，还应该满足以下五点。

1.冬季施工的工程，应预先做好冬期施工组织计划及准备工作，对各项设施和材料应提前采取防雪防冻等措施，还应专门制定钢筋的冷拉和张拉施工工艺要求及安全措施。

2.冬季施工期间，用硅酸盐水泥或普通硅酸盐水泥配制的混凝土在抗压强度达到设计强度的 40% 及 5MPa 前，用矿渣硅酸盐水泥配制的混凝土在抗压强度达到设计强度的 50% 前，不得受冻。未采取抗冻措施的浆砌砌体，在沙浆抗压强度达到 70% 前不得受冻。

3.基础的地基（永冻地区除外），在工程施工时和完工后，均不得受冻。

4.冬季铺设防水层时，应先将结构物表面加热至一定温度，并应按防水层冬季施工的有关规定执行。

5.冬季施工时，应制定防火、防冻、防煤气中毒等安全措施，并与当地气象部门取得联系，做好气温观测工作。

（二）处理措施

1.钢筋的焊接、冷拉及张拉的技术要求

（1）焊接钢筋宜在室内进行。当必须在室外进行时，最低温度不宜低于 -20℃，并应采取防雪挡风措施以减小焊件温度差，焊接后的接头严禁立刻接触冰雪。

（2）冷拉钢筋时，温度不宜低于 -15℃。当采取可靠的安全措施时可不低于 -20℃；当采用控制应力或冷拉率方法冷拉时，冷拉控制应力宜较常温时酌情提高，提高值应经试验确定，但不得超过 30 MPa。

（3）张拉预应力钢材时的温度不宜低于 -15℃。

（4）应根据实际使用时的环境温度选用钢筋的冷拉设备、预应力钢材张拉设备以及仪表工作油液，并在使用时的环境温度条件下进行配套校验。

2.混凝土配制和搅拌的技术要求

（1）配制混凝土时，应优先选用硅酸盐水泥、普通硅酸盐水泥，水泥的强度等级不宜低于 42.5 MPa，水灰比不宜大于 0.5。采用蒸汽养护时，应优先选用矿渣硅酸盐水泥。用加热法养护掺加外加剂的混凝土时，严禁使用高铝水泥。使用其他品种的水泥时，应注意其掺和材料对混凝土强度、抗冻、抗渗等性能的影响。

（2）为提高混凝土的抗冻性，在浇筑混凝土时宜掺用引气剂、引气型减水剂等外加剂。在钢筋混凝土中掺用氯盐类防冻剂时，氯离子含量不得超过相应的规定，且不宜采用蒸汽养生。

当采用素混凝土时，氯盐掺量不得大于水泥质量的 3%。掺用的引气剂、引气型减水剂及防冻剂，应符合现行国家标准《混凝土外加剂》（GB 8076—2008）的规定。预应力混凝土不得掺用引气剂、引气型减水剂及氯盐类防冻剂。

（3）拌制混凝土的各种材料的温度，应满足混凝土拌和物拌成后所需要的温度。当材料原有温度不能满足所需要时，应先考虑对拌和用水加热，再考虑对集料加热。水泥只能保温，不得加热。各项材料需要加热的温度应根据冬季施工相关热工计算公式计算确定。

（4）冬季搅拌混凝土时，骨料不得带有冰雪和冻结团块。严格控制混凝土的配合比和坍落度。投料前，应先用热水或蒸汽冲洗搅拌机，投料顺序为骨料、水，搅拌，再加水泥搅拌，时间应较常温时延长 50%。混凝土拌和物的出机温度不宜低于 10℃，入模温度不得低于 5℃。

3.混凝土养护的技术要求

（1）应根据技术经济比较和热工计算确定混凝土的养护方法。当气温较低、结构表面系数较大，蓄热法不能适应强度增长速度的要求时，可根据具体情况，选用蒸汽加热、暖棚加热或电加热等方法。

（2）用蓄热法养护混凝土时，应符合下列规定。

①根据环境条件，经过计算在能确保结构物不受冻害的条件下可采用蓄热方法。

②应采取加速混凝土硬化和降低混凝土冻结温度的措施。

③混凝土应采用较小的水灰比。

④对容易冷却的部位，应特别加强保温。

⑤不应往混凝土和覆盖物上洒水。

（3）用蒸汽加热法养护混凝土时，除应按相关规定执行外，混凝土的升、降温速度不得超过设计的规定。

（4）用电热法养护混凝土时，一般采用电极法或电热器加热法。

①采用电极法养生时，电极的布置应保证混凝土温度均匀，加热时间为混凝土强度达

到设计强度的50%时止，并应符合下列规定。

a.加热时，混凝土的外露面应加以覆盖。

b.采用交流电时，对于钢筋混凝土结构，一般应将电压降至50~110 V的范围。

c.升降温速度同蒸汽加热法。

d.在加热过程中，应观察混凝土表面的湿度，出现干燥现象时应停电，并用温水润湿表面。

E.掺用减水剂时，应预先用试件检查电热对混凝土强度有无影响，无强度损失时，方可掺用。

②混凝土电热器加热法养生是利用工厂生产的电热器片通电加热养生。混凝土的覆盖要求同蒸汽养生，电热片的用量及布置应根据环境温度、覆盖情况及养生时间长短通过试验确定。混凝土使用电热器加热养护应注意如下事项。

a.在养生混凝土上设置洒水装置。

b.升、降温速度及养护要求同蒸汽养护。

c.应设置控制温度的自动装置及用电安全保险装置，若控温装置为手工操作应设专人值班测温，随时调节养护温度。

（5）用暖棚法加热养护混凝土时，应符合下列规定：

①暖棚应坚固、不透风，靠内墙宜采用非易燃性材料；

②在暖棚中用明火加热时，须特别加强防火、防煤气中毒措施；

③暖棚内气温不得低于5℃；

④向混凝土面及模板上洒水使暖棚内保持一定的湿度。

（6）模板的拆除应符合下列规定。

①根据与结构同条件养护试件的试验，证明混凝土已达到要求的抗冻强度及拆模强度后，方可拆除模板。

②加热养护结构的模板和保温层，在混凝土冷却至5℃以后方可拆除。当混凝土与外界气温相差大于20℃时，拆除模板后的混凝土表面应加以覆盖，使其缓慢冷却。

（7）掺用防冻剂的混凝土养护应符合下列规定。

①在负温条件下严禁浇水，外露表面必须覆盖养护。

②养护温度不得低于防冻剂规定的温度，当达不到规定温度且混凝土强度小于3.5MPa时应采取加热保温措施。

③当拆模后混凝土的表面温度与环境温度差大于15℃时，混凝土表面应覆盖保温膜养护。

第六章 桥梁施工组织与施工安全

桥梁施工组织设计是重要的技术、经济文件，它的作用是组织施工，指导施工活动，保证工程施工正常进行。施工组织设计的目的在于全面合理、有计划地组织施工，使工地上的人员、机具、材料能够充分发挥作用，以最小的消耗、最快的速度，取得最好的施工效果。施工组织设计的根本内容是规划安排施工准备工作，编制施工进度计划和劳动力、机具材料供应计划，做好人力、物力的综合平衡。同时，对施工场地，包括材料堆栈、仓库，临时房屋，施工道路，水电设施及场内外运输方式等，进行合理的规划与布设。

施工组织设计除安排和指导施工外，还是体现设计意图和编制概预算的依据，对施工实行科学管理的重要手段，施工单位管理水平和信誉的体现。

施工组织设计必须实事求是，确定的原则和事项既应符合当前施工队伍的技术水平和设备能力，又应具有一定的先进水平。同时，编制的原则和依据也不是一成不变的，经常调整和修改计划，以适应变化了的客观情况是必然的，也是正常的。这与不得任意违背、保持施工组织设计的严肃性是不矛盾的。

桥梁工程在设计阶段施工开始前和施工过程中各阶段，都要编制施工组织设计。但随不同的设计阶段，有不同的编制深度和内容，而工程的主要施工方法和施工程序，一般是不会改变的。

第一节 桥梁施工组织设计的类型和基本内容

桥梁工程在不同阶段编制不同的施工组织设计，设计阶段编制的称为初步施工组织设计，施工开始前编制的称为指导性施工组织设计，施工过程中编制的称为实施性施工组织设计。

1.初步施工组织设计

初步施工组织设计由设计单位进行编制。主要内容是结合桥梁结构设计，制订桥梁施工的轮廓计划，初步拟定施工方法、施工程序和施工时间。结构设计与施工方法密切相关，在设计过程中，必须拟定施工方法和施工程序。不同的施工方法和施工程序，甚至会影响到结构的设计内里和细部构造。此外，初步施工组织设计还是编制工程总概算的依据。

虽然初步施工组织设计不可能编制得很详细、具体，但对控制工程的工期和总投资是很重要的，因此，应力求符合实际。

2.指导性施工组织设计

指导性施工组织设计是设计单位在工程施工投标和中标开工前所编制的施工组织设计，主要任务是：

（1）确定合适的施工方法和施工程序及相应的具体措施，保证在承包合同期内，顺利完成施工任务；

（2）适时周密地安排好各项准备工作；

（3）采用科学合理的劳动组织形式和先进的管理办法组织施工；

（4）编制施工进度计划和劳动力、机具、材料的供应计划，做到人力、物力综合平衡调配，力争全年连续、均衡地施工；

（5）有效合理地布置施工场地，以方便生产、运输和生活并尽可能节约临时用地，减少临时工程。

指导性施工组织设计是组织桥梁施工的总计划，是开展工程施工和各部门工作的依据，也是编制施工预算的主要依据。而预算又是编制施工财务计划的依据，并且是施工过程中进行成本分析的依据。

编制指导性施工组织设计应尽可能符合客观实际。因此，投标时施工单位应根据投标文件的要求，认真研究设计文件，复核现场资料，调查研究工地环境条件，再根据自身的施工条件编制施工组织设计。中标后工程开工前，应进一步审查、修订，必要时甚至重新编制指导性施工组织设计，以求更加合理。

3.实施性施工组织设计

桥梁初步施工组织设计和指导性施工组织设计都是以整个桥梁工程为对象编制的，作用是用来指导施工的全局，集合施工力量，配备机具设备，组织物资材料供应，布设生活及临时设施，建立施工条件，属于施工组织总设计的类型。

桥梁实施性施工组织设计是以指导性施工组织设计为依据，以某个单位工程或分部工程（如基础工程上部结构工程）为对象编制的工程施工组织设计。作用是按指导性施工组织设计所规定的施工方法、施工程序、施工工期及物资供应指标等，分期、分部付诸实施。其内容指导性施工组织设计更为详细具体。

实施性施工组织设计的内容和要求是：

（1）制订按工作日程的施工进度计划来直接指挥施工。计划要制订得具体、详细、形象，同时应当留有余地，以便在发生意外情况时能及时调整计划，避免窝工；

（2）根据施工进度计划，计算劳动力、机具、材料等日程需要量；

（3）在施工进度计划表上，规定出工作班组和机械的作业日程安排与移动路线以及与此相应的材料、机具供应计划；

（4）结合工程结构和环境条件，提出具体施工细节，如基坑围堰的修筑、模板安装、混凝土灌筑等采用的施工方法；

（5）施工工序的划分、劳动力组织及机具配备，既要适应施工方法的需要，也要能有效地发挥施工班组的工作效率，保证工程质量和施工安全，还要适应实现分项承包和结算的需要。

第二节　桥梁施工组织设计的编制

不同阶段施工组织设计的基本内容是一致的，只是深浅、具体和详细程度不同。施工组织设计主要包括以下内容：选择和制定施工方案，确定施工方法，编制施工进度计划；编制施工劳动力及施工材料和施工机械设备供应计划；规划施工现场，布置施工现场；编制工程质量保证措施和施工监控措施；编制工地业务的组织规划等。

一、施工方案的选择和制定

选择合理的施工方案是工程项目施工组织设计的核心。施工方案的优劣是决定工程全局成败的关键，它在很大程度上决定了施工设计的质量。

选择和制定施工方案的基本要求是符合现场实际，切实可行，同时还要做到技术先进，能有效地采用新技术、新材料，确保工程质量和施工安全；工期能够满足合同要求；经济合理，施工费用和工料消耗低。施工方案的主要内容包括：施工方法的确定、施工机具的选择和施工顺序的安排等。

1.施工方法的确定

施工方法是施工方案的核心内容，它将直接影响施工进度、质量安全和工程成本。因此，应根据工程特点、工期要求、施工条件及人力、材料和设备供应情况，结合施工单位的经验，认真比选，慎重确定。例如，基坑施工采用何种围堰，是人工或机械开挖；钻孔桩采用哪种成孔方式；墩台模板采用哪种形式；就地灌筑混凝土梁的脚手架（板）（板），是采用排架式还是墩架式等。

确定施工方法应突出重点，对于施工技术复杂和对工程质量起关键作用的项目，以及工人不够熟悉的项目，应详细、具体。而对于一般施工方法和工人熟悉的项目，可适当从简，只提出本项目的特殊要求即可。

确定施工方法时，还应考虑采用的施工方法对结构受力的影响，不仅要拟定出操作过程和方法，更要提出质量要求和技术措施。另外，尚应注意吸收同类工程的先进经验，以达到施工快速、经济和优质的目的。

2.施工机械的选择

具有一定规模的桥梁工程施工中，一般都会配备一定数量的起重运输和材料加工等施工机械，以代替繁重的体力劳动，提高生产效率，缩短工期。施工机械的选择，应以满足施工方法的需要为基本依据，但有时施工方法的确定，又取决于施工机械。所以，两者常常需要同时考虑，综合确定。

选择施工机械时，应在满足施工需要的前提下，充分发挥施工单位现有的机械设备性能，必要时可以租赁或购买。在购买机械设备时，应既考虑该工程使用，又考虑能在今后工程中多次重复使用的可能。

3.施工顺序的安排

施工顺序是指工程施工的先后次序。安排施工顺序的重点，是从整个桥梁工程全局出发。根据现场施工条件、水文气象资料、施工机械作业，安排不受固定顺序限制的施工顺序，以求工程顺利开展，保证质量和施工安全，缩短工期。例如，根据工程规模大小和工期要求，是否需要两岸同时进行施工；考虑雨季和洪水影响，水中基础安排在什么时间施工；混凝土工程能否尽可能避开冬季施工；如何减少工人和机械的停歇时间，加快施工进度等。

二、施工进度计划的编制

施工进度计划是施工组织设计中最主要的组成部分。它是在已确定的施工方案和施工顺序基础上编制的，以图表形式表明工程从施工准备工作开始，直到工程竣工的全部施工过程，在时间和空间上的安排，以及各工序间的衔接关系。

施工进度计划的主要作用是：统筹全局，合理部署人力、物力；正确指导全部施工活动，控制施工进度；为编制季度、月度生产作业计划，确定劳动和各种物质需要量计划提供依据。

第三节　施工场地布置

施工场地布置也称施工平面图设计，是对施工现场的规划，解决施工期间各种临时设施、仓库、料场、水电线路、施工道路等与桥梁施工工程的位置关系。施工平面图是进行施工现场布置的依据。合理的施工平面图，对于实现科学管理，顺利执行施工进度计划，进行文明施工具有重要作用。

一、施工场地布置图的内容与要求

1.施工场地布置应包括的内容

（1）在1：500~1：2000施工用地形、地貌图上，绘出所有房屋、道路和通信及水电管线等的位置和尺寸，以及测量控制点的标桩位置。

（2）拟建桥梁的走向和墩台位置。

（3）各种生产生活临时房屋和材料、设备、预制场地的位置及规模。

（4）施工道路和主要施工机械的位置等。

为了显示清晰，也可将电力线路和供水线路另图布置。

2.施工场地布置的基本要求

（1）尽量减少临时设施的数量，布置紧凑合理，减少施工用地，少占农田。

（2）互不干扰，方便施工。各种临时设施位置应合理，以最大限度地减少工地内部运距和场内二次运输。

（3）符合环境保护、卫生安全和防洪的要求，关心职工福利，方便生活。

（4）施工区域的划分和场地的确定，应符合施工工艺流程的要求，以利于生产的连续性。

二、施工场地布置设计

1.首先对当地自然条件和技术条件进行分析，掌握施工现场的地形、原有道路、水源、电源及交通运输条件等。

2.确定主要机械设备的位置尺寸，如混凝土搅拌站和起重运输机械是桥梁施工工地的主要设备，应首先予以考虑。

3.仓库、料场和半成品堆放位置。

4.场外交通的引入和现场运输道路的布置。

5.各种生产、生活临时设施的布置。

6.供水、供电设施的布置。

7.安全、消防设施的布置。

施工场地布置设计时，要充分利用施工场地现有条件，全面规划，合理布设。对外注意与原有公路，铁路的联络；对内尽量减少施工作业的相互干扰。

三、工地临时房屋

工地临时房屋包括生活用房和生产用房两类。主要有办公用房、施工人员居住用房、食堂、仓库、附属工厂、工地试验室、动力站、文化福利设施和医疗卫生用房等。

1.临时房屋布置的基本要求

（1）建在地势平坦、干燥、施工期间不被水淹的地方。

（2）房屋构造应简单，尽量使用拆装式房屋，在条件许可的情况下，宜临时租用现有房屋和利用提前修建的房屋。

（3）直接指挥生产的指挥所和调度室应设在工地的中心地区，而施工管理办公室和职工生活区，最好设置在与工地有一定距离不受施工噪声等干扰的地方，但也不能远离工地。

（4）按房屋的不同使用条件和防火卫生的要求，各栋房屋之间的最小距离城区为5m，郊区为7m；锅炉房、发电机房、变电室、铁工房与临时生活用房间距不应小于25m；油料库与铁路线间距不小于50m，距公路不小于15m，距锻工房、焊接工场等至少25m。

（5）临时房屋的高度一般为2.5~2.8m，车间、库房等散热及争取利用空间者可增至3.5~4m，每栋房屋均应配备灭火器。

2.生产用房

施工现场的生产用房大致有三类：材料加工房（棚），如木工棚、钢筋棚和铁工房等；生产车间，如构件预制车间、机修车间、空压机房、锅炉房、水泵房、电工配电室等；施工机械用房，如汽车搅拌机房、电焊机房、卷扬机房等。

3.生活用房面积的确定

各种生活办公临时房屋的面积，可按施工单位的年平均人数和工地临时房屋面积指标计算确定。

四、施工运输

桥梁施工中需要将大量物资包括各种材料、机具和生活资料运入工地，以及将料具送至使用地点，这是一项十分重要的工作，在施工组织设计场地布置时，应给予充分的考虑。

施工运输可分为场外运输和场内运输两类。将各种物资从原地或交货地点运至施工现场，称场外运输。场外运输，一般采用公路、铁路或水路的方式。根据当地运输条件，运量大小运距远近等，通过分析比较合理选择。在通航河流上，应尽量利用水运修筑临时码头装卸材料和物资。若施工工地附近有铁路或公路可用，或可修建简易专用线与现场接通时则可采用铁路或公路作为场外运输方式。场内运输一般采用汽车或装载机运输。只有大型工地，工程材料用量很大，且铁路方便引入时，才考虑采用轨道运输方式，铁路运输对水泥、沙石、钢筋和木材的运送是很有效的。而在用料地点比较分散，运输线路不固定的情况下，特别是对于场地范围内地形不太平坦，坡大急弯的场合来说，用装载机运送沙、石、混凝土、灰浆等最为灵活。半成品或小型构件，可用汽车运输。

索道运输兼有水平运输和垂直运输双重功能，且不受河流及地形限制，能在索道跨度内，将材料运送到任何平面和高度位置，使用相当方便，特别是在峡谷中建桥，常利用两岸陡峻地形设置索道运输。

对于小型工地或一般工地的零星运输工作，方便实用的运输方式为手推车运输。即使在机械化程度很高的工地，这种简单的运输工具也是不可缺少的。

工地运输中的垂直运输可采用井架式起重架、塔式起重机、门式起重机等完成。

场内外运输应紧密衔接，即由场外运来的材料直接运送至使用或倒运地点，这是最经济合理的运输方式。不过这对计划组织工作要求很高，实现起来比较困难。一般只能通过合理布设堆栈料场和仓库的位置，以尽量减少场内运输工作量。

运输道路布置时，应遵守以下基本原则：

1.当采用铁路运输时，要考虑其转弯半径和坡度的限制，慎重选择专用线的起点和进场位置；

2.当采用公路运输时，公路应与加工厂、仓库等的位置结合布置，把加工厂、仓库等与施工点贯穿起来，并与场外道路连接；

3.道路应满足一定的技术标准，力求平顺短捷、工程简易，并尽量利用既有道路。

第四节　桥梁施工安全的一般规定

1.高处作业安全规定

（1）从事高处作业人员要定期或随时体检，发现不宜登高的病症时不应再从事高处作业。严禁酒后登高作业。

（2）高处作业人员所需材料应事先准备齐全，工具事先放在工具袋内，拴稳挂牢。

（3）高处作业所使用的梯子不得缺档和垫高，同一梯子不得有两人同时上下，在通道处（或平交口）使用梯子时应设置围栏。

（4）运送人员和物件的升降电梯、吊笼，应设置可靠的安全卡、限位开关等安全装置，严禁乘坐运送物资材料的吊篮。

（5）高处作业人员与地面联系，应配有通信设备或有专人负责。

（6）高处作业人员，必须严格按规定系好安全带，戴好安全帽。

（7）人工倒运钢丝绳上高空，中间休息时要用卡子卡死下滑部位，防止钢绳受力滑动伤人。

（8）搭设脚手架（板），铺设走道板时，禁止搭空头板，走道板要满铺，随铺随钉。

（9）禁止上下交叉作业，若无法错开时，应采取安全防护措施。

（10）架空钢丝绳上有节头、卡子或滑车等障碍时，禁止在没有安全防护措施的情况下翻越。

（11）高处作业工作平台外侧应设置防护栏；高度超过 10 m 时，应设置安全网。

（12）在大风、大雾等不良天气或视线不清时应停止高空作业。

2.缆索吊装施工安全规定

（1）吊装前应做严密的准备工作，对地垄、索塔、缆车、滑车、动力、机具等设施进行全面验收检查。

（2）设立统一指挥系统，并组织参加吊装人员进行安全教育，对施工难度、危险性较大的作业项目要组织专门培训。

（3）准备工作就绪之后，要组织吊装人员技术交底，并进行试运转和超载荷试吊。

（4）牵引卷扬机启动要缓慢，运行速度要平稳；构件在吊运时，起重卷扬机要协调配合，控制好构件在空中的位置；起重卷扬机不得突然提升或下降，避免产生过大弹跳；构件就位时，作业人员要等构件稳定后再进行操作。

（5）构件不能垂直就位，需旁侧主索吊具协助斜拉时，指挥信号要明确，各组卷扬机要协调运行。

（6）起重和牵引卷扬机不得同时开动；双筒卷扬机除冲孔外，禁止放空档；牵引绳禁止悬挂重物。

（7）重物起吊之后，吊点下方及运行线路下方禁止人员站立或通行。

（8）在受力钢丝绳三角区内禁止人员站立或通行。

（9）用于吊运材料、工具及构件的缆绳跑车不得运送人员。

（10）登高操作人员应携带工具袋，不得将安全带挂在主索、扣索或缆风绳等上面。

3.导梁（桥梁）安装安全规定

（1）构件安装之前，应制定安装方案，建立统一指挥系统。对施工难度危险性较大的作业项目要组织培训。

（2）导梁组装时，各节点应联结牢固，导梁受力部位的钢桥架须经过质量检验，不得使用受损件。

（3）导梁通过的导轮支座必须牢固可靠，导梁接近导轮时，应采取渐进的方式进入导轮，导梁推进到位后，用千斤顶顶升，将导梁置于稳定的木垛上。

（4）导梁上的轨道应平行等距铺设，使用不同规格的钢轨时，其接头处应妥善处理，不得错台。

（5）导梁横向联结须稳固牢靠，导梁就位后要进行校直校正。

（6）构件在预制场地起重装车后，牵引至导梁时运行速度不得大于 5m/min，到达安装位置后平车行走轮应用木楔楔紧。

（7）构件就位起吊后，应加设支撑、垫木，以保持构件平衡稳定，各岗位作业人员要集中精力，听从指挥，发现问题要及时处理。

4.架桥机安装构件安全规定

（1）架桥机组拼（或定型产品）、悬臂牵引中的平衡稳定及机具配备等，均应按设计要求进行。

（2）架桥机就位后，为保持前后支点的稳定，应用方木支垫前后两支点处，还应用缆风绳封固于墩顶两侧。

（3）构件在架桥机上纵、横向移动时，应平缓进行，卷扬机操作人员应按指挥信号协调操作。

（4）全幅宽架桥机吊装边梁就位前，墩顶作业人员应暂时避开。

（5）横移不能一次就位的构件时，操作人员应将滑道板、落梁架等准备好，等构件落入后，再进入作业点进行构件牵引（或顶推）横移等工作。

5.门架起重运输安全规定

（1）门架安装完成后，应按设计要求组织检查验收，移动式门架除进行静载试验外，还应加载在轨道上往返运行一次，检查龙门架在移动过程中的变形，以及轨距、轨道平整度等情况。

（2）门架顶横移轨道两端，应设置制动枕木。

（3）门架中心距离与重物两吊点应相互一致，以免门架偏心受力造成事故。

（4）门架就位后应放其前后牵引索，用木楔楔紧平车轮子，以免门架受力滑动；架顶平车就位按规定捆好构件。

（5）取掉平车掩木开始牵引，操作中应注意平缓稳定，被吊重物不得左右摇摆，行进速度控制在 5m/min 以内，防止重物惯性摆动。

（6）启动和停止电动机时，应缓慢平稳地操作控制器；需要操作电动机向后移动时，必须等机物完全停稳后方可操作。

（7）门架拆除时，应制定安全技术措施。

6.千斤顶使用安全规定

（1）千斤顶操作使用前应详细检查，并做承载试验。操作人员应熟悉其性能，并能熟练操作。

（2）工作前应准备好所使用的工具：千斤顶、摇手、水平尺、垂球、保险木、抓钉等。

（3）千斤顶底盘基础应平整坚实，顶升重物必须在重心位置，垫木选择性能、尺寸相同的坚硬木材。

（4）顶升 T 梁、箱梁等大吨位构件时，必须在梁两侧加设支撑；构件两端不得同时顶升或下落，一端顶升或下落时，另一端要支稳、撑牢。用多台千斤顶起升同一重物时，动作应同步均衡。

（5）千斤顶的升降应随时加设或抽出保险垫木。

（6）千斤顶提升最大工作行程不得超过丝杆或齿轮全长的 75%。

7.预制件运输安全规定

（1）轨道平车运输，轨道路基要有足够的宽度、强度、平整度。轨道铺设应平直、圆顺，轨距应在允许误差值内；轨道半径不得小于 25 m，纵坡不宜大于 2%；轨道与其他道路交叉，须按规定设交叉道口。

（2）轨道平车运输大型构件时，平车的转向、托盘（或转盘）、支撑制动器等应进行检查。

（3）大型预制件运输应设专人指挥，并经常检查构件在平车上的稳定状况及轨道平车有无变形。

（4）构件运输时速度要缓慢，下坡时必须以溜绳控制速度，并用人拖拉止轮木跟随前进。当纵坡较大时，必须有相应的安全措施，方可运输。

（5）大型预制件平板拖车运输，时速宜控制在 5km/h 内。简支梁运输除在横向加斜撑防倾覆外，平板上的搁置点必须设有转盘。

（6）拖车运输构件时，除驾驶员外，还应派人监视安全情况，平板拖车上禁止乘人，运行中宜缓行，避免急刹车。

（7）装卸车地点路面要平坦坚实，装卸时机车均应刹车。

8.混凝土浇筑安全规定

（1）人工推车上料时，手推车不得撒把，运输料道上应有防滑设备。

（2）机械上料时，在铲斗移动范围内不得站人，铲斗下方严禁人员停留或通过。

（3）作业结束后，应将料斗放下。落入斗坑或放置在平台上。

（4）浇筑预制混凝土时，应搭设作业平台和斜道，不得站在模板上作业。

（5）电动振动器应将电缆线、电源开关置于干燥处。多台振动器同时作业时，应设置集中开关箱，由专人看管，操作人员要穿戴安全防护用品。

（6）搅拌机清洗时应停机，料斗起落在 45°~90° 时，人员不得站在斗鼓中间清洗。

以防身体碰到操纵杆造成事故，搅拌机启动前必须确定无人在斗鼓内。

（7）运输混凝土的四轮翻斗车宜缓速行驶，防止发生倾覆事故。

（8）悬空索道，输送混凝土应按起重运输安全操作进行。

9.泵送混凝土安全规定

（1）混凝土泵应设置在作业棚内，安装平衡牢固，泵车安设未稳之前，不得移动布料杆。作业前检查输送泵电气设备是否正常、灵敏、可靠。

（2）泵送前应检查管路、管节、管卡及密封圈的完好程度，不得使用有破损、裂缝、变形和密封不严的管件。

（3）管路布设要平顺，高处、转角处应架设牢固，防止串动、移位。

（4）泵送中要设专人检查管路，遇有变形、破裂时，应及时更换，防止崩裂。

（5）混凝土泵在运转中发现故障，应立即停机检查，不得带病作业。

（6）操作人员须熟悉并遵守泵车的操作规程和安全规定。

（7）拆卸管路接头前，应把管内剩余压力排净，防止管内存有压力而引起事故。

（8）作业结束，采用空气清洗管道时，操作人员不得靠近管道端部。

10.模板安装及拆除安全规定

（1）在基坑或围堰内支模板时，应先检查基坑有无坍方迹象，围堰是否坚固，确认无误后方可操作。

（2）向基坑内吊运材料和工具时，应设溜槽或绳索系放，不得抛掷。机械吊送应设专人指挥，模板要捆绑牢靠，基坑内操作人员要避开吊运材料。

（3）人工搬运支立较大模板时，应设专人指挥，使用的绳索要有足够强度，绑扎牢固。支立模板时，应先固定底部再进行支立，防止滑动或倾覆。

（4）用机械吊运模板时，吊点下方不得站人或通行。模板下放距地面 1m 时，作业人员方可靠近操作。

（5）支立模板要按工序操作，当一块或几块单独竖立较大模板时，应设临时支撑，上下必须顶牢。整体模板合龙后，应及时用拉杆斜撑固定牢靠，模板支撑不得接触脚手架（板）（板）。

（6）高处作业时应将工具装在工具袋内，传递工具不得抛掷，不得将工具放在平台和木料上，更不得插在腰带上。

（7）作用斧锤须顾及四周上下安全，防止伤及他人。斧头刃口处应配刃口皮套。

（8）拆除模板时应制定安全措施，按顺序分段拆除，不得留有松动或悬挂的模板，严禁硬砸或用机械大面积拉倒。

（9）拆除模板禁止双层作业。3m 以上模板在拆除时，应用绳索拉住或用起吊设备缓慢送下。

11.预应力张拉安全规定

（1）预应力钢丝束张拉施工前，检查张拉设备、工具是否符合施工及安全要求。压力表应按规定周期进行检查。

（2）锚环及锚塞使用前应经检验，合格方可使用。

（3）高压油泵与千斤顶之间的连接点、各接口必须完好无损。油泵操作人员应戴护目镜。

（4）油泵开动时，进、回油速度与压力表指针升降应平稳、均匀一致。安全阀要灵敏可靠。

（5）张拉前操作人员确定联络信号，张拉两端相距较远时，宜使用对讲机。

（6）无关人员不得进入张拉作业区。

（7）在已拼装或现浇的箱梁上进行张拉作业，其张拉作业平台，拉伸机支架要搭设牢固，平台四周加设护栏。

（8）张拉千斤顶的对面及后面严禁站人，作业人员应站在千斤顶两侧。

（9）张拉操作中若出现油表振动剧烈、漏油、电机声异常、断丝、滑丝等异常现象，应立即停机检查。

（10）张拉钢丝束完毕退销时应采取安全防护措施，人工拆卸销子时，不得强击。

（11）张拉完毕后，对张拉施锚两端应妥善保护，不得压重物。管道灌浆前，梁端应设围护和挡板，严禁撞击锚具、钢丝束及钢筋。

（12）在张拉前应对台座、横梁进行检查，张拉中及未浇混凝土之前，周围不得站人或进行其他作业。浇筑混凝土时，振动器不得撞击钢丝束。

12.脚手架（板）安全规定

（1）钢管脚手架（板）连接材料应使用扣件，接头应错开，螺栓要坚固。立杆底必须使用立杆底座。不得使用铅丝和麻绳连接钢脚手架（板）。

（2）简易脚手架（板）应按产品设计拼装连接牢靠，并使用钢管加强横向联系和剪刀支撑。

（3）脚手板要铺满、绑牢、无探头板，并牢固地固定在脚手架（板）支撑上。脚手架（板）的任何部分均不得与模板相连。

（4）脚手架（板）要设置栏杆，敷设安全设施并应经常检查，确保操作人员和小型机械安全通行。

（5）脚手架（板）上的材料和工具要安放稳妥整齐，有坡度的脚手板，要加设防滑条。

（6）悬空脚手架（板）应用栏杆和撑木固定安稳、牢固，防止摆动摇晃。

（7）搭设在水中的脚手架（板），要经常检查受水冲刷情况，发现松动，变形或沉陷应及时加固。脚手架（板）上作业的人员应穿戴救生设备。

（8）脚手架（板）高度在 10~15m 时应设置一组缆风绳与地面夹角为 45°~60°，缆风绳的地锚应注意保护。

（9）拆除脚手架（板）时，周围应设置警戒标志或护栏；应按从上到下顺序拆除，不得上下双层作业，拆除的脚手架（板）应用人工传递或吊机吊送，严禁随意抛掷。

13.支架施工安全规定

（1）支架所用的桩木、万能杆件等应详细检查，不得使用腐朽、劈裂、大节疤的圆木及锈蚀、扭曲严重的杆件和钢管等。

（2）地基承载能力必须符合设计标准，否则应采取加固措施，使其达到设计要求。土质地基雨季须有防水措施。

（3）支立排架要按设计要求施工，应有足够的承载能力和稳定性，并要与垫木联结牢固，防止不均匀沉落、失稳和变形。

（4）支立排架时应专人指挥，支立排架以竖立为宜，排架竖立后用临时支撑撑牢，再竖立第二排。两排架间的水平和剪刀撑用螺栓拧紧，形成整体。

（5）用吊机竖立排架时，应用溜绳控制排架起吊时的摆动。

（6）支立排架时，不得与便桥或脚手架（板）相连，防止支架失稳。

（7）立柱排架大面积拆卸时应边拆边撑木，保持平衡稳定。严禁将全部水平和斜撑拆除，再放立柱。

14.木工机械安全规定

（1）木工机械开机前应添加润滑油脂，先试机，待机件各部运转正常后，方可工作。

（2）机械运转中，如有不正常的声音或发生故障时，应先切断电源，再进行维修。

（3）操作人员工作时，要扣紧衣扣和袖口，严禁戴手套作业；留长发者须戴好工作帽，长发不得外露。

（4）木工机械的转动部分，要安装防护罩或防护板。工作中更换锯片、刨片、刀具、钻头时必须切断电源，停止转动后方可拆装。

（5）圆盘锯操作人员应戴防护眼镜，站在锯片一侧操作，禁止站在锯片同一直线位置，锯片上方安装挡板和滴水装置。锯片不得有连续断齿。

（6）接料者要待料出锯片 15cm，不得用手硬拉，木料锯到接近端头时，应由下手拉，手不得继续推进。

（7）送料用力要均匀，遇木节应减速。长度不足 50 cm 的短料不得上锯。

（8）平刨机刨料前应清除材料上的钉子灰垢，根据木料材质调整刨料速度，手严禁放在木节上。

（9）刨木材的大面时，手须在木料的上面；刨木材的小面时，手可放在木材上半部。手指须离刨口 3 cm 以上，每次刨削不得超过 1.5 mm。刨料长度超过 2m 时，必须由两人操作，料头过刨口 20 cm 后，下手方可接料，用力要均匀。

（10）活动式的台面，调整切削量时，须切断电源，停止转动方能进行，防止台面与刨面接触造成事故。

（11）刀架夹板必须平整贴紧，合金马片焊缝的高度不得超过刀头、固定刀片的螺旋应嵌入槽内，离刀背不得小于 10 mm。

（12）平面刨作业时，操作人员不得将手伸进安全挡板里侧移动挡板，不得拆除安全挡板进行刨削。

（13）压刨机必须使用单向开关，不得使用倒顺开关；送料须平直，发现材料走横或卡位，应停机拨正；操作必须待料送出台面。

（14）人员站在机床一侧操作，每次削量不得超过 3mm，所削材料不得短于前手压滚距离，厚度不足 1 cm 时须垫衬托板。

15.钢筋制作安全规定

（1）钢筋施工场地应满足作业需要，机械设备的安装要牢固、稳定，作业前应对机械设备进行检查。

（2）钢筋调直及冷拉场地应设置防护挡板，作业时非作业人员不得进入现场。

（3）钢筋施工切断机作业前，应先进行试运转，运转正常后，方能进行切断作业。切长料时由专人把扶，切短料时要用钳子或套管夹牢。不得因钢筋直径小而集束切割。

（4）人工锤击切断钢筋时，钢筋直径不宜超过 20 mm。使锤人员和把扶钢筋、剪切工具人员身位要错开，并防止断下的短头钢筋弹出伤人。

（5）绑扎钢筋高过 1.5m，应有固定临时支架进行稳定，并设绑脚手架（板），不得攀登或站在钢筋骨架上。

（6）场地绑扎 T 梁钢筋，应先设置稳妥分层支架，两面同时进行绑扎，防止因受力不均发生事故。

16.焊接作业安全规定

（1）电焊

①电焊机应安放在干燥、通风良好的地点，周围严禁存放易燃易爆物品。

②电焊机应设置单独的开关箱，作业时应穿戴防护用品，施焊完毕，拉闸上锁。遇雷雨天气，应停止露天作业。

③在潮湿地点工作，电焊机应放在木板上，操作人员应站在绝缘胶板或木板上操作。

④严禁在带压力的容器和管道上施焊。焊接带电设备时，必须先切断电源。

⑤储存过易燃、易爆、有毒物品的容器或管道，焊接前必须清洗干净，打开所有孔口，保持空气流通。

⑥在密闭的金属容器内施焊时，必须开设进、出口。容器内照明电压不得超过36V。焊工身体应用绝缘材料与容器壳体隔离开。施焊过程中每隔0.5h至1h外出休息10~15 min。

⑦接线、地线不得与钢丝绳，各种金属管道、金属构件等接触，不得用这些物体代替地线。

⑧更换场地移动电焊机时，必须切断电源，检查现场，清除焊渣。

⑨在高空焊接时，必须系好安全带，焊接周围应备消防设备。

⑩焊接模板中的钢筋、钢板时，施焊部位下面应垫石棉板或铁板。

（2）气焊

①乙炔发生器应采用定型产品，必须备有灵敏可靠的防火安全装置。

②乙炔发生器应置于干燥、通风处。乙炔发生器与氧气瓶不得同放一处，周围严禁存放易燃、易爆物品，严禁用明火检查是否漏气。氧气、电石应随用随领，下班后送回专用库房。

③氧气瓶、乙炔发生器受热不得高于35℃，防止火花和锋利物件接触胶管。点火的焊枪不得指向人，正在燃烧的焊枪不得随意乱放。

④氧气瓶、氧气表及焊割工具表面，严禁沾污油脂。氧气瓶应设有防震胶圈，并旋紧安全罩，避免碰撞、剧烈振动和烈日暴晒。

⑤乙炔发生器应每天换水。严禁在浮筒上放置物体，不得用手在浮筒上加压和摇动，添加电石时严禁用明火照明。

⑥乙炔发生器不得放在电线下方，焊接场地距离明火不得小于10m。

⑦乙炔气管用后需清除管内积水。胶管回火装置结冻时，应用热水融化，不得用明火烘烤。

⑧电石应在干燥的地方，移动或搬运应打开桶盖，轻移、轻放。开桶时头部要避开，不得用金属工具敲击桶盖。

⑨施焊时，场地应通风良好，施焊完毕将氧气阀门关好，拧紧安全罩。乙炔筒提出时，头部应避开浮筒上升方向，提出后应挂放，不得扣放在地上。

第五节　桥梁基础施工安全

1.明挖基础

（1）开挖方法、顺序、支撑结构的安全设置应符合施工组织设计。

（2）开挖深度和开挖放坡，要考虑坑顶是否有荷载等。

（3）弃土堆放位置、坑顶坡度设置和截水沟的设置。

（4）开挖过程中注意观测周围建筑物沉降及边坡和支撑结构的变形。

（5）采用机械开挖时基坑内不得有人，开挖机械与坑边缘的距离应根据基坑深度、边坡坡度以及地质情况综合考虑。

（6）开挖过程中如遇流沙、涌水、涌沙及基坑边坡不稳定等现象发生，应采取防护加固措施。

（7）采用排水开挖时，要保证具有足够的抽水能力，使基础不会被水泡。

（8）小型桥涵施工，如果不能保证车辆通行，应事先修好便道或便桥，并在修建桥涵的公路两端设置"禁止通行"的标志。

（9）基坑开挖需要爆破时，要按照爆破安全规程处理。

（10）对基坑实施安全监测（水平位移和沉降、倾斜、内力、隆起、裂缝、水位、孔隙水压力以及锚杆监测等）。

2.筑岛、围堰

（1）采用挡土板或板桩围堰，应视土质、涌水、挖深情况，逐段支撑，并应随时检查挡板、板桩等挡土设施的稳定牢固状况。如果出现流沙、涌沙或支撑变形等情况，应立即停止挖掘，撤出作业人员。在切实采取安全加固措施后，方可继续开挖。

（2）采用吸泥船吹沙筑岛，对船体吃水深度、停泊位置、管路射程以及连接方法等应进行严格检查和试验。

（3）挖基工程所设置的各种围堰和基坑支护，其结构必须坚固牢靠。在施工中发现围堰、支撑有松动和变形时，应及时加固；若危及作业人员安全，应立即撤离。

（4）基坑抽水过程中，要指派专人检查土层变化、支撑结构受力等情况，发现有变形时，应立即向现场负责人报告，并采取安全措施。

（5）基坑支撑拆除时，应制定合理的拆除顺序，并配合回填土，由低向高拆除；严禁站在支撑上操作。

3.钢板桩及钢筋混凝土板桩围堰

（1）根据施工条件和安全要求及水深、地质情况选择合理的桩长、数量以及打入位置、打入深度和桩顶标高，保证施工顺利进行。同时要保证水下构造物的安全，对强度、刚度和稳定性都要进行必要的验算。

（2）参与施工的机械设备（打桩机、卷扬机等）要进行全面检查，经试验、鉴定合格后方可使用。

（3）施工时要统一调度、服从指挥。

（4）注意钢板桩的插打以及拔桩顺序。

（5）施工过程中注意吊机船只的吃水深度、相关机械设备的受力情况；同时经常检查桩帽、桩垫，如有异常，马上停止施工。

4.套箱围堰

（1）套箱围堰根据工程需要设计。但是其强度、刚度、稳定性必须经过验算；交付使用前应验收；针对不同的形式要制定相应的安全技术措施。

（2）拖船牵引浮运套箱时要得到港航监管部门同意，并且在了解航道水深、流速等情况后，制定施工方案。如果多船只作业时要有统一指挥机构。

（3）在通航河流施工时，施工前与港航监管部门联系，办理相关手续，协商通航安全事宜，并按要求设置标志和防撞装置；施工时要严格按照制定的时间、地点作业。

（4）套箱定位时应先将定位船只和导向船只就位。定位船只的锚要按照水流速度、河床地质情况设计。施工时防止与锚链缠绕。

（5）套箱拆除时应按施工组织设计的程序进行，施工人员要系安全带和穿救生衣。

5.钻孔灌筑桩基础

（1）钻孔机械就位后应对钻机及配套设备进行全面检查，钻机安设必须平稳牢固，钻架应加设斜撑或缆风绳。

（2）冲击钻孔选用的钻锥、卷扬机和钢丝绳等应配置适当。钢丝绳与钻锥用绳卡固接时，绳卡数量应与钢丝绳直径相匹配，冲击过程中钢丝绳的松弛应掌握适宜。

（3）正反循环钻机及潜水钻机使用的电缆线要定期检查，接头必须绑扎牢固，确保不透水、不漏电；对经常处于水泥浆浸泡处应架空搭设，挪移钻机时不得挤压电缆线及风水管路。

（4）潜水钻机钻孔时一般在完成一根钻孔桩时要检查一次电机的封闭状况，钻进速度应根据地质变化加以控制，保证安全运转。

（5）采用冲抓或冲击钻孔，当钻头提到接近护筒底缘时，应减速平稳提升，不得碰撞护筒和钩挂、护筒底缘。

（6）钻孔使用的泥浆宜设置泥浆循环净化系统，并注意防止或减少环境污染。

（7）钻机停钻，必须将钻头提出孔，外置于钻架上，不得滞留在孔内。

（8）对已埋设护筒但未开钻或已成桩，护筒尚未拔除的，应加设护筒盖或铺设安全网遮罩。

6.沉入桩基础

（1）钢筋混凝土桩、预应力混凝土桩采用锤击沉桩或振动沉桩时，施工场地应保持平整、清洁，打桩机的移动轨道铺设要平顺，轨距要准确，钢轨要钉牢，轨道端部应设止轮器。

（2）水上打桩平台必须搭牢固，打桩机底座与平台应连接牢靠。

（3）打桩架移动时应在现场施工负责人指挥下进行，桩架移动应平稳，桩锤必须放在最低位置。柴油打桩机后部的配重铁必须齐全，采用滚杠滑移打桩架作业时，作业人员不得在打桩架内操作。

（4）浮式沉桩设备沉桩时桩架与船体必须连接牢固，船体定位后应以锚缆封固并防止施工中浮船晃动。

（5）起吊沉桩或桩锤时严禁作业人员在吊钩下或在桩架龙门口处停留或作业。

（6）打桩架及起重工具应经常检查维修，桩锤检查维修时必须将桩锤放落在地面或平台上，严禁在悬挂状态下维修桩锤。

（7）振动打桩机在停止作业后应立即切断电源。

（8）采用高压水泵等助沉措施时，其高压水泵的压力表、安全阀、水泵输水管道及水压等应符合安全要求；高压射水辅助沉桩应根据地质情况采用相应的压力，并要防止因急剧下沉造成桩架倾倒；射水沉桩应在桩身入土达到稳定后再射水。

（9）振动打桩机开动后作业人员应暂离，基桩振打中如发现桩回跳、打桩机有异声及其他不正常情况时，应立即停振并经检查处理后再继续作业；所有开、停振必须听从指挥。

7.就地浇筑的墩台施工

（1）就地浇筑混墩台混凝土。施工前，必须搭设好脚手架（板）和作业平台，同时设置好防护措施。

（2）模板就位后，应立即对其进行固定；架立高墩模板时，施工人员必须系好安全带。

（3）整体模板吊装前，模板要连接牢固，不得超载。

（4）用吊斗浇筑混凝土时，吊斗的提降要设专人指挥，上下部施工人员要注意安全；同时吊斗不得碰撞模板和脚手架（板）。

（5）模板拆除时应划定禁行区，严禁行人通过；如果是水中作业，要配备工作船和救护船。

8.砌筑墩台施工

（1）砌筑前应搭设好脚手架（板）和作业平台以及安全防护设施。

（2）人工手推车运送预制块时，脚手跳板的宽度、强度、坡度需经过设计，满足安全要求；同时堆放物品不得超过设计荷载。

（3）吊机、桅杆调运预制块时，应设专人指挥。

（4）人工抬运大块石料时，应捆绑牢靠，动作协调一致，缓慢平放，防止伤人。

（5）吊机作业时下方不得站人。

9.滑模施工

（1）高桥墩（台）、塔墩、索塔等高层结构采用滑升模板施工时，除应遵守高处作业安全规定外，还需根据工程特点编制单项施工方案及其安全技术措施，向参加滑模施工人员进行安全技术交底。

（2）滑模及提升结构应按设计制作与施工，作业前应对滑模提升结构进行检查。

（3）当塔墩等高层建筑采用爬模施工方法时，应进行特殊设计，在工厂制作。爬升架体系、操作平台、脚手架（板）等要保证具有足够的强度、刚度和稳定性，架体提升时要另设保险装置；模板爬升作业人员不得站在爬升的模板或爬架上。

（4）液压系统组装完毕后必须进行全面检查，施工过程中液压设备应由专人操作并应经常维护，发现问题及时处理。

（5）模板提升到 2 m 以后应安装好内外吊架、脚手架（板）、铺好脚手板、挂设安全网。

（6）混凝土浇筑，不得用大罐漏斗直接灌入，不冲击模板；振动时不得振动支撑杆、钢筋及模板；提升模板时不得进行振动。

（7）模板提升前应进行检查，排除故障，观察偏斜数值，提升时千斤顶应同步作业。

（8）施工中发现支撑杆有弯曲变形时应及时加固。

（9）操作平台的水平度倾斜度应经常检查，若发现问题应及时采取措施。

（10）主要机具、电器运输设备等应定机定人，严格执行交接班制度，接班时必须检查一次机具并做好记录。

（11）墩上养生人员必须系好安全带，输水管路及其他设备应栓绑牢固。

（12）运送人员材料的罐笼或外用电梯，应有安全卡、限位开关等安全装置。

（13）夜间施工应有足够的照明，在人员上下及运输过道处均应设置固定的照明设施。

（14）拆除滑模设备时应做好安全防护措施，拆除时可视吊装设备能力分组拆除或吊至地面上解体，以减少高处作业量和杆件变形。拆除现场应划定警戒区，警戒线到建筑物边缘的安全距离不得小于 10m。

第六节　桥梁上部结构施工安装

一、预制构件安装作业

1.装配式构件（梁、板）的安装应制定安装方案，并建立统一的指挥系统，施工难度危险性较大的作业项目应组织培训。

2.吊装偏心构件时应使用可调整偏心的吊具进行，吊装安装的构件应平起稳落。

3.单导梁、墩顶龙门架安装构件时应符合下列规定：

（1）导梁组装时，各节点应连接牢固，在桥跨推进时悬臂部分不得超过已拼好导梁全长的 1/3；

（2）墩顶或临时墩顶导梁通过的导轮支座必须牢固可靠，导梁接近导轮时应采取渐进的方法进入导轮，导梁推进到位后用千斤顶将导梁置于稳定的木垛上；

（3）导梁上的轨道应平行等距铺设，使用不同规格的钢轨时，其接头处应妥善处理，不得有错台；

（4）墩顶龙门架使用托架托运时，托架两端应保持平衡稳定，行进速度应缓慢；龙门架落位后应立即与墩顶预埋件连接并系好缆风绳；

（5）构件在预制场地起重装车后牵引至导梁时，行进速度不得大于 5m/min，到达安装位置后平车行走轮应用木楔楔紧；

（6）构件起吊横移就位后，应加设支撑垫木以保持构件稳定；

（7）龙门架顶横移轨道的两端应设置制动枕木。

4.预制厂采用千斤顶顶升构件装车及双导梁、桁梁安装构件时，应符合下列规定：

（1）千斤顶在使用前要做承载试验，起重吨位不得小于顶升构件的 5 倍，千斤顶一次顶升高度应为活塞行程的 1/3；

（2）千斤顶的升降应随时加设或抽出保险垫木；

（3）构件进入落梁架（或其他装载工具）横移到位时应保持构件在落梁时的平衡稳定；

（4）顶升 T 梁、箱梁等大吨位构件时，必须在梁两端加设支撑构件，两端不得同时顶起或下落，一端顶升时另一端应支稳撑牢；

（5）预制场和墩顶装载构件的滑移设备，要有足够的强度和稳定性，牵引或顶推构件滑移时施力要均匀；

（6）双导梁向前推进时应保持两导梁同速进行，各岗位作业人员要精心工作，听从指挥，发现问题及时处理；

（7）双导梁进入墩顶导轮支座前后，应采取与单导梁相同的措施。

5.架桥机安装构件时应符合下列规定：

（1）架桥机组拼（或定型产品），悬臂牵引中的平衡稳定及机具配备等均应按设计要求进行；

（2）架桥机就位后为保持前后支点的稳定，应用方木支垫，前后支点处还应用缆风绳封固于墩顶两侧；

（3）构件在架桥机上纵横向移动时，应平缓进行；卷扬机操作人员应按指挥信号协同动作；

（4）全幅宽架桥机吊装的边梁就位前，墩顶作业人员应暂时避开；

（5）横移不能一次到位的构件，操作人员应将滑道板、落梁架等准备好，待构件落入后再进入作业点进行构件顶推或牵引横移等工作。

6.在跨墩龙门架安装构件时，应根据龙门架的高度、跨度采取相应的安全措施，确保构件起吊和横移时的稳定，构件吊至墩顶应缓速平稳降落。

7.吊车吊装简支梁板等构件时，应符合起重吊装中的有关规定。

8.安装大型盆式橡胶支座，墩上两侧应搭设操作平台，墩顶作业人员应待支座吊至墩顶稳定后再扶正就位。

9.安装涵洞预制盖板时，应用撬棍等工具拨移就位，单面配筋的盖板上应标明起吊标志，吊装涵管应绑扎牢固。

10.龙门架、架桥机等设备拆除前，应切断电源，拆除龙门架时应将龙门架底部垫实，并在龙门架顶部拉好缆风绳和安装临时连接梁；拆下的杆件、螺栓材料等应捆好向下吊放。

11.人工抬运安装涵洞盖板时，作业区道路应平整。

二、就地浇筑上部结构施工

1.钢筋混凝土或预应力混凝土就地浇筑时，作业前应对机具设备及防护设施等进行检查。对施工工艺及技术复杂的工程，制定的安全技术措施及安全操作细则等，应进行技术交底。

2.就地浇筑的桥涵上部结构施工中，应随时检查支架和模板，发现异常状况应及时采取措施。

3.就地浇筑的各类上部结构，有关高处作业、水上作业等到要求应按相关规定处理。

三、悬臂浇筑施工

1.悬臂浇筑采用挂篮施工时，应遵守下列规定：

（1）施工前制定安全技术措施，挂篮组拼后要进行全面检查并做静载试验；

（2）在墩上进行零号块施工并以斜拉托架做施工平台时，在平台边缘处应设安全防护设施，墩身两侧斜拉托架平台之间搭设的人行道板必须连接牢固；

（3）使用的机具设备，如千斤顶、滑道、手拉葫芦、钢丝绳等，应进行检查，不符合安全规定的严禁使用；

（4）检查墩身预埋件和斜拉钢带的位置及坚固程度是否符合设计要求。

2.双层作业时操作人员必须严守各自岗位职责并应防止铁件工具掉落等。

3.挂篮拼装及悬臂拼装中，应根据作业点的具体情况设置安全防护设施。

4.挂篮使用时，后锚固筋、张拉平台的保险绳等应经常检查。底模标高调整时应设专人统一指挥，作业人员应站在铺设稳固的脚手板上。

5.挂篮行走时要缓慢进行，速度应控制在0.1m/min以内，挂篮后部各设一组溜绳，以保安全；滑道要铺设平整顺直，不得偏移，挂篮桁架行走和浇筑混凝土时其稳定系数应符合公路桥涵施工技术规范的规定。

6.如需在挂篮上另行增加设施（如防雨棚、立井架、防寒棚等）时，不得损坏挂篮结构及改变其受力形式，同时要进行验算。

7.使用水箱作平衡重施工时，其位置、加水量等应符合设计要求，给排水设施和方法应稳妥可靠，施工中对上述情况要经常进行检查。

8.在底模荡移前，必须详细检查挂篮位置、后端压重后锚及吊杆安装情况，确认安全后方可荡移。

9.箱梁混凝土接触面的凿毛作业人员要有安全防护设施。

10.滑动斜面拉式挂篮施工，应遵守下列规定。

（1）滑动斜面拉式挂篮的所有活动铰销、斜拉钢带等，其材质要经检验并打上标记。

（2）主梁及其吊篮系统安装后应进行全面检查，必要时应做加载试验。

（3）挂篮安装时或主梁行走到位后，应先安装好锚固和水平限位装置，再安装斜拉带和悬挂底模平台。

（4）在斜拉带安装和使用过程中，要注意检查保持内外斜拉带受力均衡。

（5）底模和侧模沿滑梁行走前，需将斜面拉动带和后吊带拆除，用手拉葫芦起降和悬吊底模平台时，必须在手拉葫芦的位置加设保险绳。

（6）挂篮行走前，应检查后锚固及各部受力情况，发现隐患应及时处理；行走时亦应密切注意有无异状并慢速稳步到位。

（7）浇筑混凝土前，应对挂篮锚固水平限位吊带和限位装置进行全面检查。

四、悬臂拼装法施工

1.龙门架起重吊机进行悬臂拼装时，应遵守下列规定。

（1）吊机的定位锚固应按设计进行，并进行静载实验。

（2）拼装使用的机具设备均应经过检查，如有隐患及不符合安全规定时不得使用。

（3）构件起吊前应对构件进行全面检查，如吊环部位有无损伤、结合面有无突出外露物、构件上有无浮置物件等。

（4）构件应垂直起吊，并保持平衡稳定；在接近安装部位时，不得碰撞已安完的构件和其他作业设施。

（5）运送构件的车辆（或船只），构件起升后应迅速撤出。

2.遇有下列情况时，现场指挥人员，必须在构件妥善处理前，暂时停止装吊作业：

（1）天气突然变化影响作业安全；

（2）卷扬机电机过热或其他机械设备出现故障等。

3.拆除硫黄沙浆临时支座，除按"高处作业"的安全要求施工外还应符合下列规定：

（1）熔化硫黄沙浆垫块采用电热法时，电热丝不得与其他金属物接触；

（2）作业时人员应站在上风处操作，并应穿戴安全防护用品；

（3）人工凿除时，人员站位要拉开距离。

五、缆索吊装法施工

1.吊装前应对施工人员进行安全教育，安装时应有统一指挥信号，登高操作人员应带有工具袋。安全带不得挂在主索、扣索、缆风绳等上面。

2.牵引卷扬机启动要缓慢，进行速度要平稳；构件在吊运时起重卷扬机要协调配合并控制好构件在空中的位置，起重卷扬机不得突然上升和下降；构件避免产生过大弹跳；构件吊运至安全部位时作业人员要等构件稳定后再进行操作。

3.缆绳吊装大型构件时应事先检查塔架、地锚、扣架、滑车、钢丝索绳等机具设备，正式吊装前应经吊载试运行后方可正式作业。

4.跨越公路铁路时应搭设架空防护支架，在靠近街道和村屯的地方应设立标志；在主航道上空吊装重大构件时，宜采取临时封航措施。

六、转体法和拖拉法施工

1.预制钢筋混凝土或预应力混凝土上部结构采用转体架桥法或纵横向拖拉法施工时，除按设计要求进行施工外，搭设支架（或拱架）、支立模板、绑扎钢筋、焊接、预应力张拉及浇筑混凝土等均应按有关规定操作。

2.转体法修建大跨径拱桥应建立统一的指挥机构，并配备通信联络工具。

3.在转体法施工时，悬臂体应转动方便，并符合安全施工的要求，转体时悬臂端应设缆风绳。

4.平衡重转体施工前，应先利用配重做试验，进行试转动，检查转体是否平衡稳定，试转的角度应大于实际需要转动的角度，如不符合要求时应进行调整。

5.环道上的滑道其平整度应严格控制。如上下游拱肋需同时作配重，转体时应采用型号相同的卷扬机同步、同速、平衡转动；重量大的转体转动前，应先用千斤顶将转盘顶转后，再由卷扬机牵引。

6.无平衡重平转法施工的扣索张拉时，应检查支撑锚梁、锚锭拱体等，确认安全后方可施工。

7.采用纵向横向拖拉法架梁时，施工前应全面检查所用机具设备及各项安全防护设施的落实情况。

8.使用万能杆件或枕木垛做滑道支撑时，其基础必须稳固，枕木垛应垫密实，必要时应做压重试验。

9.梁体及构件运行滑道应按设计铺设，采用滑板和辊轴时，滑板应铺平稳。梁体构件拖拉（或横移）到前方墩台时，应采取引导措施便于辊轴进入悬臂端的滑道，搬抬辊轴时作业人员要配合好并注意人身安全。

10.拖拉或横移施工中，应经常检查钢丝、绳滑车、卷扬机等机具设备是否完好，发现问题应及时处理；施工中钢丝绳附近不得站人，作业区无关人员不得进入。

11.拖拉（或横移）施工中，应听从统一指挥，发现问题（或隐患）应及时报告并随时处理。

七、预应力张拉施工

1.预应力钢束、钢丝束、钢绞线张拉施工前应遵守下列规定：

（1）张拉作业区，无关人员不得进入；

（2）检查张拉设备工具，如千斤顶、油泵、压力表、油管、顶楔器及液控顶压阀等是否符合施工及安全的要求，压力表应按规定周期进行检定；

（3）锚环及锚塞使用前，应经检验合格后使用；

（4）高压油泵与千斤顶之间的连接点，各接口必须完好无损，油泵操作人员要戴防护眼镜；

（5）油泵开动时，进回油速度与压力表指针升降应平稳、均匀一致，安全阀要保持灵敏可靠；

（6）张拉前，操作人员要确定联络信号，张拉两端相距较远时，宜设对讲机等通信设备。

2.在已拼装或悬浇的箱梁上进行张拉作业，其张拉作业平台、拉伸机支架要搭设牢固，平台四周应加设护栏。高处作业时，应设上下扶梯及安全网，施工吊篮应安挂牢固，必要时可另设安全保险设施，张拉时千斤顶的对面及后面严禁站人，作业人员应站在千斤顶的两侧。

3.张拉操作中若出现异常现象（如油表振动剧烈，发生漏电，电机声音异常，发生断丝、滑丝等）应立即停机进行检查。

4.张拉钢束完毕退销时，应采取安全防护措施，人工拆卸销子时不得强击。

5.张拉完毕后，对张拉施锚两端应妥善保护，不得施压重物。管道尚未灌浆前梁端应设围护和挡板，严禁撞击锚具、钢束及钢筋。

6.先张法张拉施工时，除按前面有关规定外还应做到以下两点。

（1）张拉前对台座、横梁等进行检查。

（2）先张法张拉中和未浇混凝土之前，周围不宜站人和进行其他作业。浇筑混凝土时，振动器不得撞击钢丝（钢束）；用卷扬机滑轮组张拉小型构件时，张拉完成后，应切断电源和卡固钢丝绳。

7.精轧螺纹钢筋张拉前，除对张拉台座检查外，还应对锚具连接器进行检查试验。

8.预应力钢筋冷拉时，在千斤顶的端部及非张拉端部均不得站人。

9.预应力钢筋冷拉时，螺丝端杆、套筒螺丝必须有足够的长度，夹具应有足够的夹紧能力，防止锚夹不牢而滑出。

10.管道压浆时，应严格按规定压力进行。施压前应调整好安全阀，关闭阀门时作业人员应站在侧面。

八、拱桥施工

1.拱架应具有足够的强度、刚度和稳定性。拱架须经验算，必要时应经试验或预压，并应满足防洪、流冰、排水通航等安全要求。采用土牛拱架时，亦应采用相应的安全措施，保证拱圈砌筑的安全。

2.拱架安装与拆除的方法及程序，应符合有关安全规定的要求。

3.拱石加工时，应注意锤头或飞石伤人，作业人员应保持一定的安全距离。

4.拱石或预制混凝土块，应按砌筑程序编号，依次运到工地，随用随运，不得过多地堆积在拱架或脚手架（板）上，抬运块件时不得碰撞拱架。

5.砌筑拱圈应按施工要求搭设脚手架（板）及作业平台，拱上建筑施工必须严格按设计加载程序分段对称进行。

6.拱圈砌筑应随时用仪器观察拱架变形状况，必要时应进行调整，以控制拱圈变形过大。卸架装置应有专人负责检查。

7.拱架拆除工作必须按设计程序进行，拱架脱离拱圈时，应经检查确认安全后方可继续进行拱架拆除工作。拱架拆除时，应听从统一指挥，严禁在拱架上下同时作业，并严禁使用机械强拽拱架使之倾倒的做法。

8.无支架拱桥施工时，应遵守下列规定。

（1）大中跨径拱桥施工，应验算拱圈的横向稳定性。分段吊装的单肋合龙后，应用缆风绳稳固，第二肋安装后应用横木临时横向连接。

（2）双曲拱、箱形拱、纵横向悬砌拱桥施工时，在墩台顶设置的扣架底部固定应牢靠，顶架应设置对称的缆风绳，缆风地锚环应埋设坚固。

（3）在河流中设置缆风绳时，必须采取可靠的防护措施。

第七章 公路养护管理

第一节 公路养护的内容

1.公路养护的基本任务是什么？

（1）贯彻"预防为主，防治结合"的方针，加强预防性养护，提高公路的抗灾害能力。

（2）加强公路及其沿线设施的基本技术状况调查，及时发现和消除隐患。

（3）保持公路及其沿线设施良好的技术状况，及时修复损坏部分，保障公路行车安全、畅通、舒适。

（4）吸收和采用新技术、新工艺、新材料、新设备，采取科学的技术措施，不断提高公路养护工程质量，有效延长公路的使用寿命，降低路桥设施的全寿命周期成本，提高养护资金使用效益。

（5）加强公路的技术改造，以适应公路交通事业的不断发展。

2.公路养护应遵循的技术政策是什么？

（1）公路养护工作应切实贯彻"科技兴交，科学养路"的方针，大力推广和应用先进的养护技术，机械装备和科学的管理方法。

（2）公路养护工作应重视资源节约和环境保护。

（3）公路养护工作应注重养护生产作业安全及减少对通过车辆的影响。

3.公路养护工程分为哪几类？

养护工程按其工程性质、技术复杂程度和规模大小，分为小修保养、中修工程、大修工程、改建工程等四类。

（1）小修保养是指对公路及其沿线设施经常进行维护保养和修补其轻微损坏部分的作业。

（2）中修工程是指对公路及其沿线设施的一般性损坏部分进行定期的修理加固，以恢复公路原有技术状况的工程。

（3）大修工程是指对公路及其沿线设施的较大损坏进行周期性的综合修理，以全面恢复到原技术标准的工程。

（4）改建工程是指对公路及其沿线设施因不适应现有交通量增长和荷载需要而进行全线或逐段提高技术等级指标，从而显著提高其通行能力的较大工程项目。

4.路基养护的小修保养包括哪些作业？

（1）保养作业包括：

①整理路肩、边坡，修剪路肩、分隔带草木，清除杂物，保持路容整洁；

②疏通边沟，保持排水系统畅通；

③清除挡土墙、护坡滋生的有碍设施功能发挥的杂草，修理伸缩缝，疏通泄水孔，清除松动石块等。

（2）小修作业包括：

①小段开挖边沟、截水沟或分期铺砌边沟；

②清除零星塌方，填补路基缺口，轻微沉陷翻浆的处理；

③桥头接线或桥头、涵顶跳车的处理；

④修理挡土墙、护坡、护坡道、泄水槽、护栏和防冰雪设施等局部损坏；

⑤局部加固路肩。

5.路基养护的中修工程包括哪些作业？

（1）局部加宽、加高路基或改善个别急弯、陡坡、视距；

（2）全面修理、接长或个别添建挡土墙、护坡、护坡道、泄水槽、护栏及铺砌边沟；

（3）清除较大塌方，大面积翻浆、沉陷处理；

（4）整段开挖边沟、截水沟或铺砌边沟；

（5）过水路面的处理；

（6）平交道口的改善；

（7）整段加固路肩。

6.路基养护的大修工程和改建工程包括哪些作业？

（1）大修工程包括：

①在原公路技术等级内整段改善线形；

②拆除，重建或增建较大挡土墙、护坡等防护工程；

③大塌方的清除及善后处理。

（2）改建工程是指整段加宽路基、改善公路线形，提高技术等级的工程。

7.路面养护的小修保养包括哪些作业？

（1）保养作业包括：

①清除路面泥土、杂物，保持路面整洁；

②排除路面积水、积雪、积冰、积沙，铺防滑料、灭尘剂或压实积雪维持交通；

③沙土路面刮平，修理车辙；

④碎砾石路面匀、扫面沙，添加面沙，洒水润湿，刮平波浪，修补磨耗层；

⑤处理沥青路面的泛油、壅包、裂缝、松散等病害；

⑥水泥混凝土路面日常清缝、灌缝及堵塞裂缝；

⑦路缘石的修理和刷白。

（2）小修作业包括：

①局部处理沙石路的翻浆变形，添加稳定料；

②碎砾石路面修补坑槽、沉降，整段修理磨耗层或扫浆铺沙；

③桥头、涵顶跳车的处理；

④沥青路面修补坑槽、沉陷，处理波浪、局部龟裂、啃边等病害；

⑤水泥混凝土路面板块的局部修理。

8.路面养护的中修工程包括哪些作业？

（1）沙土路面处理翻浆，调整横坡。

（2）碎砾石路面局部路段加厚、加宽，调整路拱、加铺磨耗层，处理严重病害。

（3）沥青路面整段封层罩面。

（4）沥青路面严重病害的处理。

（5）水泥混凝土路面严重病害的处理。

（6）水泥混凝土路面接缝材料的整段更换。

（7）整段安装、更换路缘石。

（8）桥头搭板或过渡路面的整修。

9.路面养护的大修工程和改建工程包括哪些作业？

（1）大修工程包括：

①整段用稳定材料改善土路；

②整段加宽、加厚或翻修重铺碎砾石路面；

③翻修或补强重新铺装、简易铺装路面；

④补强、重铺或加宽铺装、简易铺装路面。

（2）改建工程包括：

①整线整段提高公路技术等级，铺筑铺装、简易铺装路面；

②新铺碎砾石路面；

③水泥混凝土路面病害处理后，补强或改修为沥青混凝土路面。

10.桥梁、隧道、涵洞的保养和小修工程包括哪些作业？

（1）保养作业包括：

①清除污泥、积雪、积冰、杂物，保持桥面清洁；

②疏通涵管，桥下河槽；

③伸缩缝养护，泄水孔疏通，钢支座加润滑油，栏杆油漆；

④桥涵的日常养护；

⑤保持隧道内及洞口清洁。

（2）小修工程作业包括：

①局部修理、更换桥栏杆和修理泄水孔、伸缩缝、支座和桥面的局部轻微损坏；

②修补墩、台及河床铺底和防护圬工的微小损坏；

③涵洞进出口铺砌的加固修理；

④通道的局部维修和疏通修理排水沟；

⑤清除隧道洞口碎落岩石和修理圬工接缝，处理渗漏水。

11.桥梁、隧道、涵洞养护的中修工程包括哪些作业？

（1）修理、更换木桥的较大损坏构件及防腐；

（2）修理更换中小桥支座、伸缩缝及个别构件；

（3）大中型钢桥的全面油漆、除锈和各部件的检修；

（4）永久性桥墩、台侧墙及桥面的修理和小型桥面的加宽；

（5）重建、增建、接长涵洞；

（6）桥梁河床铺底或调治构造物的修复和加固；

（7）隧道工程局部防护加固；

（8）通道的修理与加固；

（9）排水设施的更换；

（10）各类排水泵站的修理。

12.桥梁、隧道、涵洞养护的大修工程包括哪些作业？

（1）在原技术等级内加宽、加高、加固大中型桥梁；

（2）改建、增建小型桥梁和技术性简单的中桥；

（3）增建，改建较大的河床铺底和永久性调治结构物；

（4）吊桥、斜拉桥的修理与个别索的调整更换；

（5）大桥桥面铺装的更换；

（6）大桥支座、伸缩缝的修理更换；

（7）通道改建；

（8）隧道的通风和照明、排水设施的大修或更新；

（9）隧道的较大防护、加固工程。

13.桥梁、隧道、涵洞养护的改建工程包括哪些作业？

（1）提高公路技术等级，加宽、加高大中型桥梁；

（2）改建、增建小型立体交叉；

（3）增建公路通道；

（4）新建渡口的公路接线、码头引线；

（5）新建短隧道工程。

14.交通工程及沿线设施养护工程的保养和小修作业包括哪些？

保养作业包括：标志牌、里程碑、百米桩、界碑、轮廓标等埋置、维护或定期清洗。

小修作业包括：

（1）护栏、隔离栅、轮廓标、标志牌、里程牌、百米桩、防雪栏栅等修理或部分添置更换；

（2）路面标线的局部补画。

15.交通工程及沿线设施养护工程的中修作业包括哪些？

（1）全线新设或更换永久性标志牌、里程碑、百米桩、轮廓标、界碑等；

（2）护栏、隔离栅、防雪栏栅等的全面修理更换；

（3）整段路面标线的画设；

（4）通信、监控、收费、供配电设施的维修。

16.交通工程及沿线设施养护工程的大修与改建作业包括哪些？

大修作业包括：

（1）护栏、隔离栅、防雪栏栅等增设；

（2）通信、监控、收费、供配电设施的更新。

改建作业包括：

（1）整段增设防护栏、隔离栅等；

（2）整段增设通信、监控、收费、供配电设施。

17.绿化养护工程的保养、小修和中修作业包括哪些？

保养作业包括：

（1）行道树、花草的抚育、抹芽、修剪、治虫、施肥；

（2）苗圃内幼苗的抚育、灭虫、施肥、除草。

小修作业包括：

（1）行道树、花草缺株的补植；

（2）行道树冬季刷白。

中修作业包括：更新或新植行道树、花草，开辟苗圃等。

第二节　养护工程管理

1.公路养护工程管理工作的原则是什么？

公路养护工程管理工作实行"统一领导，分级管理"的原则。

（1）国务院交通主管部门主管全国公路养护工程的管理工作。

（2）省级人民政府交通主管部门主管本行政区域内公路养护工程的管理和监督工作。县级以上人民政府交通主管部门按照省人民政府的规定主管本行政区域内公路养护工程的管理和监督工作。

（3）公路养护工程的具体管理工作，根据省级人民政府交通主管部门的授权，以及目前各级公路管理机构的职责分工，由县级以上人民政府交通主管部门设置的公路管理机构负责。一般地，省、市、县公路管理机构，市、县地方公路管理机构，对所管辖的公路行使养护工程的具体行政管理职责。

（4）乡道养护工程的管理工作，由乡（镇）人民政府负责，县级交通主管部门负责行业管理和技术指导。

（5）企业或经济实体经营的收费公路，其养护工程由经营企业或经济实体根据省交通主管部门提出的公路服务质量指标，从收取的车辆通行费中，安排资金组织实施，省级公路管理机构或受其委托的管理机构负责监管。

2.公路养护管理的基本要求是什么？

（1）各级公路管理机构要积极采用现代化管理手段和先进养护技术，大力推广和应用新技术、新材料、新工艺、新设备，不断提高公路养护管理技术水平。

（2）公路养护工程管理工作要把工程质量放在首位，建立、健全质量控制体系，严格检查验收制度，提高投资效益。

（3）对于公路养护的中修和大修工程，各地公路管理机构应引入竞争机制，并逐步推行招投标制度和工程监理制度；对于公路改建工程，应当实行招投标制度、工程监理制度和合同管理制度。

（4）对修复、增设、绿化等专项工程，应根据工程量，规模大小，分别按中修、大修和改建工程管理程序进行管理。

（5）公路养护工程施工时，施工单位应按照有关标准、规范的规定在养护工程施工路段设置标志，必要时还应安排专人进行管理和指挥，以确保养护工程实施路段的行车安全。车辆不能通行的路段必须修建临时便道或便桥，并做好便道、便桥的养护管理工作。

（6）对由于不可抗拒的自然灾害（如风、沙、雨、雪、洪水、地震等）破坏的公路、桥涵等设施，市（地）、县级公路管理机构要组织人员和设备及时进行抢修。公路管理机构难以及时恢复时，县级以上地方人民政府应当及时组织当地机关、团体、企业事业单位、城乡居民进行抢修，并可以请求当地驻军支援，尽快恢复交通。

（7）公路养护工作中应推广预防性养护工作。推广和应用新技术、新材料、新工艺、新设备，不断提高公路养护管理技术水平。

（8）对有关公路养护工程的计划、统计、审计、机械设备、设计文件、竣工档案等信息资料，应按相应的管理规定进行管理。

3.省级交通主管部门对公路养护的监督和管理一般包括哪些内容？

（1）公路养护工程项目的前期工作审核、审批；

（2）审批公路养护工程计划；

（3）审批分级管理范围内养护工程设计、重大变更设计和预算；

（4）按有关规定负责养护工程招投标的监督管理工作；

（5）按有关规定审批分级管理范围内养护工程开工报告；

（6）负责组织分级管理范围内养护工程验收；

（7）制定公路服务质量指标要求；

（8）制定养护工程建设管理有关规定；

（9）协调省管公路项目养护资金的及时拨付到位。

4.省级公路管理机构对公路养护工程的管理一般包括哪些方面？

（1）负责编制全省公路养护工程计划和公路服务质量指标；

（2）审批分级管理范围内养护工程设计、重大变更设计和预算；

（3）按有关规定审批分级管理范围内养护工程开工报告；

（4）负责养护工程投资管理，按养护工程进度及地方配套资金情况申请或监管省管养护资金的及时拨付；

（5）进行养护工程检查，协调解决施工中存在的问题；

（6）组织分级管理范围内养护工程验收工作。

5.县级以上人民政府交通主管部门对公路养护工程的监督和管理一般包括哪些内容？

（1）负责本行政区域公路管理机构管理范围内养护工程招投标的监督工作；

（2）负责本行政区域内公路养护工程的质量监督工作；

（3）进行养护工程检查，协调解决养护工程施工中存在的问题。

6.市（地）级公路管理机构对公路养护工程的管理一般包括哪些方面？

（1）编制和上报本市（地）公路养护工程计划；

（2）按有关规定负责本行政区的公路养护工程的具体组织管理工作；

（3）审批分级管理范围内保养工程的开工报告；

（4）负责养护工程地方协调工作；

（5）协助省级公路管理机构对养护工程进行投资管理和财务管理；

（6）协助施工企业、监理企业解决工程质量问题；

（7）负责组织分级管理范围内养护工程的验收工作。

7.经营性和非经营性高速公路公司（管理处）对养护工程的管理一般包括哪些方面？

（1）负责所辖公路的养护管理工作。

（2）严格执行部、厅有关公路养护管理标准和考核办法。结合实际制定公路养护管理办法、工作标准和工作程序，坚持规范化管理。

（3）建立和健全管辖范围内公路养护管理机构，合理配置技术管理人员，配足必要的养护专用检测设备；创新管理理念，激活用人机制，使养护管理工作高效运转，不断提高公路路况服务水平。

（4）负责编制公路养护计划。

（5）负责对公路养护管理工作进行定期检查考核，及时发现和纠正存在的问题。

（6）负责公路养护工程项目的中修、大修工程方案，预算的审核、审批或申报，负责组织实施或监督实施，并负责按有关规定进行养护工程招投标。

（7）申报养护工程设计、重大变更设计和预算。

（8）按有关规定进行所辖养护工程的建设管理，含养护工程施工、安全生产、质量等管理。

（9）负责组织人员对公路桥梁、隧道、边坡等工程的定期检查、特殊检查，并做好养护质量评定和维修保养考核工作。

（10）预防为主，防治结合，建立公路防汛抢险、除雪防滑等灾害性防治工作长效机制，制定工作预案，并负责组织实施。

（11）负责公路养护管理、技术等业务培训，信息资料的统计分析、档案整理归档工作；及时上报公路养护质量评定资料及其他上级要求的资料。

（12）积极推广应用新技术、新材料、新工艺、新设备，提高公路养护管理现代化水平。

（13）组织养护工程验收工作。

8.公路养护工程的资金来源于哪里？

公路养护工程资金主要来源于国家依法征集的公路养护资金、财政拨款、车辆通行费和国务院规定的其他筹资方式。公路养护工程资金，必须专项用于公路的养护和改建。做到专款专用，不得挪用和挤占。一般首先满足小修保养、中修、大修和预留抗灾、抢险费用的需要，再安排改建工程。

（1）非收费公路小修保养经费由省级公路管理机构根据所管养公路的行政等级、使用年限、技术等级、交通量和路况现状等因素，按照养护工程定额核定养护经费，实行定额计量管理。收费公路小修保养经费按有关规定执行。

（2）中修工程项目由市（地）级公路管理机构向省级公路管理机构提出建议计划和概算，省级公路管理机构审核汇总提出建议计划，报省级交通主管部门审批下达。

（3）大修工程项目由市（地）级公路管理机构向省级公路管理机构上报建议计划和概算，省级公路管理机构审核、汇总提出建议计划，报省级交通主管部门审批下达。

9.公路养护工程计划编制的基本要求是什么？

（1）公路养护工程计划由省级公路管理机构编制，报省级交通主管部门批准后执行。

（2）公路养护工程计划编制时应遵循"先重点后一般，先干线后支线"的原则。对于国省干线公路和具有重大政治、经济、国防意义的公路养护工程、抗灾抢险工程，要优先安排。

（3）公路管理机构在安排养护工程项目时，应参照公路路面和桥梁管理系统评定的结果，做到决策科学化。

（4）非收费公路中修工程计划由市（地）级公路管理机构向省级公路管理机构提出建议计划和概算，省级公路管理机构审核汇总后提出建议计划，报省级交通主管部门审批后下达。

（5）非收费公路大修工程计划由市（地）级公路管理机构向省级公路管理机构上报建议计划和概算，省级公路管理机构审核汇总后提出建议计划，并报省级交通主管部门审批后下达。

（6）经营企业经营的收费公路，其养护工程计划由经营企业编制并报省级公路管理机构核备。经营企业应根据《公路养护技术规范》的要求组织实施。

10.小修保养工程如何组织实施、管理控制和评定验收？

小修保养是对管养范围内的公路及其沿线设施经常进行维护保养和修补其轻微损坏部分的作业。

（1）小修保养由县级公路管理机构或省级公路管理机构设置的公路管理单位或委托的合同单位，根据上级公路管理机构下达的养护工程计划指标和要求，组织实施。

（2）小修保养要按照有关的公路养护技术规范、操作规程的规定组织实施。同时，要加强对路面、沿线设施及绿化等的养护管理工作，做到全面养护。

（3）公路小修保养的管理应实行检查、考核、评定、报告制度，具体办法由省级公路管理机构制定。各管养单位应建立各类管理台账、填写生产原始记录，严格实行成本核算。

一般地，省级公路管理机构组织公路养护质量检查或抽查；市（地）级公路管理机构实行"每季巡路检查，半年检查初评，年终检查总评"的小修保养检查评比制度；县（市）级公路管理机构执行"一月一查评，一季一评比，半年初评，年终总评"的公路小修保养质量检查评比制度。

（4）小修保养质量应严格按照有关检查评定标准的规定进行检查评定。对已实施GBM工程、文明样板路的路段，其养护质量应达到《国省干线GBM工程实施标准》和《国省干线公路文明建设样板路实施标准》的要求。

11.中修工程如何设计、组织实施、管理控制和评定验收？

中修工程是对公路及其沿线设施的一般性损坏部分进行定期的修理加固，以恢复公路原有技术状况的工程。

（1）列入计划的中修工程项目，应按有关规范、标准进行设计，编制预算。

（2）县级公路管理机构根据市（地）级公路管理机构批复的设计文件组织实施，严格按照有关标准和规范加强质量管理。市（地）级公路管理机构负责检查、监督和验收。

（3）项目完工后，市（地）级公路管理机构应及时组织验收，并将竣工验收资料报省级公路管理机构备案。省级公路管理机构应组织有关人员对其进行抽查。

12.大修工程如何设计、组织实施、管理控制和评定验收？

大修工程是对公路及其沿线设施的较大损坏进行周期性的综合修理，以全面恢复到原技术标准的工程项目。

（1）大修工程项目，市（地）级公路管理机构应委托具有相应资质的设计单位进行勘察设计，并按照有关规范和标准编制设计文件，报省级公路管理机构审批。

（2）大修工程项目由市（地）级公路管理机构组织实施，并要逐步通过招标，投标选择养护施工单位。

（3）大修工程应严格按照有关的施工规范、标准和操作规程进行施工，并要逐步推行工程监理制度。维持正常的施工秩序，认真做好施工记录，建立完整、可信的技术档案。

（4）省级公路管理机构应加强对大修工程的监督和检查，并根据工程进度及时核拨工程资金。

（5）大修工程完工后，市（地）级公路管理机构应依据合同文本组织有关人员对其进行初验，并向省级公路管理机构提交竣工验收申请。省级公路管理机构应及时组织有关单位和人员对工程进行竣工验收。

13.改建工程如何设计、组织实施、管理控制和评定验收？

改建工程是对公路及其沿线设施因不适应现有交通量增长和载重需要而提高技术等级指标，显著提高其通行能力的较大工程项目。

（1）省级公路管理机构应根据本辖区路网的总体规划、现有公路的技术状况、通行能力和国民经济发展等的需要，研究提出本辖区的路网改建计划，报省级交通主管部门审批。

（2）国省干线改建工程项目，由省级公路管理机构组织实施；县道改建工程项目，由市（地）级公路管理机构组织实施。

（3）改建工程项目的设计、施工和监理，应实行招投标制度。对于资质、信誉、技术状况等不符合要求的设计，施工和监理单位，不得参加投标。中标的施工单位不得违法转包与分包。

（4）改建工程项目的质量管理应按照《公路工程质量管理办法》的规定执行。

（5）已经批准的改建工程项目，其建设规模、技术标准、路线走向、设计概算等需要变更时，必须报经原批准机关批准。

（6）改建工程项目竣工后，负责组织实施的公路管理机构应根据《公路工程竣工验收办法》的规定，组织初验。初验合格后，要按照竣工验收的有关要求准备竣工验收的各类资料，并向竣工验收的主持单位提交竣工验收申请报告。竣工验收主持单位应按照国家有关规定组织验收。

第三节　公路养护设备及管理

1.公路日常养护机械设备有哪些？

公路日常养护作业常用到的机械设备有：路面清扫车（清扫宽度 2~3 m）、真空吸扫车、多功能洒水车（5000~10000 L，能洒水浇树、喷药、清洗标志等）、割灌除草机（30cm²/s，≥1.8 kW、背携式）、绿篱机、油锯、高枝剪、防撞护栏清洗机、多功能养护机（≥26 kW，可换装挖掘、挖护坑、挖沟等养护作业装置）、公路巡查车（3~6 座）等。

2.公路养护作业中用于交通安全设施维修的机械设备有哪些？

公路交通安全设施维修养护作业常用的机械设备包括：路面画线机（线宽 80~300 mm，热熔或冷喷式）、路面除线机（线宽 80~300 mm）、高空作业车（举升高度 10~12 m，可用于构造物、沿线设施、行道树养护用）、护栏打桩机（打桩力≥20 kN，用于安装护栏立柱）、护栏拔桩机（用于拔护栏立柱）、护栏板校正机等。

3.用于除雪清方排障抢险的公路养护机械设备有哪些?

公路养护中,用于除雪清方排障抢险的机械设备主要有:除雪撒布机(除雪宽度 1.5~3.5m,撒布宽度≥6 m,撒布量≥50 g/cm²,用于推雪除冰,撒防结防滑剂)、装载机 (或推土机,一般斗容量宜为 3~5 t,清塌方、推雪用)、挖掘机(斗容≥0.8 m³)、道路 清障车(起吊 5 t,拖力 20 t)、事故抢险车、移动标志车、移动式现场照明设施(照明范 围≥200 m,用于夜间抢险及施工)、水泵(扬程≥25 m,吸程≥6 m,用于排水抗洪)等。

4.公路路面养护作业常用的维修机械设备有哪些?

公路路面养护常用的机械设备包括三种。

(1)通用机械设备:路面破碎机(液压或气压破碎装置)、路面切割机(用于规范 化修补切割)、吹风机(用于坑洞及伸缩缝清理)、路面铣刨机(宽度 0.5~2 m)、清缝 机、灌缝机、路缘石成形机(250 mm×250 mm)等。

(2)沥青路面养护机械设备:沥青洒布机(500~2000 L)、沥青洒布车(≥2000 L)、 稀浆封层车(厚度 3~12 mm)、沥青路面综合养护车(用于路面预防性养护,具有路面破 碎、沥青洒布、拌和、压实等功能)、沥青路面加热机(加热面积 0.5~2 m²)、沥青路面 热再生修补车(加热面积 0.5~4 m²,用于路面热铣或铲油包)、沥青路面就地热再生机组、 沥青料就地冷再生机组、沥青混凝土摊铺机(摊铺宽度 4.5~9 m)、石屑撒布机(车)等。

(3)水泥混凝土路面养护机械设备:水泥混凝土摊铺机、水泥混凝土摊铺整平 机、真空吸水机(真空度≥97%)、振捣器(1.1 kW)、抹平机(叶片直径 800 mm)、 切缝机(刀宽 2.5~6 mm)、路面凿毛机、砂浆灌注机(包括钻孔机械、压浆泵等)、水泥 路面破碎机(水泥路面破碎)、多锤头破碎机或共振破碎机(水泥路面破碎压实)、冲击 式压实机(水泥路面破碎压实)、回砂机(宽度 1.8~3 m)、撒砂机(宽度 1.5~2 m)、扫 浆机(宽度 1.5~2 m)等。

5.公路路基养护维修常用的机械设备有哪些?

公路路基养护维修常用的机械设备包括:推土机(>56 kW)、挖掘机(斗容量≥0.8 m³)、 挖掘装载机(≥0.6 m³)、平地机(≥100 kW)、稳定土摊铺机(最大宽度 4.5~9 m),稳 定土路拌机(宽度 2 m)、涵洞清淤机(车)等。

6.公路养护中用于压实的机械有哪些?

公路养护中用于压实的常用机械有:平板振动夯和冲击夯(100~200 kg,用于日常修 补)、手扶振动压路机(≤2 t,用于日常修补)、静碾压路机(≤10 t,用于日常修补)、 双钢轮振动压路机(8 t,用于日常修补)、双钢轮振动压路机(≥9 t,用于路面压实)、 轮胎压路机(16~25 t,用于路基路面压实)、单钢轮压路机(14~28 t,用于路基压实)。

7.公路养护维修作业常用的装运设备有哪些?

公路养护维修作业常用的装运设备有：拖拉机或家用运输车（0.5~1.5 t）、皮卡（0.5~1 t）、轻型货车（1~4.5 t）、自卸汽车（1.5~15 t）、平板拖车（10~30 t）、装载机（斗容量 3~5 t）、沥青运输油罐车（5~10 t）、汽车起重机（10~30 t）等。

8.公路桥隧养护常用的机械设备有哪些？

公路桥隧养护常用的机械设备有：钢筋加工机械（加工直径 6~40 mm，具有切断、调直、弯曲等功能）、钢筋对焊机、喷漆机械、吊装设备（起重能力 5~30 t）、水泥混凝土泵（或车，10~15 m³/h）、混凝土喷射机（排量 2~6 m³/h）、压浆设备（压力>10 MPa）、隧道清洗机（或车，5 MPa，50 L/min）等。

9.公路养护中常用的材料准备及材料生产设备有哪些？

公路养护中常用的材料准备及材料生产设备有：沥青储存加温设备（300~2000 t）、沥青储存加温罐（50 t）、沥青混合料搅拌站（强制拌和，≥40 t/h，承担薄层罩面或面层翻修的宜配 140~160 t/h）、沥青混合料拌和机（10~30 t/h）、沥青混凝土热再生拌和设备（>3 t/h）、沥青混凝土冷再生拌和设备（>3 t/h）、稳定土厂拌设备（≥200 t/h）、水泥混凝土拌和站（强制拌和，30 m³/h）、水泥混凝土拌和机（10~25 m³/h）、砂浆拌和机（7~12 m³/h）、凿岩机（钻孔深 3~9 m）、碎石机械（8~10 m³/h）、地磅（10~40 t）、皮带运输机（带宽 500~800 m）、卷扬机（3~5 t）、发电机组（50~200 kW）等。

10.路面清扫车分为哪几类？有哪些性能参数？

路面清扫车是配有扫刷等清扫系统的专用车辆，是集路面清扫，垃圾回收和运输于一体的高效清扫设备。主要用于高速公路路面及生活区的日常养护和清扫。路面清扫车分为纯扫式路面清扫车、纯吸式路面清扫车、吸扫式路面清扫车三类。

纯扫式路面清扫车是单纯依靠扫刷清除、垃圾容器收集和运送路面垃圾尘土等污物的清扫车；纯吸式路面清扫车是单纯依靠真空气动输送设备清除、收集和运送路面垃圾尘土等污物的清扫车；吸扫式路面清扫车是依靠机械清扫和真空气动输送设备相结合的方式，清除、收集和运送路面垃圾尘土等污物的清扫车。

路面清扫车的性能参数有：清扫宽度、清扫效率、清扫速度、清扫能力、额定装载质量、垃圾容器有效容积、最大吸入粒度等。

11.多功能养护机的工作原理是什么？

多功能养护机的工作原理是以中小型机械通用底盘为主机（基础车），操作与控制系统采用积木式模块结构并以全液压方式传动，其功能的增减通过液压集成块的增减实现，作业机具则通过快速液压接头实现连接。具体配置时，可根据实际情况选择其中若干项目做相应的配置。

12.沥青路面综合养护车一般由哪几部分组成？分为哪些类型？可实现哪些养护

功能？

沥青路面综合养护车主要由烘干滚筒、料斗提升机、强制搅拌机、沥青计量桶、小型旋风炉、卸料机构、通风除尘设备、电控部分、沥青箱、磨煤喷粉机、发电机组、汽车底盘，底架及路面破碎机构等组成。

沥青路面综合养护车按汽车底盘载重量可将修补车分为大、中、小三种类型。大于 5 t 为大型，3~5 t 为中型，小于 3 t 为小型。按行驶方式分为自行式和拖式两种。按传动方式分为机械传动式、液压传动式、气压传动式、电传动式、综合传动式五种。

沥青路面综合养护车是一种对沥青路面进行综合性维修和保养的养护机械。它可完成路面破碎挖掘、路面碾压、搅拌沥青混合料、旧油层再生利用、加热沥青、工场材料转运、为其他养护机具提供电源、公路检查巡视等多项作业和工序。

13.路面铣削机一般由哪些部件组成？主要分为哪几类？有什么功能？

路面铣削机一般由发动机、底盘、铣削转子、洒水装置、集料输送装置、液压系统等组成。铣削机可根据铣削型式、结构特点、转子宽度进行分类。

（1）根据铣削型式可分为冷铣式和热铣式两种。冷铣式使用较为普遍，热铣式由于加装了加热装置而使结构较为复杂，一般用于路面再生作业。另外，按铣削转子的旋向可分为顺铣式和逆铣式两种，转子的旋向与行走方向相同为顺铣式，反之则为逆铣式。

（2）根据结构特点可分为四轮式和履带式两种。四轮式机动性好，用于中小型路面铣削机；履带式用于铣削宽度在 2m 以上的大型机，适用于大面积再生工程等。按铣削转子的位置可分为后悬式、中悬式和后桥同轴式。后悬式即铣削转子悬挂于后桥的尾部，中悬式即铣削转子在前后桥之间，后桥同轴式即铣削转子与后桥同轴布置。

（3）根据转子的宽度可分为小型、中型和大型三种。小型机铣削宽度在 300~800 mm，整机功率 25~70 kW，转子的传动方式一般为机械式；中型机铣削宽度在 1000~2000 mm，整机功率 80~180 kW，转子的传动方式多为液压式；大型机铣削宽度在 2000 mm 以上。

路面铣削机是沥青路面养护施工机械的主要机种之一，主要用于沥青混凝土面层的开挖翻修，可以高效地清除路面壅包、波浪、网纹、车辙等，亦可开挖路面坑槽及沟槽，还可用于水泥路面的拉毛及面层错台的铣平。由于该种设备工作效率高，施工工艺简单，铣削深度易于控制，操作方便灵活，机动性能好，铣削的旧料能直接回收利用，因而被广泛地应用于沥青路面的维修翻新养护施工。

14.路面加热机由哪几部分构成？常用的有哪几类？

路面加热机主要由燃烧系统、加热装置、燃料罐、液压系统、动力及传动系统、基础车等组成。它必须具有热效率高，加热温度可调节，足够的加热能力，路面的加热温度能满足施工要求，尽量不使沥青变质，有较高的经济性，有完善的安全保护系统等功能。路面加热机的分类如下。

（1）按结构不同可分为集中燃烧式和分散燃烧式。

热风循环式是典型的集中燃烧式加热机，它采用一个大容量的燃烧器并与加热装置分开，设有通风管道和箱罩。燃烧器燃烧产生的热量从通风管送到加热箱罩内均匀地加热路面。集中燃烧式加热温度控制方便，加热宽度通过液压伸缩装置控制加热箱罩的不同位置来调节。

分散燃烧式加热装置由若干加热箱组成，每个加热箱内装有多个（10~100个）小容量燃烧器，直接加热路面。它结构简单，热量损失小，但不便于实现自动控制，加热宽度的调节采用拆去部分加热箱或折叠式结构来实现。

（2）按燃料及加热方式的不同可分为红外线辐射式[燃料 LPG（液化石油气）]、热风循环式和红外线热风并用式（燃料煤油）。

红外线辐射式加热器是由 LPG 在金属网附近燃烧，加热金属，产生红外线辐射到路面上进行加热。它具有加热均匀，热效率高等优点，但要求有较完善的安全防火防爆措施。

热风循环式加热器由煤油燃烧器燃烧产生的热风通过加热装置板上的许多风嘴，高速喷射加热路面。抽风机把加热后的余气送回到燃烧室再次加热，循环使用。由于热风循环使用，热效率高，节省燃料，还可以通过温度传感器，在热风发生装置的出口处检测热风的温度，实现微机自动控制燃烧量。因而便于根据路面加热温度的要求，设定燃烧量，控制范围较广。

红外线热风并用式加热器根据形状的不同又可分为圆筒形热反射板式和扁平框架式。圆筒形热反射板式是将燃烧器燃烧的高温火焰吹到圆筒周围产生红外线，并通过顶部的反射板反射到路面上，对路面进行加热。加热能力可通过调节燃烧器的压力及更换喷嘴进行调整，调整范围比热风循环式小。由于加热器箱罩内压力高，可防止冷空气的侵入，热风的排风量大。扁平框架式加热器是通过燃烧的火焰散射在孔状的波纹板面上，应用热辐射和对流的原理对路面进行加热。此结构受热面积大，热辐射的效果好。加热能力可通过调节压力进行控制，调节范围比热风循环式大。内部热风压力高，可防止冷空气侵入，增大排气量。

15.沥青路面就地热再生机的分类、结构原理和组成分别是什么？

沥青路面就地热再生机按施工工艺的不同可分为复拌机和重铺机。

复拌机主要由新混合料供给装置、翻松装置、新旧混合料搅拌装置、再生混合料摊铺装置、行走装置、动力及其传动装置等组成。作业时复拌机与加热机保持一定的距离跟在其后，运料卡车把新混合料卸在接料斗中，复拌机在行进过程中把混合料收集到中央，随后进入搅拌器与新混合料拌和成再生混合料，经熨平、压实后，形成路面面层。

重铺机主要由新混合料供给装置、翻松装置、旧混合料摊铺装置、新混合料摊铺装置、行走装置、动力及其传动装置等组成。

复拌机与重铺机在整体结构及施工工艺上差别不大，只是复拌机设置了搅拌装置，而重铺机设置了两组熨平装置。目前一般复拌机都具有复拌、重铺两种功能。

16.沥青料就地冷再生机的组成和工作原理是什么？

就地冷再生机是沥青路面冷再生施工中的主要设备，一般由动力系统、传动系统、工作装置、喷洒系统和操纵控制系统组成。冷再生机的核心是装有大量专用刀头的铣刨和拌和转子。

冷再生机向前行进时，转子向上旋转铣刨原路面材料，同时，水通过软管从就地冷再生机连接的水车中输送过来，并在再生机的拌和仓中喷洒。水的输送量通过微处理器控制的泵送系统精确控制，以达到需要的最佳含水量。

铣刨转子将水与铣刨料充分拌和。液体稳定剂，例如，热沥青（冷再生机自带泡沫沥青发泡装置，可将热沥青加热到160~180℃，与少量水混合发泡）可通过专门设计的喷洒嘴被喷洒到拌和腔；粉状稳定剂（如水泥）需按设计添加量事先洒布在再生机前的路面上，再生机将粉状稳定剂与再生料和水一次性拌和。如遇再生层原级配不良的情况，可在再生前将所缺少的部分集料洒布在路面上，通过与旧料拌和来改善原路面材料的级配。

17.养护机械设备管理的任务和原则是什么？

设备管理的主要任务是按照国家有关规定对设备的装备规划、选购、安装、调试、使用、经营、维护、修理、改造、更新及报废等实行全过程的综合管理，保持设备的完好，改善和提高装备水平和人员素质，促进机械资源的有效利用和优化配置，充分发挥设备效能。

设备管理应坚持购置与使用相结合，日常维护与计划检修相结合，修理、改造与更新相结合，技术管理与经济管理相结合的原则。应从生产实际出发，加强设备管理，不断提高设备管理水平。

18.养护机械设备的技术档案一般包括哪些内容？

（1）原始文件。包括使用保养说明书、零件目录、图纸、出厂合格证、设计资料等。

（2）机械附属装置、随机工具、备品登记表及变更记录。

（3）机械技术鉴定试运转记录、修理记录及改装的批件图纸资料等。

（4）机械运行、保养及消耗汇总记录、更换设备（轮胎、钢丝绳、蓄电池等）及主要总成件更换记录。

（5）机械技术等级评定及事故记录资料。

（6）机械履历簿。

19.养护机械使用的原则有哪些?

（1）机械必须按规定性能使用，严禁不合理使用机械。机械使用的燃料、润滑油必须符合规定的品牌;严禁超负荷使用;严禁任意拆卸及加装非合理工作装置及其结构形式。

（2）机械使用时，要保证人身及机械的安全。凡机械设备的直接操作者，必须经过正规培训，了解设备的技术性能及操作规程并取得上岗证后方可上机操作。

（3）机械使用时，必须按保养规程按时进行保养。机械在使用时，机手要认真填写运转记录，为以后维修保养及成本核算提供原始数据。

（4）机械的使用，必须贯彻人机固定的原则，各种机械都要严格实行定人、定机、定操作规程等管理制度。主要机械实行专机专人制，多人操作的机械实行机长负责制，对于多班作业的机械，必须认真执行交接班制度。

（5）机械操作人员必须听从施工人员的指挥，正确操作，保证作业质量，做好施工配合，及时完成任务。对于施工人员违反安全操作规程和可能引起危险事故的指挥，操作人员有权拒绝执行。

20.对处于走合期的养护机械设备使用时有哪些基本要求?

（1）走合期一般规定为 60~100 h，汽车为 1000 km。

（2）减少负荷 20%~30%，汽车行驶速度不超过 30~40 km/h。在工地上工作时，不超过 20 km/h，不得拖带挂车。

（3）应经常注意检查机械各部运转情况和工作温度，发现不正常情况，应查明原因，及时清除。

（4）在走合期内不得拆除限速器。

（5）按说明书规定加注润滑油。经常注意各连接部分的松紧和磨损情况，随时紧固调整。

（6）走合期完毕后，应进行一次全面检查保养或更换发动机各滤清器，并更换润滑油。

21.养护机械设备的例保及三级保养主要工作内容有哪些?

（1）例行保养：在机械开工前，班内工作暂停期以及一般工作结束后进行检查保养。主要检查要害部位和工作情况、关键部位的紧固情况以及有无漏油、水、气、电等情况，必要时加添燃料、润滑油脂和冷却水，以确保机械的正常运行和安全生产。例行保养由操作人员按规定执行。

（2）一级保养：主要在于维护机械完好技术状况，确保两次"一保"间隔期的正常运行。"一保"时普遍进行清洁、紧固和润滑作业并部分地进行调查和加添润滑油脂，清洗各滤清器。

（3）二级保养：主要在于保持机械各个总成、机构、零件具有良好的工作性能，确保两次"二保"间隔期的正常运行。"二保"以检查调整为中心，除进行"一保"的全部内容外，还要从外部检查发动机、燃料系、润滑系、离合器、变速箱、传动轴、主减速器、转向和制动机构、液压和工作装置、电动机、发电机等工作情况，必要时进行调整，并排除所发现的故障。

（4）三级保养：主要在机械经过较长时间的运行后，除进行必要的保养外，重点进行较彻底的检查，发现和消除隐患，确保机械在两次"三保"间隔期的正常运行。"三保"以解体检查、消除隐患为中心。除进行二级保养的全部作业内容外，还应对主要部分进行解体检查，发现隐患及时消除。但是，"三保"的解体与大、中修的解体不同，"三保"时只打开有关总成的箱盖，检查内容零件的紧固、间隙和磨损等情况，以发现和消除隐患为目的，按保养范围的作业内容进行，不大拆大卸。

（5）大中型机械：一级保养 200 h，二级保养 600 h，三级保养 1800 h。小型机械：一级保养 600 h，二级保养 1200 h。各类进口机械；例行保养 8 h，一级保养 250 h，二级保养 1000 h，三级保养 2000 h。

22.养护机械设备有哪些特殊保养？主要保养哪些方面？

特殊保养包括停放保养、走合期保养、换季保养和转移前保养等，是在特定情况下进行的保养。

（1）停放保养：指停放及封存机械的保养，重点是清洁、防腐，每月最少一次。内燃机应定期发动，在特别潮湿的情况下，每半月发动一次。停放保养由操作人员进行，库存机械由管理部门指定保修人员进行保养。

（2）走合期保养：指机械在走合期内和走合期完毕后的保养。必须加强检查，选用优质润滑油和提前更换润滑油。

（3）换季保养：指进入夏季或冬季前的保养。主要是更换润滑油料、调整蓄电池电解液比重、采取降温或防寒措施、清洗冷却系等。

（4）转移前保养：根据施工特点，在一工程用完后，虽未到规定的保养周期，但为使机械能迅速投入新的施工生产而进行的保养。作业项目除按二级或三级保养进行外，可增加防腐及喷漆等项目。

23.养护机械设备的安全使用有什么基本要求？

（1）严格遵守安全操作规程，不得超载、超重、超压、超速使用机械，不得擅离工作岗位。

（2）施工中正确操作机械，对违反机械性能、安全操作规程和可能引起危险事故的指挥，操作人员有权拒绝执行，并立即向机械管理主管报告。

（3）搞好文明生产，保障机械和工作场所的整齐清洁，从事危险作业的区域，应有明显标志和安全措施。

（4）随时注意熄灭火种，在禁止烟火处，不准用明火。

（5）随时注意机器的仪表、公路上的信号灯和各种标志。

（6）按规定穿戴安全防护用具。

（7）作业场地的地面和周围环境应能保证机械安全工作，在路上作业的车辆，必须挂有明显的标志，以提醒其他行驶车辆避让且安全通过。

（8）高速公路上作业的车辆，严禁在中间隔离带、紧急出口掉头。

第四节　公路技术状况评价

1.公路技术状况评价指标体系包括哪些指标？

公路技术状况评价包含路面、路基、桥隧构造物和沿线设施四部分内容。公路技术状况用公路技术状况指数（Maintenance Quality Indicator，MQI）和相应分项指标表示。各指标值域均为0~100。

分项指标包括：路面使用性能指数（Pavement Quality or Performance Index，PQI）；路基技术状况指数（Subgrade Condition Index，SCI）；桥隧构造物技术状况指数（Bridge, Tunnel and Culvert Condition Index，BCI）；沿线设施技术状况指数（Traffic-facility Condition Index，TCI）。其中路面使用性能指数 PQI 由路面损坏状况指数（Pavement Surface Condition Index，PCI）、路面行驶质量指数（Riding Quality Index，RQI）、路面车辙深度指数 RD（Rutting Depth Index）、路面抗滑性能指数（Skidding Resistance Index，SRI）、路面结构强度指数（Pavement Structure Strength Index，PSSI）构成。

2.路面损坏状况指数（PCI）如何计算？

路面损坏用路面损坏状况指数（PCI）评价，PCI按下式计算

$$PCI = 100 - a_0 DR^{a_i}$$

$$DR = 100 \times \frac{\sum_{i=1}^{i_0} \omega_i A_i}{A}$$

式中：

DR——路面破损率，为各种损坏的折合损坏面积之和与路面调查面积的百分比（%）；

A_i——第 i 类路面损坏的面积（m²）；

A——调查的路面面积（调查长度与有效路面宽度之积）（m²）；

ω_i——第 i 类路面损坏的权重；

a_0——沥青路面采用 15.00，水泥混凝土路面采用 10.66，砂石路面采用 10.10；

a_i——沥青路面采用 0.412，水泥混凝土路面采用 0.461，砂石路面采用 0.487；

i——考虑损坏程度（轻、中、重）的第 i 类路面损坏类型；

i_0——包含损坏程度（轻、中、重）的损坏类型总数，沥青路面取 21，水泥混凝土路面取 20，砂石路面取 6。

3.路面平整度评价指标路面行驶质量（RQI）如何计算？

路面平整度用路面行驶质量指数（RQI）评价，按下式计算

$$RQI = \frac{100}{1 + a_0 e^{a_1^{IRI}}}$$

式中：

IRI——国际平整度指数，指模拟标准车在 80km/h 速度条件下，车身悬架的总位移（单位为 m）与行驶距离（单位为 km）之比；

a_0——高速公路和一级公路采用 0.026，其他等级公路采用 0.0185；

a_1——高速公路和一级公路采用 0.65，其他等级公路采用 0.58。

4.路面结构强度指数（$PSSI$）如何计算？

路面结构强度用路面结构强度指数（$PSSI$）评价，按下式计算

$$PSSI = \frac{100}{1 + a_0 e^{a_1^{SSI}}}$$

$$SSI = \frac{l_d}{l_0}$$

式中：

SSI——路面结构强度系数，为路面设计弯沉与实测代表弯沉之比；

l_d——路面设计弯沉（mm）；

l_0——实测代表弯沉（mm）；

a_0——模型参数，采用 15.71；

a_1——模型参数，采用 5.19。

5.路段、路线 MQI 如何评定？

（1）MQI 的基本评定单元是长度为 1000 m 的路段。在路面类型、交通量、路面宽度和养管单位变化处，评定单元不受此限制，但评定路段长度不应超过 2000 m。MQI 评定路段长度的确定应与路面管理系统（CPMS）的管理路段划分结合起来。

（2）路段 MQI 计算时，对非整公里的路段，除 PQI 外，SCI、BCI 和 TCI 三项指标的

实际扣分均应换算成整公里值（扣分 X 基本评定单元长度/实际路段长度）。桥隧构造物评价结果（BCI）计入桥隧构造物所属路段。

（3）存在五类桥梁、危险隧道、危险涵洞的路段，$MQI=0$。

（4）路线技术状况评定时，应采用路线所包含的所有路段 MQI 算术平均值作为该路线的 MQI 值。

第八章　路基与沿线设施养护

第一节　路基技术状况的检测与调查

1.路基损坏类型分为哪几类？

路基的损坏类型分为：路肩边沟不洁、路肩损坏、边坡坍塌、水毁冲沟、路基构造物损坏、路缘石缺损、路基沉降、排水系统淤塞。除路肩边沟不洁外，其他损坏都分成 2~3 种严重程度等级。

2.路肩边沟指什么部位？路肩边沟不洁指什么？如何分级？它对公路有什么影响？

路肩边沟包括土路肩、硬路肩、紧急停车带、路基边坡、排水沟等部分。

路肩边沟不洁指路肩及边沟部位有杂物、油渍、垃圾或堆积物等。路肩边沟不洁不分轻重。

路肩边沟不洁一方面会影响公路的美观，另一方面路肩部位的杂物垃圾如被风吹至路面或空中对行车安全造成一定的威胁。路肩部位的油渍如不及时清理，会对路肩造成腐蚀，损坏路肩。

3.路肩边沟不洁如何计量？

路肩边沟不洁的计量按行车方向的长度计算，以 m 为单位，不足 1m 按 1 m 计。丈量长度时可用皮尺进行准确测量，也可用其他方式，如步子丈量或利用公路上其他标准长度参照物目测估计。

4.什么是路肩？有什么功能？

路肩是路基基本构造的组成部分，由外侧路缘带、硬路肩、保护性土路肩组成，其功能有以下几种。

（1）保护路面边缘，加强路肩整体的稳定性。

（2）停置临时发生故障的车辆。

（3）提供侧向余宽、显示行车道外侧边缘、引导视线、增加行车的安全舒适性；增加挖方弯道地段的视距。

（4）为设置路上设施（标志、防护栅等）或埋设地下管线及养护作业提供场地。

5.路肩损坏指什么？产生的原因有哪些？

路肩损坏是指砂石路肩、硬路肩或紧急停车带表面出现各种损坏，如坑槽、裂缝、松散等。砂石路肩损坏主要指路肩出现的沉陷、坑槽和露骨等。排水不畅、雨水冲刷、施工或材料不良、外力作用等是造成路肩损坏的主要原因。此外，汽车在紧急停车带进行检查修理时往往也会给路肩留下千斤坑迹及油污，形成路肩坑槽等损坏。

6.路肩损坏如何计量？

沥青路肩和水泥路肩的损坏分别参照沥青路面和水泥路面的损坏形式进行识别，砂石路肩的损坏参照砂石路面损坏类型中的沉陷、坑槽和露骨进行识别。路肩损坏的测量同路面损坏，根据不同的损坏类型按长度或面积进行丈量或记录。与路面损坏不同，路肩损坏不分类统计，而是将所有形式的损坏按面积累加，以 m^2 为计量单位，累计面积不足 1 m^2 按 1 m^2 计。路肩损坏分为轻、重两个等级，其中按路面损坏分类标准为轻和中的损坏都归为轻度路肩损坏，砂石路面损坏按轻度处理。按路面损坏分类标准为重度损坏的在路肩损坏中也归为重度。

7.边坡坍塌指什么？产生的主要原因是什么？如何进行计量？

边坡坍塌是指路堑边坡发生岩石塌落、缺口、冲沟、沉陷、塌方等。边坡设计坡度过大、切坡过多、岩石风化、洪水冲刷、春溶等是引起边坡坍塌的主要原因。

边坡坍塌按处进行记录和统计。根据坍塌边坡的长度将损坏程度分为轻、中和重三个等级，其中坍塌长度小于等于 5 m 的计为轻度损坏，坍塌长度 5~10 m 的计为中度损坏，坍塌长度大于 10 m 的计为重度损坏。边坡坍塌的长度按沿行车方向的长度实地丈量或目测估计。

8.水毁冲沟指什么？产生的主要原因是什么？如何进行计量？

水毁冲沟是指填方路段的边坡出现冲沟、缺口、沉陷等损坏。水毁冲沟损坏会严重影响路基的稳定性。高填方路基设计时未按要求进行高路堤稳定性验算、路基压实不够、工程地质不良、路基填料土质差、路基排水不畅或缺乏防护等都会造成水毁冲沟损坏。

水毁冲沟损坏按处进行记录和统计。按冲沟的深度将损坏分为轻、中和重三个等级，其中冲沟深度小于等于 0.2 m 的计为轻度损坏，冲沟深度 0.2~0.5 m 的计为中度损坏，冲沟深度大于 0.5 m 的计为重度损坏。测量冲沟深度时用直尺架在冲沟两侧，然后测定直尺与冲沟底部的最大距离。

9.路基构造物损坏指什么？产生的主要原因是什么？如何进行计量？

路基构造物损坏指路肩边坡挡墙等圬工砌体出现断裂、沉陷、倾斜、局部坍塌、松动、较大面积勾缝脱落等。路基本身不稳定或构造物施工不良是造成路基构造物损坏的主要原因。

路基构造物损坏以处为计量单位。按损坏长度分为轻、中和重三个等级，其中损坏长度小于等于 5 m 的计为轻度损坏，损坏长度 5~10 m 的计为中度损坏，损坏长度大于 10 m 的计为重度损坏。路基构造物损坏的长度按损坏沿行车方向的长度实地丈量或目测估计。

10.路缘石缺损指什么？如何进行计量？

路缘石包括中央分隔带、路肩边缘和挡水缘石。路缘石缺损指路缘石损坏或缺少。路缘石损坏按长度测量和统计，以 m 为单位。损坏不分轻重。测量时按损坏沿行车方向的长度进行实地丈量或目测估计。

11.路基沉降指什么？如何计量？

路基沉降指路基出现深度大于 30 mm 的整体下沉。路基沉降易发生在高填方路段，路基施工时压实不足、填筑方案不合理是造成路基沉降的主要原因。

路基沉降损坏以处为单位进行记录和统计。按路基沉降的长度分为轻、中和重三个等级，其中损坏长度小于等于 5 m 的计为轻度损坏，损坏长度 5~10 m 的计为中度损坏，损坏长度大于 10 m 的计为重度损坏。损坏长度按沉降部分沿行车方向的长度实地丈量或目测估计。

12.排水系统淤塞指什么？如何进行计量？

路基排水系统包括边沟、排水沟、截水沟及暗沟等。排水系统淤塞指各种排水设施发生淤积或堵塞。排水系统淤塞导致路面或路基水无法及时排出，会加剧水对公路的损坏。沟内杂草未能及时清除，或有垃圾、碎砾石、土等堆积，是造成排水系统淤塞的主要原因。

按淤积程度及排水情况将损坏分为轻度和重度，并采用不同的计量方法。对排水系统发生淤积，但仍可排水，只是过水面积减小的情况，计为轻度损坏；对排水系统发生全截面堵塞，无法排水的情况，计为重度损坏，以处为计量单位。轻度损坏按长度计量，以 m 为单位，按发生淤积的边沟长度实地丈量或目测估计；重度损坏按处记录和统计。

第二节　路基养护的要求与方法

1.公路路基养护的基本要求是什么？

（1）路基养护应根据公路所在地区的气候特点、地理、地质条件，加强预防性养护，采取相应的技术措施，防治各种病害。

（2）通过日常巡查，发现病害及时处治，保持良好稳定的技术状况。

（3）路肩无病害，边坡稳定。

（4）排水设施无淤塞、无损坏，排水畅通。

（5）挡土墙等附属设施良好。

（6）加强不良地质路基边坡崩塌、滑坡、泥石流等灾（病）害的巡查、防治、抢修工作。

2.公路路肩与边坡养护应达到什么要求？

（1）公路路肩应保持平整、坚实、横坡适顺、排水顺畅。土路肩或草皮路肩的横坡应略大于路面横坡，硬路肩与路面同坡。硬路肩产生病害应参照同类型路面病害处治。

（2）路基边坡应保持平顺、坚实。如遇有缺口、坍塌、高边坡碎落、侧滑等病害，应分别针对具体情况采取相应的加固整修措施。

3.公路路肩的养护方法有哪些？

（1）当路肩上（建筑限界内）存在栽植乔木或设置附属设施（如标志、标牌等）时，在养护中应逐步消除此类情况，保障公路建筑限界空间不受侵占。对于养路材料，应在路肩外设置堆料台堆放。

（2）对土路肩可种植草皮或利用天然草加固路肩。种植草皮应选择适宜当地土质、易于成活和生长的草类。采用铺草皮或利用天然草加固土路肩时，草皮或天然草应定期修剪，草高不宜超过150 mm，以利于排水，并保持路容美观。

4.公路边坡的养护方法有哪些？

边坡发生病害，应采取相应的技术措施维修和加固。为使边坡状况尽可能与周边自然景观相协调，在有条件的路段应优先采取植物防护坡面技术，如种植灌木，铺草皮或种植香根草。也可采用"液压喷播""客土喷播""岩质坡面喷混植生技术"等技术措施。

（1）"液压喷播"是利用液态播种原理，先将植物种子（草种、花种或树种）或植物体的一部分（芽、根、茎等可发芽萌生的部分），经科学处理后混入水中，并配以一定比例的专用配料（如肥料、纸浆、黏合剂、保水剂、土壤改良剂等），通过喷播机搅拌，利用高压泵体的作用，喷播在公路路基坡面，促使其生长而形成坡面植被的技术措施。

（2）"客土喷播"技术主要应用于稳定的砂，砾质以及风化岩质边坡坡面。将植物种子、保水材料（高吸水树脂）、稳定材料（水泥和合成树脂类土壤稳定剂）、疏松材料（木糠、谷壳等）、客土和肥料等，经科学配方和混合，通过压缩空气喷于坡面，经过良好养护，生长成植被。

（3）"岩质坡面喷混植生技术"是对裸露的岩质边坡，利用人工配制的有机植物生长基材，配以黏结剂、固网技术，喷射于坡面，使这层适合于植物生长的有机物料紧贴坡面。通过成孔物质的合理配置，使种植基土壤固体、气体、液体三相物质处于平衡状态，创造草类与灌木的良好生长环境。再选用草、灌、藤等种子混合配方，进行液态喷播，以得到石质坡面生态复合功能。

（4）对于土质（或高度风化）路基边坡，河（湖）滩、河（湖）岸、常年受水淹和风浪侵袭的路堤边坡，以及经常有浮石坠落或土块坍落的路堑高边坡，如植树、种草等效果不佳，应采取抛石防护、石笼防护、浆砌或干砌块（片）石护坡；或挡土墙防护，也可考虑喷混凝土，设置碎落台等措施；或采取铁丝网、尼龙编织网、高强塑料网格等，铺于坡面并固定之，在网格内种草；或铺砌框格形砌块，然后在框格内种草等措施。

（5）对于路堑（半路堑）不稳定高边坡，根据边坡的地质条件，除选择采取以上加固措施外，也可打抗滑桩稳固边坡。如有条件，推荐采用预应力锚索钢筋混凝土框格梁加固防护，其原理是锚索一端插入并固定于边坡下基岩或不动体（钻孔，灌浆），另一端施加预应力，并锚固于浇筑在坡面的钢筋混凝土框格梁上，使边坡坡体在可能失稳之前就受到主动加固支护。采用钢筋混凝土框格梁能有效地使所有锚索整体受力，防止体积较大的孤石在失稳时导致单根锚索受力而破坏。框格梁及锚索的规格尺寸经设计计算确定。

5.公路排水设施养护有哪些规定？

（1）路基排水设施应保持排水畅通。如有冲刷、堵塞和损坏，应及时疏通、修复或加固。对暗沟、渗沟等隐蔽性排水设施，应加强检查，防止淤塞，如有淤塞，应及时修理、疏通。

（2）路基排水设施断面尺寸和纵坡应符合原设计标准规定。路基边沟沟底应保持不小于0.5%的纵坡，平原地区排水困难路段纵坡应不小于0.2%。边沟连续长度过长对排水不利，应分段设置横向排水沟将水流引离路基。其分段长度一般地区不超500 m，多雨地区不超过300 m；若为三角形边沟，其长度不宜超过200 m。当土质边沟纵坡大于3%时，应采取浆砌或干砌块（片）石加固，也可用水泥混凝土浇筑加固，其厚度一般为150~250 mm。

（3）原有排水设施不能满足使用要求时，应适时增设和完善。新增排水设施时，其设计、施工应符合现行《公路路基设计规范》（JTG D30）和《公路路基施工技术规范》（JTG F10）的有关规定。

6.公路挡土墙养护有什么要求？

（1）对挡土墙应加强检查，发现病害应查明原因，并观察其发展趋势，采取相应的修复、加固等措施，损坏严重时，可考虑全部或部分拆除重建。

（2）应保持挡土墙的泄水孔畅通，定期检查和维修，清理伸缩缝、沉降缝，使其正常发挥作用。

（3）重建或增建挡土墙，应根据公路所在地区地形及水文地质等条件合理选择挡土墙类型，并应符合现行《公路路基设计规范》（JTG D30）和《公路路基施工技术规范》（JTG F10）有关规定。

7.挡土墙常用的加固方法有哪些？

挡土墙发生病害时，应根据病害情况合理选择加固方法进行加固。当挡土墙产生裂缝、断裂（无沉降错台）并已停止发展时，应在清缝后用水泥砂浆填塞，也可用环氧树脂等材料灌注黏合。当挡土墙发生倾斜、局部鼓出、滑动或下沉等病害时，可采用下列方法之一进行加固。

（1）锚固法：适用于水泥混凝土或钢筋混凝土挡土墙。采用直径在 25 mm 以上的高强螺纹钢筋做锚杆，穿入预先钻就的孔内，用水泥砂浆灌满钢筋插入（扩孔后的）岩体部分并固定锚杆，待砂浆达到一定强度后，对锚杆实施张拉，然后用锚头固紧。必要时，在加固前，可先在挡土墙外侧设置锚杆的断面处现浇宽 300~400 mm、厚 150~250 mm 的水泥混凝土条块，以供埋置锚头之用。

（2）套墙加固法：在原挡土墙外侧加宽基础、加厚墙体。采用套墙加固时，应注意新旧基础、墙体的结合，方法是凿毛旧基础和旧墙体，必要时可设置钢筋错或石榫增强连接。

（3）增建支撑墙加固法：在挡土墙外侧每隔一定间距增建支撑墙。支撑墙的基础埋置深度、尺寸和间距通过计算确定。

8.挡土墙的泄水孔应如何养护？

当泄水孔被堵塞而无法疏通时，应另选适当位置增设泄水孔或在挡土墙背后沿挡土墙增设排水设施。一般可增设盲沟将水引离路基，以防止墙后积水引起土压力增加或冻胀，进而损坏挡土墙。

9.常见的挡土墙类型有哪些？各适用于什么情况？

（1）重力式挡土墙：适用于一般地区、浸水地区和地震地区的路肩、路堤和路堑等支挡工程。墙高不宜超过 12 m，干砌挡土墙的高度不宜超过 6 m。高速公路、一级公路不应采用干砌挡土墙。

（2）半重力式挡土墙：适用于不宜采用重力式挡土墙的地下水位较高或较软弱的地基上，墙高不宜超过 8 m。

（3）悬臂式挡土墙：宜在石料缺乏、地基承载力较低的填方路段采用，墙高不宜超过 5 m。

（4）扶壁式挡土墙：宜在石料缺乏、地基承载力较低的填方路段采用，墙高不宜超过 15 m。

（5）锚杆挡土墙：宜用于墙高较大的岩质路堑地段，可用作抗滑挡土墙。可采用肋柱式或板壁式单级或多级墙，每级墙高不宜大于 8 m，多级墙体之间应设置宽度不小于 2 m 的平台。

（6）锚定板挡土墙：宜使用在缺少石料地区的路肩墙或路堤式挡土墙，但不应修建于滑坡、坍塌、软土及膨胀土地区。可采用肋柱式或板壁式，墙高不宜超过 10 m。肋柱式锚定板挡土墙可采用单级墙或双级墙，每级墙高不宜大于 6 m，上、下级墙体之间应设置宽度不小于 2 m 的平台，上、下两级的肋柱宜交错布置。

（7）加筋土挡土墙：用于一般的路肩式挡土墙、路堤式挡土墙，但不应修建在滑坡、水流冲刷、崩塌等不良地质地段。高速公路、一级公路墙高不宜大于 12 m，二级及以下公路不宜大于 20 m。当采用多级墙时，每级墙高不宜大于 6 m，上、下级墙体之间应设置宽度不小于 2 m 的平台。

（8）桩板式挡土墙：用于表土及强风化层较薄的均质岩石地基。挡土墙高度可较大，也可用于地震区的路堑或路堤支挡或滑坡等特殊地段的治理。

10.对透水路堤的养护应符合那些规定？

（1）透水路堤透水层及设置于其内的泄水管应保持稳定和良好的透水（泄水）性能，若有损坏应及时修复。

（2）透水路堤的上、下游底铺砌应保持平整密实，若有损坏应及时修复。

（3）透水路堤的透水层，若失去透水性能影响路堤稳定且无法修复时应考虑改建为桥涵。

11.特殊地区路基的养护有哪些具体要求？

特殊地区主要指盐渍土地区、黄土地区、沙漠地区、多年冻土地区、泥沼和软土地区等。

（1）盐渍土地区公路受水流侵袭后，路基易出现坍塌或溶陷，应加强排水并采取相应的加固措施。

（2）黄土地区路基遇水容易发生沉陷、坍塌、冲沟、蚀宽、边坡松散等病害，应根据各种病害特征采取相应的处治措施。

（3）沙漠地区路基养护应采取"固、阻、输、导"等措施进行综合治理。公路两侧的固沙植物应加强管护。

（4）多年冻土地区的路基养护，应遵循"保护冻土"的原则，填土路基坡脚 20 m 范围内不得破坏原地貌，取土坑应设在坡脚 20 m 以外。

（5）多年冻土地区路基应注意加强排水，填土路基上方 20 m 以外、路堑坡顶 5 m 以外应设置截水沟，将雨雪水引到路基以外。

（6）对有涎流冰产生的路段，应适当提高路基高度，保持路基高于涎流冰最大壅冰高度 0.5 m。

（7）泥沼和软土地区路基应加强排水，改善排水条件，采取适当的技术措施稳固路基。

12.盐渍土地区路基加强排水的措施有哪些？

（1）加密、加大或加深排水沟。

（2）对于发生春融、坍塌或溶陷地段应采取打砂砾桩、换填风积砂或矿料、设置护坡道等措施进行加固。

（3）在路基中设置砂砾隔断层，阻止盐分上渗。

（4）当边坡出现沟槽、溶洞、松散等病害时，也可采用盐壳平铺或砂砾黏土平铺拍实加固。

13.黄土地区路基的主要处置措施有哪些？

（1）加强排水，减少水流对路基的侵蚀（如采取拦水带、急流槽，加大、加深或加固边沟等措施）。

（2）拍紧、拍实边坡，防止坡面松散。

（3）种植适合黄土地区生长的花草或铺草皮加固坡面。

（4）三合土抹面加固坡面。对高路堤可采取葵花拱式砌块铺砌，或将边坡开挖成台阶，台阶宽度不小于 1 m。

14.多年冻土地区的排水沟、截水沟设置有什么要求？

多年冻土地区路基的排水沟、截水沟应保持深度不小于 0.6 m，沟底宽度 0.4~0.6 m，边坡一般为 1∶1.0~1∶1.5。截水沟应设置于填土路基坡脚上方 20 m 以外，路堑边坡坡顶 5 m 以外。当地下冰层较厚时，排水沟、截水沟不宜过深，必要时可加设挡水埝。当路基处于有涎流冰的山坡时，可在路基上侧边沟外增设聚冰坑和挡冰墙，也可在公路边沟外侧上方 10~15 m 外山坡开挖与路线平行的深沟，沟深 1~1.2 m，底宽 0.8~1.0 m，以截断活动层泉流，使冬季涎流冰聚集在离公路较远处。

15.泥沼和软土地区路基的病害处治的常规方法有哪些？

泥沼和软土地区路基的病害处治的常规方法有：加深边沟降低水位、修筑反压护道、换填砂砾石或碎石、抛石挤淤砂石垫层、石灰桩、砂井（桩）、袋装砂井、塑料排水板及土工织物滤垫等方法，以改善排水条件，稳固路基不致沉陷。

16.泥沼和软土地区路基病害处治的新技术有哪些？

泥沼和软土地区路基的病害处治的新技术有："现浇水泥混凝土薄壁筒桩""粉体喷射搅拌桩""复合载体夯扩桩"等。

（1）"现浇水泥混凝土薄壁筒桩"是一种空心薄壁结构，其主要原理是根据筒桩的设计壁厚，制作成钢质双层环状桩体（类似钢质模板），连同环形水泥混凝土桩尖打入路基土层，在双层钢质桩体形成的夹层空间内灌入水泥混凝土（同时逐渐拔出钢质桩体，桩尖脱离留于基底），形成环状薄壁桩，利用其桩身内外的摩阻力及桩尖阻力提高地基及路基土的承载力。

（2）"粉体喷射搅拌桩"是利用专用的粉喷搅拌钻机，将水泥等粉体固化剂强行喷入软土地基中，利用固化剂与软土之间所产生的一系列物理、化学反应，使软土结成具有一定强度的不规则桩体而形成复合地基的技术措施。

（3）"复合载体夯扩桩"是利用打桩设备，将软土层在钢质护筒内用细长重锤夯压至设计深度，而后填入碎石、碎砖、干硬性水泥混凝土等填充料继续夯压，在其底部挤密土体，形成复合载体（挤密体），然后灌注水泥混凝土桩身，振捣密实（同时缓慢拔出护筒），从而形成深层复合地基，提高地基的变形模量，使其承载能力较原状土的承载能力有较大幅度的提高。

17.路基翻浆或沉陷的处治方法主要有哪些？

路基翻浆或沉陷的处治方法主要有：在路肩上开挖横沟排除路表积水，砂桩、砂砾垫层防治，深挖边沟，提高路基高度，路基换填透水性良好的砂质土，以及设置隔离层、盲沟降低地下水位等措施，也可采用铺设砂垫层改善路面结构以隔断毛细水上升或铺设水泥稳定类、石灰稳定类、石灰工业废渣类等路面基层，提高路面板体水稳定性和力学强度。对于高速公路、一级公路，应采取更彻底的处治措施，如在路基土内压注水泥砂浆、"现浇水泥混凝土薄壁筒桩"、"粉体喷射搅拌桩"、砂桩、砂井、袋装砂井、塑料排水板、土工织物滤垫等技术措施。

18.处治桥头跳车的主要方法有哪些？

（1）较为简便的是养护中随着路堤下沉加铺桥头路面，即所谓的桥头接坡。此方法的缺点是延续时间短，不易彻底消除错台。

（2）采用桥头钢筋混凝土搭板，一般长度为6~8 m。此法仅适用于桥头路堤较小沉降，如沉降较严重，会使搭板两头形成两次跳车。

（3）较为彻底的方法是改变桥头填土的物理性质，如路基土内压注水泥砂浆、"现浇水泥混凝土薄壁筒桩"、"粉体喷射搅拌桩"技术或打砂桩、砂井、袋装砂井及塑料排水板等技术措施。

19.路基局部改建工程的基本要求是什么？

（1）当中期的局部改建在维持通车的情况下进行时，宜采取半幅施工、半幅养护通车的方式交替施工。施工长度不宜过长。

（2）路基局部改建的设计和施工应符合现行《公路路基设计规范》（JTG D30）和《公路路基施工技术规范》（JTG F10）有关规定。

第三节　沿线设施的养护

1.什么是防护设施缺损？如何分级与计量？

防护设施缺损指防撞护栏、防落网、声屏障、中央分隔带活动护栏和防眩板等缺少、损坏或损坏修复后部件尺寸和安装质量达不到规范的技术要求。

按损坏长度分为轻和重两个等级。轻，损坏长度小于或等于4 m；重，损坏长度大于4 m。损坏按处计量。

2.什么是隔离栅损坏？

隔离栅缺口、损坏后修复不及时或修复质量达不到规范的技术要求，所造成的损坏称作隔离栅损坏。损坏不分轻重，按处计算。

3.什么是标志缺损？如何计量？

标志缺损是指各种交通标志（指示标志、警告标志、禁令标志、里程牌、轮廓标、百米标等）残缺、位置不当或尺寸不规范、颜色不鲜明、污染，可变信息板故障等。

损坏按处计算，其中轮廓标和百米标每3个损坏算1处，同一路段累计不足3个按1处统计。损坏不分轻重。

4.什么是标线缺损？如何计量？

标线（含凸起路标）缺少或损坏，按长度计量。评定时不考虑车道数量的影响。

5.什么是绿化管护不善？如何计量？

绿化管护不善是指树木或花草枯萎，路段缺树，虫害未及时防治，或绿化带未及时修剪或有杂物或存在应绿化而未绿化的路段等问题。损坏按沿行车方向的长度计算。

6.公路沿线设施技术状况检测与调查如何进行？

（1）公路沿线设施技术状况检测以1000 m路段为基本检测或调查单元。

（2）公路沿线设施技术状况数据按上行方向（桩号递增方向）和下行方向（桩号递减方向）分别检测。二、三、四级公路可不分上下行。

（3）公路沿线设施技术状况评定所需要的数据，按规定的损坏类型实地调查。有条件的地区，可借助便携式路况数据采集仪进行现场调查、汇总、计算与评定。

（4）公路沿线设施技术状况调查每年进行一次。

7.交通工程及沿线设施养护的一般要求是什么？

（1）交通工程及沿线设施包括：交通安全设施、公路机电系统（监控系统、收费系统、通信系统、供配电系统）、服务设施及养护房屋等。

（2）交通工程及沿线设施应遵循"保障安全、提供服务、利于管理"的原则，保持完整、齐全和良好的工作状态。

（3）各种设施应加强养护，及时维修和更换损坏部件。设施不全或设施设置不合理的，应根据公路性质、技术等级和使用要求，有计划、有步骤地补充和完善。

8.交通安全设施养护的基本要求有哪些？

（1）交通安全设施的养护内容包括：检查、保养维护和更新改造。检查包括经常性检查、定期检查、特殊检查和专项检查。平时应加强日常巡查。

（2）经常性检查的频率不少于1次/月；定期检查频率不少于1次/年；遭遇自然灾害、发生交通事故或出现其他异常情况时，应及时进行附加的特殊检查；设施更新改造之后，应进行全面的专项检查。

（3）应结合设施特点，加强对交通安全设施的养护维修和更新改造。

（4）交通安全设施的养护应满足设施完整和外观、安装、技术性能等各项质量要求。

（5）因交通事故、自然灾害或其他原因造成的设施损伤应及时进行修复。

（6）采用长青绿篱和绿色植物进行隔离和防眩时，按照公路绿化的相关规定进行养护。

（7）对于事故多发路段和一些特殊路段，应结合公路安全保障工程的技术内容，及时改造完善各种交通安全设施。

（8）交通安全设施的养护质量按照现行《公路技术状况评定标准》（JTG H20）进行行评定。

9.公路交通标志的养护应符合哪些要求？

（1）应保持交通标志设置合理、结构安全、版面内容整洁、清晰。

（2）标志板、支柱、连接件、基础等标志部件应完整、无缺损且功能正常。

（3）标志应无明显歪斜、变形，钢构件无明显剥落锈蚀。

（4）标志面应平整，无明显褪色、污损、起泡、起皱、裂纹、剥落等病害。

（5）标志的图案、字体、颜色等应符合相关标准要求。

（6）反光交通标志应保持良好的夜间视认性。

10.路面标线的养护应符合哪些要求？

（1）具有良好的可视性、边缘整齐、线形流畅、无大面积脱落。

（2）颜色、线形等应符合相关标准要求。

（3）反光标线应保持良好的夜间视认性。

（4）重新画设的标线应与旧标线基本重合。

11.突起路标的养护应符合哪些要求？

（1）突起路标应无严重的缺损。

（2）破损的突起路标应不对车辆、人员造成伤害。

（3）突起路标应无明显的褪色。

（4）突起路标的光度性能应保持其在夜间良好的视认性。

12.轮廓标的养护应符合哪些要求？

（1）轮廓标应进行表面清洗。

（2）轮廓标应无缺损。

（3）轮廓标应无明显的褪色。

（4）轮廓标的光度性能应保持其在夜间良好的视认性。

13.波形梁钢护栏的养护应符合哪些要求？

（1）保持波形梁钢护栏的结构合理、安全可靠。

（2）护栏板、立柱、柱帽、防阻块（托架）、坚固件等部件应完整、无缺损。

（3）护栏质量符合相关标准要求。

（4）护栏的防腐层应无明显脱落，护栏无锈蚀。

（5）护栏板搭接方向正确，螺栓坚固。

（6）护栏安装线形顺畅，无明显变形、扭转、倾斜。

14.水泥混凝土护栏的养护应符合哪些要求？

（1）保持水泥混凝土护栏线形顺畅、结构合理。

（2）水泥混凝土护栏应无明显裂缝、掉角、破损等缺陷。

（3）水泥混凝土护栏使用的水泥、沙、石、水、外加剂、钢筋等材料质量应符合相关标准、规范及设计要求。

（4）水泥混凝土护栏的几何尺寸、地基强度、埋置深度，以及各块件之间、护栏与基础之间的连接应符合设计要求。

15.缆索护栏的养护应符合哪些要求？

（1）缆索护栏各组成部件应无缺损。

（2）缆索护栏各组成部件应无明显变形、倾斜、松动、锈蚀等现象。

（3）缆索护栏使用的缆索、立柱、锚具等材料质量应符合相关标准、规范及设计要求。

16.隔离栅的养护应符合哪些要求？

（1）应保持隔离栅完整无缺、功能正常。

（2）隔离栅金属网片、立柱、斜撑、连接件、基础等部件应无缺损。

（3）隔离栅质量应符合相关标准要求。

（4）隔离栅应无明显倾斜、变形，各部件稳固连接。

（5）隔离栅防腐涂层应无明显脱落、锈蚀现象。

17.防眩设施的养护应符合哪些要求？

（1）防眩板、防眩网等防眩设施应保持完整、清洁，具有良好的防眩效果。

（2）防眩设施应安装牢固，无缺损。

（3）防眩设施应无明显变形、褪色或锈蚀。

（4）防眩设施的质量应符合相关标准要求。

18.公路绿化养护管理的一般原则是什么？

（1）公路绿化应贯彻"因地制宜、因路制宜、适地适树"的方针，科学规划，合理选择绿化植物品种。公路绿化规划，应根据公路等级、沿线地形、土质、气候环境和绿化植物的生物学特性，以及对绿化的功能要求，结合地方绿化规划进行编制。

（2）新、改建公路的绿化工程应与公路主体工程设计、施工、验收同步进行，由公路养护部门一并接养。

（3）公路绿化栽植成活率、保存率指标应符合要求，绿化植物应定期进行修剪、整形，加强病虫害防治。

19.不同类型区公路绿化栽植成活率、保存率应分别符合什么要求？

（1）平原区：成活率达90%为合格，95%（含）以上为优良；保存率达85%为合格，90%（含）以上为优良。

（2）山区：成活率达85%为合格，90%（含）以上为优良；保存率达80%为合格，85%（含）以上为优良。

（3）寒冷草原区及沙、碱、干旱区：成活率达75%为合格，80%（含）以上为优良；保存率达70%为合格，75%（含）以上为优良。

20.不同等级和不同路段公路绿化，应分别符合什么要求？

（1）高速公路、一级公路的中央分隔带宜种植灌木、花卉或草皮。服务区应结合当地环境、景观要求，另行设计，单独实施。

（2）二级及二级以下公路，宜采用乔木与灌木相结合的方式，并充分体现当地特色。

（3）平面交叉在设计视距影响范围以内，不得种植乔木；在不影响视线的前提下，可栽植常绿灌木，绿篱和花草。

（4）小半径平曲线内侧不得栽植影响视线的乔木或灌木，其外侧可栽植成行的乔木，以诱导汽车行驶，增加安全感。

（5）立体交叉分割形成的环岛，可选择栽植小乔木或灌木，实现丛林化。互通式立体交叉的匝道转弯处构成的三角区内，应满足通视要求。

（6）隧道进出口两侧30~50 m范围，宜栽植高大乔木，尽可能形成隧道内外光线的过渡段，以利车辆安全行驶。

（7）桥头或涵洞两头 5~10 m 范围，不宜栽植乔木，以免根系破坏桥（涵）台。

21.不同类型地区的公路绿化，应分别符合什么要求？

（1）山区：应实施具有防护功能的绿化工程，如防护林带、灌木、草皮护坡等。

（2）平原区：应栽植单行或多行防护林带。

（3）草原区：应在线路两侧栽植以防风、防雪为主的防护林带。

（4）风沙危害地区：以营造公路防风、固沙林带为主，栽植耐干旱、根系发达、固沙能力强的植物品种。

（5）盐碱区：应选择抗盐碱、耐水湿的乔木、灌木品种，配栽成多行绿化带。

（6）旅游区：通往名胜古迹、风景区、疗养休闲区、湖泊等地的公路，应注重美化，营造风景林带，可栽植有观赏价值的常绿乔木、灌木、花卉以及珍贵树种和果树类。

22.公路绿化植物的栽植、管理有哪些基本要求？

（1）公路绿化植物的栽植应符合现行《公路工程技术标准》（JTG B01）关于公路建筑限界的规定，乔木和灌木的株行距可根据不同的树种、冠幅大小选择。

（2）绿化植物成活后到郁闭前，应加强抚育管理，及时检查、补植、浇水、除草、松土，施肥、整形等。绿化植物郁闭后，应及时修剪抚育。

（3）加强公路绿化巡查，根据各类绿化植物病虫害发生、发展和传播蔓延的规律，及时采取相应防治措施，保障绿化植物正常生长。每年春季或秋季，宜在乔木树干上距地面 1~1.5 m 高度范围刷涂白剂。防治绿化植物病虫害应以预防为主，开展生物、化学防治与营林措施相结合进行综合防治，应贯彻"治早、治小、治了"的防治方针。严格苗木检疫制度，消灭越冬虫卵、蛹，烧毁落叶虫婴、虫茧，及时消除衰弱、病害植株。

（4）绿化公路的乔木、灌木、花草及防护林、风景林等，不宜在较长路段内采用同一绿化植物品种，应分段轮换栽植不同品种，以减少病虫害的传播和蔓延。

23.哪些情况下履行报批手续经批准后可对绿化进行采伐或更新？

（1）公路路树过密且不宜移植，需进行抚育采伐的；

（2）经有关部门鉴定，树木确已进入衰老期或品种严重退化的；

（3）公路改建或加宽需采伐原有公路绿化的；

（4）公路树木发生大规模病虫害，经有关部门鉴定确需采伐或更新的；

（5）生长弱势，绿化效果差，影响路容路貌的。

第九章　路面养护

第一节　路面技术状况的检测与调查

1.公路路面技术状况的检测与调查的基本要求有哪些？

（1）公路路面技术状况检测以 1000 m 路段为基本检测或调查单元。

（2）公路路面技术状况数据按上行方向（桩号递增方向）和下行方向（桩号递减方向）分别检测。二、三、四级公路可不分上下行。

（3）采用快速检测方法检测路面使用性能评定所需数据时，每个检测方向至少检测一个主要行车道。

2.路面损坏状况检测如何进行？

（1）路面损坏状况检测，宜采用自动化的快速检测方法，条件不具备时，可人工检测。

（2）采用快速检测设备检测路面损坏时，应纵向连续检测，横向检测宽度不得小于车道宽度的 70%。检测设备应能够分辨 1 mm 以上的路面裂缝，检测结果宜采用计算机自动识别，识别准确率应达到 90% 以上。

（3）采用人工方法调查时，调查范围应包含所有行车道，按规定的损坏类型实地调查。有条件的地区，可借助便携式路况数据采集仪进行现场调查、汇总、计算与评定。紧急停车带按路肩处理。

（4）路面损坏检测数据应以 100 m（人工检测）或 10 m（快速检测）为单位长期保存。

3.路面平整度检测如何进行？

（1）路面平整度宜采用快速检测设备，可结合路面损坏和车辙一并检测。单独检测路面平整度时，宜采用高精度的断面类检测设备。

（2）路面平整度检测设备必须定期标定，每年至少标定一次，标定的相关系数应大于 0.95。

（3）条件不具备的三、四级公路，路面平整度可采用 3 m 直尺人工检测。

（4）路面平整度检测数据应以 100 m（人工检测）或 20 m（快速检测）为单位长期保存。

4.路面车辙检测如何进行？

（1）路面车辙宜采用快速检测设备，可结合路面损坏和路面平整度一并检测。路面车辙检测设备必须定期标定，每年至少标定一次。

（2）根据断面数据计算路面车辙深度（RD），计算结果应以 10 m 为单位长期保存。

5.路面抗滑性能检测如何进行？

（1）路面抗滑性能宜采用基于横向力系数的路面抗滑性能检测设备或其他具有可靠数据标定关系的自动化检测设备。检测设备必须定期标定，每年至少标定一次。

（2）路面抗滑性能检测数据（横向力系数）应以 20 m 为单位长期保存。

6.路面结构强度检测如何进行？

（1）路面结构强度宜采用自动检测设备检测。

（2）自动检测时，宜采用具有可靠数据标定关系的自动化检测设备，检测结果应能换算成回弹弯沉值。自动检测设备必须定期标定，每年至少标定一次。标定的相关系数不得小于 0.95。

（3）采用贝克曼梁检测时，检测数量应不小于 20 点/（km·车道）。

（4）抽样检测时，检测范围可控制在养护里程的 20%以内。

（5）弯沉检测数据应以 20 m 为单位长期保存。

第二节　水泥路面的养护

1.什么是路面龟裂？如何分级及计量？

龟裂是指在路面上表现为相互交错的小网格状裂缝，因其形状类似乌龟背壳而被称为龟裂。按裂缝块度、缝宽的大小及裂缝有无变形，将龟裂分为轻、中和重三种。

轻度龟裂：初期裂缝，裂区无变形、无散落，缝细，主要裂缝宽度在 2 mm 以下，主要裂缝块度在 0.2~0.5 m。

中度龟裂：龟裂的发展期，龟裂状态明显，裂缝区有轻度散落或轻度变形，主要裂缝宽度在 2~5 mm，部分裂缝块度小于 0.2 m。

重度裂缝：龟裂特征显著，裂块较小，裂缝区变形明显、散落严重，主要裂缝宽度大于 5 mm，大部分裂缝块度小于 0.2 m。

龟裂损坏的统计按龟裂外接矩形面积计量，测量时分别实地丈量并记录龟裂的外接矩形长和宽，然后计算损坏面积。有时同一片区域中存在不同严重程度的龟裂损坏，无法进行分块区分时，应按其中最严重程度记录和统计。

2.龟裂产生的主要原因有哪些？

（1）疲劳损坏是产生龟裂的最主要原因。在行车荷载的反复作用下，沥青面层和其下的半刚性基层等整体性材料逐渐失去承载能力，疲劳破坏就会产生。对于渠化交通比较明显的道路，一开始是沿轮迹带出现单条或多条不规则的小裂缝，而后在裂缝间出现横向和斜向连接缝，形成裂缝网。遇到路面结构局部软弱的情况，在少量重复荷载甚至一次荷载作用下，也会产生局部小面积的龟裂。这种龟裂在路面结构中都是自下而上产生的，裂缝贯穿整个路面结构。龟裂继续发展就会产生坑槽，影响路面行驶舒适性和安全性。

（2）由于沥青材料的原因，如低温时沥青混合料脆硬、严重的沥青老化等，在较低级的表处、贯入式等沥青路面中，也可能在沥青路面表面形成相互交错的小网格状、块度很小的裂缝即龟裂。这种龟裂病害仅限于沥青路面的表面，不会产生路面的变形，对路面的承载能力和功能性能并没有多大影响。

3.什么是路面块裂？如何分级及计量？

块裂是指路面出现的纵向和横向裂缝交错而使路面分裂成近似直角的多边形大块。按照裂缝块度和裂缝宽度的大小，将块裂分为轻、重两个等级。

轻度块裂：缝细、裂缝区无散落，裂缝宽度在 3 mm 以内，大部分裂缝块度大于 1.0 m。

重度块裂：缝宽、裂缝区有散落，裂缝宽度在 3 mm 以上，主要裂缝块度在 0.5~1.0 m。

块裂的损坏计量按块裂涉及的路面面积计算。测量时分别实地丈量并记录块裂的外接矩形长和宽，然后计算损坏面积。如同一片区域中存在不同严重程度的块裂损坏且无法进行分块区分时，应按其中最重的严重程度记录和统计。

4.块裂产生的主要原因是什么？

块状裂缝的产生同行车荷载作用关系不大，主要是由面层材料的低温收缩和沥青老化所引起。块裂可能出现在整个路面宽度内，范围较大。块状裂缝的裂缝深度一般仅限于路面表面，对路面承载能力和功能性能都没有太大影响。

5.什么是纵向裂缝（纵裂）？如何分级与计量？

纵向裂缝是与道路中线大致平行的单条裂缝，有时伴有少量支缝，按裂缝宽度大小及裂缝边缘的破坏情况分为轻、重两个等级。

轻度纵裂：缝细、裂缝壁无散落或有轻微散落，无支缝或有少量支缝，裂缝宽度在 3 mm 以内。

重度纵裂：缝宽、裂缝壁有散落、有支缝，主要缝宽大于 3 mm。纵裂的计量按长度计算，并按 0.2 m 的影响宽度换算成损坏面积。纵裂长度按裂缝在行车方向的投影长度实地丈量或目测估计，如同一条裂缝的不同部分损坏程度不同，应根据不同的损坏程度分段测量和统计。

6.纵裂产生的主要原因是什么？

（1）疲劳损坏。在重复荷载作用下，路面承载能力逐渐不足，就会在经常承受荷载的路面轮迹带处首先产生多条平行的小纵裂，逐渐发展就会成为龟裂。

（2）不均匀沉降和裂缝的反射作用也会在路表产生纵缝。在半填半挖路基的分界处、新旧路接合部或路面加宽处，由于路基压实不够，发生不均匀沉降，就会使这些位置产生纵向裂缝。

（3）混合料摊铺时纵向施工搭接质量不好，或者老路面层纵向裂缝的反射作用，往往会使路面的中线处产生纵裂。

7.什么是横向裂缝（横裂）？如何分级与计量？

横向裂缝是与道路中线近似垂直的裂缝，有时伴有少量支缝。按裂缝宽度大小及裂缝边缘的破坏情况分为轻、重两种等级。

轻度横裂：缝细、裂缝壁无散落或有轻微散落，裂缝宽度在 3 mm 以内。

重度横裂：缝宽、裂缝贯通整个路面、裂缝壁有散落并伴有少量支缝，主要缝宽大于 3 mm。

横裂的计量按长度计算，并按 0.2 m 的影响宽度换算成损坏面积。横裂长度按裂缝在垂直于行车方向的投影长度实地丈量或目测估计，如同一条裂缝的不同部分损坏程度不同，应根据不同的损坏程度分段测量和统计。

8.横向裂缝产生的主要原因是什么？

（1）横向裂缝产生的主要原因是温度变化。如果沥青模量过大或沥青变硬，在气温下降的时候就容易在垂直于行车方向形成间距大致相同的横向裂缝。因此在气候寒冷地区横缝是一种较为常见的裂缝形式。由低温收缩产生的横向裂缝是自上往下发展的，初期裂缝一般细且浅。

（2）半刚性基层裂缝或旧路面裂缝的反射裂缝也是沥青路面产生横向裂缝的一个重要原因。由于反射裂缝产生的横向裂缝是一种自下而上发展的裂缝，因此反映到路面表面时裂缝已经贯穿了整个路面结构。沥青路面与构造物连接处填土压实不足、固结沉陷等也易在相应的位置产生横向裂缝。

9.什么是坑槽？如何分级与计量？

坑槽是局部集料丧失而在路面表面形成的坑洞，可深及不同的路面结构层次。按坑槽的深浅及有效面积的大小，将坑槽分为轻、重两个等级。轻度坑槽坑浅，有效坑槽面积在 0.1 m² 以内（约 0.3 m × 0.3 m）。重度坑槽：坑深，有效坑槽面积大于 0.1 m²（约 0.3 m ×

0.3 m）。

坑槽损坏都按面积进行计量。坑槽的有效面积按坑槽外接矩形面积计量。

10.坑槽产生的主要原因是什么？

（1）坑槽通常是其他病害如龟裂、松散等未及时处理而逐渐发展形成的。当车轮驶过龟裂、松散等病害区域时有时会带走其中已经碎裂的小块面层材料，坑槽就会出现。坑槽的深度可深可浅，浅的坑洞仅限于路面表层，往往是表面松散发展的结果；深的坑洞可深至整个面层结构，一般是由龟裂发展而成。

（2）单独发生的坑槽可能是由于路面施工质量不好如压实不足、上面层厚度不够引起的，也可能是由水损坏引起的。这种类型的坑槽多发生在面层较厚的高等级沥青公路上。

11.什么是松散？如何分级与计量？

松散是一种从路面表面向下不断发展的集料颗粒流失和沥青结合料流失而造成的路面损坏。松散是由于沥青和集料之间失去黏结而产生的。沥青混合料中沥青用量偏少、低温施工或沥青和集料黏结性差、沥青老化变硬、压实不足或局部集料级配不均匀，都有可能在沥青路面表面形成松散。松散按损坏严重程度的不同分为轻、重两种等级。

松散轻：路面细集料散失、脱皮、麻面等表面损坏。

松散重：路面粗集料散失、脱皮、麻面、露骨、剥落、小坑洞等损坏。

松散损坏的计量按面积计算，松散损坏面积按损坏所涉及区域的外接矩形面积计量。

12.什么是沉陷？如何分级与计量？

沉陷是路面表面产生的大于 10 mm 的局部凹陷变形。产生的主要原因是路基不均匀沉降、路面局部开挖回填压实不足、桥涵台背填土不实以及路面基层结构损坏或不稳定。按沉陷深度大小及对行车舒适性的影响将此类损坏分为轻、重两个等级。

轻度沉陷：深度在 10~25 mm，正常行车无明显感觉。重度沉陷：深度大于 25 mm，正常行车有明显感觉。

沉陷损坏按面积计量。

13.什么是车辙？如何分级与计量？

车辙是在沥青路面表面形成的沿轮迹方向大于 10 mm 的纵向带状凹槽（辙槽）。车辙可分为结构性车辙、流动性车辙、压实性车辙及磨损性车辙。结构性车辙指的是路面结构层及土基在行车重复荷载作用下，材料压缩产生的永久累积变形，车辙断面一般呈两边高中间低的 V 形，同时常伴有网裂、龟裂和坑槽发生。流动性车辙是炎热季节仅在沥青混凝土层内产生的侧向流动变形而形成的车辙，车辙断面一般呈 W 形，轮迹带处下陷周边隆起。压实性车辙是指由于路面施工缺陷如混合料温度过低、压实次数过少等造成沥青层压实度不足，而在行车作用下进一步压密产生的车辙，这类车辙断面一般也呈 W 形。磨损性车辙是指由于重载渠化交通对路面的磨耗作用形成的车辙。

按车辙深度的不同分为轻、重两个等级。轻度车辙：辙槽浅，深度在 10~15 mm。重度车辙：辙槽深，深度 15 mm 以上。

车辙损坏的计量按长度计算，并按 0.4 m 的影响宽度换算为损坏面积。车辙长度可实地丈量或目测估计，车辙深度可按用直尺架在车道上测定直尺与车辙底部的距离。一般来说，直尺长度应不短于车道宽度。

14.什么是波浪壅包？如何分级与计量？

波浪壅包指的是由于局部沥青面层材料移动而在路表面形成的有规律的纵向起伏，波峰和波谷间隔很近。按波峰波谷的大小不同将此类损坏分为轻、重两个等级。

轻度波浪壅包：波峰波谷高差小，高差在 10~25 mm。重度波浪壅包：波峰波谷高差大，高差大于 25 mm。

波浪壅包按波浪壅包涉及的面积大小计量损坏。

15.什么是泛油？如何分级与计量？

泛油是指路面混合料中的沥青向上迁移到路表面，路面沥青被挤出或表面形成一层有光泽的沥青膜。泛油主要是由于沥青材料或设计缺陷造成的。沥青含量过多，混合料中空隙过少，拌和控制不严，沥青高温稳定性差，是产生泛油的主要原因。施工时黏层油用量不当，或雨水渗入使下层沥青与石料剥离，在动水作用下，沥青膜剥落上浮也会形成路面表面的泛油。

泛油损坏不分严重程度等级，按泛油涉及的面积计量。

16.什么是修补？如何计量？

修补指因龟裂、坑槽、松散、沉陷、车辙等损坏处理后在路面表面形成修补部分。除裂缝修补外其余均按修补涉及的面积计量，裂缝修补按长度计量，并按 0.2 m 的影响宽度换算为损坏面积。

17.公路沥青路面养护有哪些基本要求？

（1）对沥青路面进行预防性、经常性和周期性养护，加强路况巡查，掌握路面的使用状况，根据路面的实际情况制订日常小修保养和经常性、预防性、周期性养护工程计划。对于较大范围路面损坏和达到或超过设计使用年限的路面，应及时安排大中修或改建工程。

（2）应及时掌握路面的使用状况，加强小修保养，及时修补各种损坏，保持路面处于整洁、良好的技术状况。

（3）沥青路面养护工程使用的沥青、粗集料、细集料和填料的规格、质量要求、技术指标、级配组成及大修、中修、改建工程的设计、施工、质量控制，均应符合现行《公路沥青路面设计规范》（JTG D50）、《公路沥青路面施工技术规范》（JTG F40）、《公路路基施工技术规范》（JTG F10）、《公路路面基层施工技术规范》（JTJ034）的有关规定。

（4）沥青路面养护质量的评定等级分为优、良、中、次、差 5 个等级，按现行《公路技术状况评定标准》（JTG H20）评定。

18.针对不同的沥青路面技术状况等级，应采取什么样的养护对策？

（1）在满足强度要求的前提下，当高速公路及一级公路的路面损坏状况指数（PCI）评价为优、良，或者二级及二级以下公路的路面损坏状况指数评价为优、良、中时，以日常养护为主，并对局部破损进行小修；当高速公路及一级公路的路面损坏状况指数评价为中及中以下，或者二级及二级以下公路的路面损坏状况指数评价为次及次以下时，应采取中修罩面措施。

（2）当强度不能满足要求时，应采取大修补强措施以提高其承载能力。

（3）当高速公路及一级公路的路面行驶质量指数（RQI）评价为优、良，或者二级及二级以下公路路面行驶质量指数评价为优、良、中时，以日常养护为主；当高速公路及一级公路的路面行驶质量指数评价为中及中以下，或者二级及二级以下公路的路面行驶质量指数评价为次及次以下时，应采取罩面等措施改善路面的平整度。

（4）高速公路及一级公路的抗滑能力不足（$SFC<40$）的路段，或二级及二级以下公路抗滑能力不足（$SFC<35.5$）的路段，应采取加铺罩面层等措施提高路表面的抗滑能力。

（5）当路面不适应现有交通量或荷载的需要时，应通过提高现有路面的等级或通过加宽等改建措施提高公路的通过能力和服务质量。

（6）大、中修及改建工程的结构类型和厚度，可根据公路等级、交通量、当地经济条件和已有经验，通过设计确定。

（7）可根据公路网的资金分配情况和养护工作计划安排，结合各路况分项评价结果和本地区成熟的养护经验，选择具体的养护维修措施。

19.沥青路面的初期养护应如何进行？

（1）摊铺、压实后的热拌沥青混合料路面，待摊铺层自然冷却，混合料表面温度低于 50℃后方可开放交通。开放交通初期，应控制行驶车辆限速在 20 km/h 以下，视表面成型情况，逐步恢复到设计时速。乳化沥青路面（含稀浆封层和微表处）的初期稳定性差，应设专人管理，按实际破乳情况，封闭交通 2~6 h。在未破乳的路段上，严禁一切车辆、人、畜通过；开放交通初期，应控制车速不超过 20 km/h，并不得制动和掉头。

（2）沥青贯入式路面及层铺法施工的沥青表面处治路面，应及时将行车驱散的面料回扫，扫匀、压实，以形成平整密实的上封层。

20.沥青路面日常养护应如何进行？

（1）加强路况巡查，及时发现病害，研究分析病害产生的原因，并有针对性地对病害进行维修处治。加强经常性和预防性的日常养护，以保障路面及沿线设施良好的技术状况。

（2）巡查过程中，发现路面上有杂物，应及时清扫，保持路面整洁。路面的日常清扫，应根据实际情况，采用机械或人工的方法进行。高速公路和一级公路应以机械清扫为主，其他等级公路可以机械和人工相结合进行清扫。二级和二级以上公路路面的清扫作业频率宜不少于1次/d，其他等级公路可根据路面污染程度、交通量大小及其组成、气候及环境等因素而定，但不宜少于1次/周，路面分隔带内的杂物清理宜不少于1次/月。长隧道内和大型桥梁的清扫频率应适当增加。清扫时，应防止产生扬尘而污染环境，危及行车安全，并及时清除和处理路面油类或化工类等污物。

（3）雨后路面积水应及时排除。在春融期，特别是汛期，应对排水设施进行全面检查并疏通。冬季降雪天气应及时除雪除冰，并采取必要的路面防滑措施。

（4）严禁履带车和铁轮车在沥青路面上直接行驶，如必须行驶，应采取相应保护措施。

21.沥青路面病害的维修有哪些基本要求？

（1）对各种路面病害应分析其产生的原因，并根据路面的结构类型，设计使用年限，维修季节、气温等实际情况，及时采取相应维修处治措施，防止病害扩大，并应符合沥青路面养护标准。

（2）高速公路和一级公路路面病害的维修应采取机械作业，所使用的沥青混合料宜集中厂拌，并采取保温措施，其他等级的公路应逐步提高维修作业的机械化水平。

（3）对病害的维修事先应有周密的计划，做好材料准备，保证工序之间的衔接，对坑槽、沉陷、车辙等需将原路面面层挖除后进行机械修补作业的病害，宜当日开挖当日修补，并设置警示标志保障行车安全。

（4）修补面积应大于病害的实际面积，修补范围的轮廓线应与路面中心线平行或垂直，并在病害面积范围以外100~150 mm。应采取措施使修补部分与原路面联结紧密。

（5）在病害的处治中，凡需重新做面层的，其技术要求应符合现行《公路沥青路面施工技术规范》（JTG F40）的规定；凡需重新做基层的，其技术要求应符合现行《公路路面基层施工技术规范》（JTG 034）的规定。

22.公路沥青路面罩面有哪几种？各适用于什么情况？

沥青路面罩面按其功能划分为普通型罩面（简称罩面）、防水型罩面（简称封层）和抗滑层罩面（简称抗滑层）三种。罩面主要适用于消除破损，恢复原有路面平整度，改善路面性能的修复工作。封层主要适用于提高原有路面的防水性能、平整度和抗滑性能的修复工作。抗滑层主要适用于提高路面抗滑能力的修复工作。

23.普通罩面的厚度应如何确定？

（1）罩面厚度应根据路段的交通量、公路等级、路面状况、使用功能等综合考虑确定。

（2）当路面损坏状况指数、行驶质量指数在中、良等级，路面仅有轻度网裂时，可采用较薄的罩面层（厚 10~30 mm）。

（3）当路面破损、平整度、抗滑三项指标都在中等级以下，要求恢复到优、良等级时，应采用较厚的罩面层（厚 30~50 mm）。

（4）一般情况下，高速公路、一级公路罩面宜采用 40~50 mm 的厚度，其他公路可采用较薄的罩面层（厚 10~40 mm）。

（5）各级公路的罩面厚度不得小于最小施工层厚度。

24.封层的厚度如何确定？

（1）交通量较大、重型车较多的路段宜采用厚约 10 mm 的封层。

（2）在中轻交通量路段宜采用厚约 7 mm 的封层。

25.抗滑层的厚度如何确定？

（1）用于高速公路、一级公路时宜采用不小于 40 mm 的厚度。

（2）用于二级公路时，宜采用中粒式、细粒式沥青混凝土结构，也可采用热拌沥青碎石或沥青表面处治结构，厚度不得小于最小施工层厚度。

（3）用于三级、四级公路时可采用乳化沥青封层结构，厚度可为 5~10 mm。

26.公路沥青路面翻修与再生利用有哪些要求？

（1）路面破损严重，采用罩面等措施不能使路面恢复良好的工作状态时，为保证必要的服务功能，应进行翻修并对旧沥青面层尽可能予以再生利用。

（2）翻修前，应对需要翻修路段的路面结构、路基土特性和交通量进行调查分析，并按路面补强设计要求或现行《公路沥青路面设计规范》（JTG D50）的规定进行结构厚度设计。

（3）如因路基软弱导致路面损坏时，应对软弱路基采取有效措施处治达到质量标准后再修筑基层、面层。

（4）热拌和冷拌再生沥青混合料一般运用于翻修养护工程，可用于高速公路和一级、二级、三级公路的中、下面层，以及四级公路的面层。对于一级、二级、三级的上面层，以及高速公路中、下面层，必须经试验、总结、评定合格后才能使用。

（5）再生沥青混合料的运输，施工和质量管理等技术要求应符合现行《公路沥青路面工技术规范》（JTG F40）的规定。

27.公路沥青路面补强前，应对原有公路的技术状况进行哪些调查？

（1）调查原有公路路况，如路面破损及病害的情况和程度、路表排水（积水）状况、积雪（砂）状况、路肩采用的加固措施等。

（2）调查原有路面设计、施工、养护的技术资料，及从使用开始至改建的间隔时间、使用效果等。

（3）调查年平均双向日交通量、交通组成和交通量增长率等。

（4）调查路基和路面（行车道）的宽度、路线纵坡、路面横坡、平曲线半径等。

（5）原有公路的分段及弯沉调查按现行《公路沥青路面设计规范》（JTG D50）的有关规定进行。

28.公路沥青路面在什么情况下应进行补强？补强设计应符合哪些要求？

在现有公路等级不变的情况下，沥青路面因损坏严重、路面结构强度指数（*PSSI*）不符合要求，应进行路面补强。补强也适用于提高公路等级而进行的改建工程。

（1）补强前，应对原有公路进行适当处治。公路路拱不符合现行《公路工程技术标准》（JTG B01）时，应结合补强设计对路拱进行调整，使其符合规定；对原路面的病害，应视其层位、严重程度和范围，按有关规定进行处治。

（2）补强设计应综合考虑由补强厚度导致的纵坡与横坡的调整，以及与沿线结构物的联结等相互协调，使纵坡线形符合现行《公路工程技术标准》（JTG B01）的要求，否则应改建线形，使其符合标准后再进行补强设计。

（3）补强设计中应考虑补强层材料及结构形式的选择，考虑补强结构层与原路面结构的连接问题。补强层材料设计参数按新建路面材料设计参数的选择方法进行，并符合现行《公路沥青路面设计规范》（JTG D50）的有关规定。

（4）当基层需补强时，其结构的选择应根据公路等级、交通量大小、材料种类、路基干湿类型、现有路况，以及施工季节、施工机械配备和工期要求等因素综合考虑后确定。

（5）路面的补强应注意与桥涵的良好衔接。路面补强路段内若有桥涵等构造物，在补强前应对其铺装层进行检查。若原有铺装层出现破损，应及时修复；为保证路面与桥涵顶面的纵坡顺适，应综合考虑和重新设计路线纵坡。

29.补强层材料及结构形式如何选择？

（1）沥青路面补强层材料类型应按现行《公路沥青路面设计规范》（JTG D50）的规定选取。

（2）高速公路和一级、二级公路宜采用半刚性、热拌或冷拌沥青碎石混合料、沥青贯入式碎石基层加沥青混合料面层的补强结构形式。

（3）三级公路在不提高公路等级的情况下，可采用单层或多层补强结构；当需提高公路等级时，宜采用半刚性基层加沥青混合料面层的补强结构形式。

（4）四级公路可采用单层或多层的补强形式。

30.公路沥青路面加宽应符合哪些规定？

（1）路面加宽前，应对原有路面做全面调查，调查内容与路面补强前调查内容相同。

（2）加宽方案应根据原有公路等级、线形及交通量等确定。当原有公路线形不需改善，且路基较宽，加宽后路肩宽度符合现行《公路工程技术标准》（JTG B01）时，可在原公路的基础上直接加宽，否则应首先改善和加宽路基；如原有公路因线形较差而需改善，设计时应尽可能利用原有的沥青路面。

（3）路基、路面加宽的设计应按现行《公路路基设计规范》（JTG D30）和《公路沥青路面设计规范》（JTG D50）的规定进行。

（4）加宽时应处理好新路面与原有路面的纵横衔接。由于路基是高路堤路基加宽，所以还应对加宽部分路基进行加固，避免加宽路面出现不均匀沉降。

（5）当路基加宽宽度小于1 m时，加宽的路面或基层压实质量不易控制，宜采用单侧加宽的方式。单侧加宽也包括因线形的约束只能在一侧进行加宽的情况。单侧加宽时应调整原有路面的路拱横坡。双侧加宽宜采用两侧相等的加宽方式。当不能采用两侧相等加宽的路面，如两侧加宽宽度差在1 m以下时，不必调整路拱横坡；当两侧加宽宽度差超过1 m时，应调整路拱横坡。

（6）若加宽路面处于路线平曲线处，则应按现行《公路工程技术标准》（JTG B01）规定设置相应的超高和加宽。

（7）加宽路面的基层和面层材料应按规定进行实验和配合比设计。

（8）当路基路面同时加宽时，路基应加至应有宽度。为使路面边缘坚实，基层宜比面层宽出200~250 mm或埋设路缘石。

31.沥青路面的轻微裂缝如何处理？

高温季节，全部或大部分可愈合的轻微裂缝，可不进行处理。不能愈合的轻微裂缝可用如下方法处治：

（1）将有裂缝（小于5 mm）的路段清扫干净并均匀喷洒少量沥青（低温、潮湿季节宜喷洒乳化沥青），再匀撒一层2~5 mm的干燥洁净石屑或中粗砂，最后用轻型压路机碾压整平。

（2）沿裂缝涂刷少量稠度较低的沥青。

32.沥青路面的横向或纵向裂缝如何处治？

（1）缝宽在3 mm以内的裂缝：可采用"一布两油"的方法进行贴缝、隔缝处理。即将土工布裁剪成长条状，宽度不宜小于 50 cm→沿裂缝处理范围内按 0.3~0.4 kg/m² 涂刷黏层沥青→沿裂缝粘贴条形土工布，土工布接头搭接宽度不应小于 5 mm，搭接处应涂刷黏层沥青→粘贴完后在土工布上按 0.4~0.6 kg/m² 涂刷一层黏层沥青→在土工布黏层沥青上按 3~5 m³/1 000 m² 均匀撒布石屑，并用轻型压路机压平。

（2）缝宽在 3~5 mm 以内的裂缝。

方法一：应先清除缝中杂物→将稠度较低的热沥青灌入缝内（灌入深度约为缝深的 2/3）→再填入干净石屑或粗中砂，并捣实→最后将溢出缝外的沥青、石屑、沙等余料清除。

方法二：采用"两布三油"进行处理，即刷一层沥青贴一层布→再刷一层沥青贴一层布→在第二层布上最后刷一层沥青撒布石屑。

（3）缝宽在 5 mm 以上的裂缝：应除去已松动的裂缝边缘→再用热拌沥青混合料或乳化沥青混合料填入缝中，捣实。

33.因使用年限较长或沥青老化等原因出现的大面积裂缝（包括网裂），而基层未破坏时可用哪些方法维修？

（1）采用乳化沥青稀浆封层，封层厚度宜为 3~6 mm。

（2）加铺沥青混合料封层或先按要求铺设土工布，再加铺沥青混合料封层。

（3）改性沥青薄层罩面。

（4）因面层而造成路基、基层破坏的严重龟裂，应先按要求处理好路基、基层后再进行面层处理。

34.沥青路面的壅包可如何处理？

（1）因施工操作不慎将沥青漏洒在面层上而成的壅包，将壅包刨除进行路面表面处治。

（2）已趋于稳定的轻微壅包，应将壅包用机械刨削或人工铲除后整平、处治。

（3）因面层沥青用量过多或细料集中而产生较严重壅包或路面连续出现多个壅包且面积较大，但基层稳定，则应用机械（如铣刨机）或人工将壅包全部除去，并低于路表面约 10 mm，扫尽碎屑、杂物及粉尘后用热拌或冷补沥青混合料重铺面层。

（4）因基层顶部含水量过大，使面层与基层间结合不良而造成的推移变形引起的壅包，应将拥面层全部挖除，将水分晾晒干，并用水稳定性较好的材料更换已变形的基层，再重做面层。

（5）因路基软化、基层破坏而引起的面层壅包，应按设计要求先处理路基、基层后，再处理面层。

35.沥青路面的沉陷可如何处理？

因路基或基层结构破坏而引起的路面沉陷，应按要求处理好路基、基层后，再重做面层。因路基不均匀沉降而引起的局部路面沉陷，若沉降稳定，可根据路面的破损状况分别采取下列处治措施。

（1）路面略有下沉，并伴有少量轻微裂缝。可在沉陷处喷洒或涂刷黏层沥青，再用细粒式或沙粒式沥青混合料将沉降部分填补，并压实平整。

（2）路基沉陷导致路面破损严重，矿料松动、脱落而形成的坑槽，应按照坑槽的维修方法予以处治。

36.沥青路面的车辙可如何处理？

（1）车行道表面因车辆行驶推移而产生的纵向车辙，应将出现车辙的面层铣刨清除后，重铺沥青面层。在城市主干道上可采用普通沥青混合料、改性乳化沥青混合料、稀浆封层等来修补车辙；次干道及以下等级道路可用冷补沥青混合料修补。

（2）路面因受横向推挤形成的横向波形车辙，可将凸出的部分刨除，在波谷喷洒或涂刷黏层沥青并填补沥青混合料找平、压实。

（3）因面层与基层间存在不稳定夹层而形成的车辙，应将面层挖除，清除夹层后，重作面层。

（4）因基层局部下沉破坏而造成的车辙，应先处治基层，再按要求处治面层。

37.沥青路面的波浪与搓板可如何处理？

因基层局部破坏、失稳而造成的波浪（或搓板），应先对基层进行处治，再重铺面层。因面层与基层之间存在不稳定的夹层而形成波浪（或搓板），应挖除面层，清除不稳定的夹层后，喷洒黏层沥青，重铺面层。属于面层原因形成的波浪或搓板可按下述方法进行维修。

（1）路面仅有轻微波浪或搓板，可在波谷部分喷洒沥青，并均匀撒布适当粒径的矿料，找平后压实。

（2）波浪（或搓板）的波峰与波谷高差起伏较大时，应顺行车方向将凸出部分铣刨削平，并低于路表面约 10 mm。在削除部分均匀喷洒热沥青，并撒布一层粒径不大于 10 mm 的矿料，扫匀、找平、压实。

（3）严重的、大面积波浪或搓板，应将面层全部挖除，重铺面层。

38.沥青路面的坑槽可如何处理？

若因基层破坏而形成坑槽，应按规定先处理基层，再修复面层。基层完好，仅面层有坑槽时按下述方法进行维修。

（1）冷切热补处理

按照"圆洞方补、斜洞正补"的原则，划出所需修补坑槽的轮廓线→所画轮廓线开凿至坑底稳定部分，其深度不得小于原坑槽的最大深度（如果坑槽深达 7 cm 以上，应将坑槽按 4 cm 一层凿开，每层接缝应错开 20 cm 左右）→清除槽底、槽壁的松动部分及粉尘、杂物，并涂刷黏层沥青→填入沥青混合料并整平→用小型压实机具或手扶振动夯将填补好的部分压（夯）实。新填补部分的混合料应略高于原路面（如果坑槽深达 7 cm 以上，应将沥青混合料分两次或三次摊铺和压实）。

（2）热刨热补处理

采用热修补养护车，用加热板加热坑槽处路面→翻松被加热软化铺装层，喷洒乳化沥青，加入新的沥青混合料，然后搅拌铺平→压路机压实成型，其压实度应达到 96%（马歇尔标准密度）。

39.沥青路面的麻面与松散可如何处理？

（1）因嵌缝料散失出现轻微麻面，应均匀撒布适量沥青，嵌缝料，找平，扫匀，压实。

（2）大面积麻面应喷洒稠度较高的沥青，并撒布适当粒径的嵌缝料，麻面部分中部的嵌缝料应稍厚，与原路面衔接处要稍薄，定型应整齐，并碾压密实成形。

（3）因沥青老化失去黏结性而造成的松散，应将松散部分全部挖除后，重铺面层。

40.沥青路面的泛油可如何处理？

（1）只有轻微泛油的路段，可不做处理。

（2）泛油较重的路段，可先撒 5~10 mm 粒径的碎石，用压路机初压待稳定后，再撒 3~5 mm 粒径的石屑或粗砂，并用压路机压实。

（3）面层已形成软层的严重泛油路段，可视情况采用下述方法进行处理。

先撒一层 S9 或 S10 碎石，用压路机将其强行压入面层，待基本稳定后，再分次撒上 S12 粒径的碎石，并碾压成型（采用撒布法处理泛油，应选在炎热季节节进行）→将含油量过高的软层铣刨清除后，按要求重铺面层。

41.沥青路面的脱皮可如何处理？

（1）沥青面层层间产生脱皮，应将脱落及松动部分清除，在下层沥青面上涂刷黏层沥青，并重铺面层。

（2）面层与基层之间因黏结不良而产生的脱皮，应先清除掉脱落、松动的面层，找出黏结不良的原因。若面层与基层间所含水分较多，应将面层刨去，露出基层晾晒或烘干；若面层与基层之间夹有泥砂层，则应将泥砂清除干净，喷洒透层沥青后，重铺面层。

第三节　水泥路面的养护

1.什么是破碎板？如何分级与计量？

破碎板指混凝土板被多条裂缝分为 3 个以上板块，通常是在重载作用下裂缝进一步发展的结果。在荷载的作用下，破碎板会进一步破碎直至完全失去整体性。根据破碎板块的活动情况，将损坏分成轻、重两种等级。

轻：板块被裂缝分为 3 块以上，破碎板未发生松动和沉陷。

重：板块被裂缝分为 3 块以上，破碎板块有松动、沉陷和唧泥等现象。

破碎板损坏按水泥板整块面积计量。

2.什么是水泥混凝土路面裂缝损坏，如何分级与计量？

裂缝损坏是指板块上只有 1 条裂缝，可以为横向、纵向或不规则的斜裂缝。裂缝通常由于收缩应力、重载反复作用、温度或湿度翘曲应力、丧失地基支撑等因素单独或多种因素综合作用而产生。按裂缝缝宽及边缘碎裂情况分为轻、中和重三个等级。

轻：裂缝较窄、裂缝处未剥落，缝宽小于 3 mm，一般裂缝未贯通板厚。

中：裂缝边缘有碎裂现象，裂缝宽度 3~10 mm。

重：裂缝较宽、边缘有碎裂并伴有错台出现，缝宽大于 10 mm。裂缝损坏按裂缝长度计量，用 1.0 m 的影响宽度换算成损坏面积。

3.什么是板角断裂？如何分级与计量？

板角断裂指水泥混凝土的板角被与纵横接缝相交且交点距离等于或小于板边长度的一半的裂缝从板体断开。按裂缝宽度和板角的松动程度分为轻、中和重三种等级。

轻：裂缝宽度小于 3 mm；

中：裂缝宽度在 3~10 mm；

重：裂缝宽度大于 10 mm，断角有松动。

损坏按断裂板角的面积计量。

4.什么是错台？如何分级与计量？

错台指水泥混凝土路面板的纵向或横向接缝两边板块出现大于 5 mm 的高差。根据错台两边高差的大小，分为轻和重两个等级。

轻：高差小于 10 mm。

重：高差 10 mm 以上。

损坏按发生错台的接缝长度计量，换算成损坏面积时乘以 1 m 的影响宽度。

5.什么是唧泥？如何计量？

唧泥指由于路面排水不良，引起基层材料产生液化，在行车的重复作用下，因板体上下运动而产生抽吸作用，使路面下稀释的泥浆或细料从接缝或裂缝处挤出的现象。唧泥的明显标志是接缝附近的路面表面有污渍或基层材料沉积物。

损坏按唧泥处接缝的长度计量，换算成损坏面积时乘以 1m 的影响宽度。损坏不分严重程度。

6.什么是边角剥落，如何分级与计量？

边角剥落指沿接缝方向的板边出现裂缝、破碎或脱落现象，裂缝面一般不是垂直贯穿板厚，而是与板面成一定角度。边角剥落是由于接缝内进入坚硬材料而妨碍了板的膨胀变形，接缝处混凝土强度不足，传荷设施（传力杆）设计或设置不当（未正确定位、锈蚀等），接缝施工质量差，重载反复作用等造成的。

按剥落的深度分为轻、中和重三个等级。

轻：浅层剥落。

中：中深层剥落，接缝附近水泥混凝土多处开裂。

重：深层剥落，接缝附近水泥混凝土多处开裂，深度超过接缝槽底部。

损坏按发生剥落的接缝长度计量，换算成损坏面积时乘以 1 m 的影响宽度。

7.什么是接缝料损坏？如何分级与计量？

接缝料损坏是指由于接缝的填缝料老化、剥落等原因，造成接缝内已无填料，接缝被沙、石、土等填塞的现象。按接缝料剥落的程度分为轻、重两个等级。

轻：填料老化，但尚未剥落脱空，未被沙、石、泥土等填塞。

重：$\frac{1}{3}$以上接缝出现空缝或被沙、石、土填塞。

按出现接缝料损坏的接缝长度计量，换算成损坏面积时乘以 1.0 m 的影响宽度。

8.什么是坑洞？如何计量？

板面出现有效直径大于 30 mm、深度大于 10 mm 的局部坑洞，施工质量差或浇筑的混凝土沙石材料含泥量过大，夹带朽木、纸张、泥块等杂物，以及行驶的某些车辆、机械的金属硬轮对路面产生撞击都可造成坑洞的产生。

损坏按单个坑洞外接矩形面积或坑洞群所涉及的面积计量。损坏不分轻重。

9.什么是拱起？如何计量？

拱起损坏指水泥混凝土路面在温度升高时，因胀缝不能充分发挥作用，造成板体向上隆起的现象。横缝两侧的板体发生明显抬高，高度大于 10 mm 时达到拱起损坏。损坏按拱起所涉及的板块面积计算。损坏不分轻重。

10.什么是露骨？如何计量？

露骨指板块表面出现细集料散失、粗集料暴露或表层疏松剥落等现象。主要是由于混凝土表面灰浆不足，洒水提浆造成混凝土路面表层强度不足引起。损坏按面积计量，损坏不分轻重。

11.什么是修补损坏？如何计量？

修补损坏指裂缝、板角断裂、边角剥落、坑洞和层状剥落的修补造成的路面损坏。

按修补面积或修补影响面积计量（裂缝修补按长度计算，影响宽度为 0.2 m）。损坏不分轻重。

12.水泥混凝土路面养护的基本要求是什么？

（1）做好预防性、经常性的保养和破损修补，保持路面处于良好的技术状况与服务水平。

（2）应保持路容整洁，定期进行清扫保洁。

（3）水泥混凝土路面的接缝应保持良好，表面平顺。

（4）水泥混凝土路面应加强日常巡查，并做好定期检查。

（5）水泥混凝土路面的养护应符合现行《公路技术状况评定标准》（JTG H20）有关规定。养护质量评定等级分优、良、中、次、差 5 个等级。

13.水泥混凝土路面清扫频次有什么要求？

（1）路面的日常清扫，应根据实际情况，采用机械或人工的方法进行。

（2）高速公路和一级公路应以机械清扫为主，其他等级可以机械和人工相结合进行清扫。

（3）二级和二级以上公路路面的清扫作业频率宜不少于 1 次/天，其他等级公路可根据路面污染程度、交通量大小及其组成、气候及环境等因素而定，但不宜少于 1 次/周。

（4）路面分隔带内的杂物清理宜不少于 1 次/月。

（5）长隧道内和大型桥梁的清扫频率应适当增加。

（6）清扫时，应防止产生扬尘而污染环境，危及行车安全，并及时清除和处理路面油类或化工类等污物。

14.水泥混凝土路面的接缝养护有什么要求？如何养护？

（1）水泥混凝土路面的接缝中填缝料凸出板面的高度，高速公路及一级公路不得超过 3 mm，其他等级公路不得超过 5 mm。

（2）填缝料局部脱落、缺损时，应及时灌缝填补；填缝料老化、接缝渗水严重时，应及时进行整条接缝的填缝料更换。

（3）填缝料更换前，应清除原接缝内的填缝料和杂物。新灌注填缝料时，应做到饱满、密实、黏结牢固。

（4）填缝料的更换时间，应选择在当地气温居中的时间段进行，一般在春秋季节实施。填缝料的灌注深度，一般为 30~40 mm。当填料深度较大时，应设置垫底材料或支撑条。

（5）填缝料有常温施工式和加热施工式两种，其技术指标应符合现行《公路水泥混凝土路面接缝材料》（JT/T 203）的规定。填缝材料应选择具有与混凝土板壁黏结牢固、回弹性好、不溶于水、不渗水，高温时不挤出、不流淌，抗嵌入能力强、耐老化龟裂、负温拉伸量大、低温不脆裂、耐久性好等性能的材料。高速公路、一级公路应优先使用树脂类、橡胶类或改性沥青类填缝材料，并宜在填缝料中加入耐老化剂。

15.日常巡查主要检查哪些内容？巡查有哪些要求？

日常巡查是对水泥混凝土路面外观状况进行的日常巡视检查。主要检查拱起、沉陷、错台等病害，以及路面油污、积水、结冰等诱发病害的因素和可能妨碍交通的路障。

（1）巡查频率应不小于1次/天。雨季、冰冻季节和遇台风暴雨等灾害性气候，应加强日常巡查工作。

（2）日常巡查可以以车行为主，采取观察、目测及人工计量，定性与定量观测相结合，重要情况应予摄影或摄像。

（3）发现妨碍交通的路障应及时清除，一时无法清除的，应采取相应的安全措施。

（4）日常巡查结果应及时做好记录。

16.如何确定水泥混凝土路面的养护对策？

（1）高速公路及一级公路的路面损坏状况指数评价为优和良，二级及二级以下公路的路面损坏状况指数评价为中及中以上时，可采取日常养护和局部或个别板块修补措施。

（2）高速公路及一级公路的路面损坏状况指数评价为中及中以下，二级及二级以下公路的路面损坏状况指数评价为次及次以下时，就采取全路段修复或改善措施。

（3）高速公路及一级公路的路面行驶质量指数、抗滑性能指数评价为中及中以下，二级及二级以下公路的路面行驶质量指数、抗滑性能指数评价为次及次以下时，应分别采取措施，改善路面平整度，提高路表面的抗滑能力。

（4）当路面结构承载能力不能满足现有交通的要求时，应采取铺筑沥青混凝土或水泥混凝土加铺层措施，提高其承载能力。

17.水泥混凝土路面整块板更换和板的局部更换处治？应符合什么要求？

（1）处治好基层或垫层，并设置横向排水设施。

（2）原有拉杆、传力杆应保持顺直、有效。

（3）重新浇筑的水泥混凝土强度不应低于原设计强度。

（4）重新浇筑的水泥混凝土材料要求、配合比、施工工艺、标准等应符合有关设计与施工规范的规定。

（5）修复后的路面平整度，包括接缝在内，用3 m直尺检测，高速公路、一级公路应不大于3 mm，其他等级公路应不大于5 mm。

（6）旧混凝土局部板块凿除应采用液压镐，以免影响相邻板块。

（7）需对损坏基层或垫层进行清除的，由于修补面积较小，难以碾压，可采用C15

贫混凝土进行补强，补强后的标高应与原基层顶面标高相同，并设置横向盲沟，以免路基积水。尤其是路肩路面化的，应设置盲沟。

18.采用灌浆法和条带罩面法处治水泥混凝土路面裂缝，应符合那些要求？

（1）灌浆法处治裂缝主要有压注灌浆、扩缝灌浆、直接灌浆等，应根据病害程度和施工条件等因素进行选择。水泥混凝土路面裂缝缝隙小于 3 mm 且边缘无碎裂现象，适用于直接灌浆。直接灌浆材料，宜采用聚氯乙烯胶泥、焦油类填缝材料、橡胶沥青等加热施工式填缝料或选用聚氨酯油类常温施工式填缝料。条带罩面法适用于裂缝贯穿于板块全厚，且缝宽大于 3 mm、小于 15 mm 的情况。

（2）灌浆材料应具有较好防水性能和足够的强度与湿度稳定性，并应通过实验确定。

（3）当采用条带罩面法时，裂缝两侧的切缝应平行于横缝（或纵缝），且距裂缝距离不小于 150 mm，凿除的混凝土深度以 70 mm 为宜。

（4）修复后的路面平整度，包括接缝在内，用 3 m 直尺检测，高速公路、一级公路应不大于 3 mm，其他等级公路应不大于 5 mm。

19.扩缝灌浆应按什么顺序施工？

（1）顺着裂缝扩宽成 15~20 mm 的沟槽，槽深可根据裂缝深度确定，宜为 3~5 cm，槽最大深度不得超过 2/3 板厚。

（2）清除缝内松散碎屑，并吹净灰土后，填入粒径 3~6 mm 的清洁石屑。

（3）将灌缝材料注入扩缝内。

（4）灌缝材料达到通车强度后，开放交通。

20.条带罩面法施工应按什么顺序进行？

（1）在距裂缝两侧 150 mm 处，切割平行于横缝（或纵缝）且深 70 mm 的缝槽。

（2）凿除两切缝之间的混凝土。

（3）于裂缝两侧垂直于裂缝每隔 500 mm 打一对深为 70 mm 的钯钉孔（孔的间距为 200 mm，裂缝两侧各 100 mm），并在两钯钉孔之间打一条与钯钉孔直径相一致的钯钉槽。

（4）安装钯钉。钯钉宜采 16 mm 用螺纹钢筋。钯钉长度为 200 mm，弯勾长度 70 mm。钯钉孔必须填满砂浆，方可将钯钉插入孔内安装。

（5）切割的缝内壁应凿毛，并清除松动的混凝土碎块及表面尘土、松石。浇筑前均匀涂刷水泥浆或环氧水泥浆，宜浇筑钢纤维膨胀快硬混凝土并及时振捣密实、抹平、喷洒养护剂。

（6）混凝土达到强度后，开放交通。

21.对于大于 3 mm 裂缝，除了条带罩面法外，还可以如何处理？

（1）对于 3~5 mm 的裂缝还可以采用"两布三油"进行贴缝、隔缝处理，其方法与沥青面层贴缝的处理相同。

（2）对宽度大于 5 mm 的严重裂缝应采取全深度切缝、凿除、补块的方法进行处治。其方法有整块翻修更换，设置传力杆，设置加强钢筋等。

22.处理大于 5 mm 的严重裂缝采用整块翻修更换法如何施工？

（1）旧板宜用液压镐混凝土破碎机凿除，凿除时应注意不损坏相邻板块及基层，保留原有拉杆、传力杆，并及时清运破碎混凝土块。

（2）基层损坏部分应清除干净，宜采用 C15 贫混凝土对基层进行补强（其补强混凝土厚度不宜小于 8 cm，顶面高程应与旧路面基层顶面高程相同），宜在混凝土路面板接缝处的基层上涂刷一道宽 20 cm 沥青带。

（3）更换板面的混凝土配合比及所选用的材料应符合原设计要求（可根据施工工期的要求掺用 JK、AS、SC 等快速修补材料，也可采用硫铝酸盐水泥配制达设计要求的混凝土）。

（4）按浇筑混凝土路面的要求，进行摊铺、振捣、抹面、养生、切缝、灌缝等施工。

23.处理大于 5 mm 的严重裂缝采用设置传力杆法如何施工？

（1）在裂缝两侧画线，线应与板面垂直，线距应不小于 1.5 m，线长为板面宽度。

（2）沿画线采用全深度切缝，将切缝范围内的混凝土破除、清渣并进行基层处理。

（3）处理基层后，应修复、安设传力杆和拉杆（传力杆或拉杆折断时，应用与原规格相同的钢筋焊接或重新安设）。

（4）安装前，应在板厚 1/2 处钻比传力杆或拉力杆直径大 2~4 mm 的孔（传力杆、拉杆的型号、直径、长度、孔距应符合原设计要求）。

（5）将孔中尘屑吹净，注入环氧砂浆，将传力杆和拉杆固定在保留板规定的位置上。

（6）光圆钢筋传力杆的伸出端应均匀涂刷少许沥青（传力杆、拉杆倾斜或松动失效，应予以校正或更换）。

（7）按原设计要求进行混凝土配合比设计（根据工期要求可掺用 JK、AS、SC 等快速修补材料，也可用硫铝酸盐水泥配制达到设计要求的混凝土）。

（8）按浇筑混凝土路面的要求，进行摊铺、振捣、抹面、切缝、灌缝、养生等施工。

24.处理大于 5 mm 的严重裂缝采用设置加强钢筋法如何施工？

（1）在裂缝两侧画线，线与板面垂直，线距应不小于 70 cm，线长为板面宽度，沿线用锯缝机深切缝，将切缝范围内的混凝土破除、清渣并处理基层。

（2）安装加强钢筋（受力钢筋宜采用直径为 12~14 mm 的螺纹钢筋，间距宜为 150~200 mm；箍筋宜采用直径为 6~8 mm 的圆钢，间距宜为 200~300 mm；距混凝土顶面不小于 50 mm，底部保护层为 30 mm 左右）。

（3）浇筑混凝土前在保留板侧面均匀涂刷一层水泥浆。

（4）按原混凝土板面的要求进行混凝土配合比设计、拌制、摊铺、振捣、收浆、抹面、养生等施工。

25.采用注浆法处治板底脱空，应符合哪些要求？

（1）根据检查结果，确定空隙部位，合理布置注浆孔。灌浆孔数不能过多，孔与孔之间的距离也不能过短，孔与面板边的距离不应小于 500 mm，以避免破坏面板的整体强度。一般 1 块面板上的灌浆孔数量以 5 个为宜。

（2）压浆设备主要有：钻孔设备、制浆储浆设备、压浆设备、紧固装置。灌浆机械设备可用压力灌浆机或压力泵，灌注压力宜为 1~2MPa。

（3）具体的工艺流程为定位→钻孔→制浆→压浆→压浆孔封堵→交通控制→弯沉检测。

（4）注浆材料应具备颗粒粒径小、流动性大、能顺利压进板底空隙、收缩性小、干固后不产生收缩裂缝、凝固后具有较高的强度和较好的耐久性等特征。采用沥青类材料时，灌浆压力控制在 200~400 kPa，水泥类材料控制在 1.5~2.0 MPa，宜采用水泥浆、水泥粉煤灰浆和水泥砂浆等灌浆材料填隙。推荐选用膨胀水泥加粉煤灰浆液或水泥加膨胀剂浆液，水灰比采用 0.5~1.0，既便于施工，又强度较高，收缩量较小。待其抗压强度达到 3 MPa 时，方能开放交通。

（5）灌浆孔钻好后，应采用压缩空气将脱空孔隙中杂物清除干净。

（6）灌浆作业应先从沉陷量大的部位开始，逐步由小间隙到大间隙进行。当相邻孔或接缝中冒浆，可停止泵送浆液，每灌完一孔应用木楔堵孔。

（7）注浆效果检查可采取钻孔取芯、超声波或雷达检测等方法。

26.水泥混凝土路面板发生拱起、胀起、坑洞等病害时，应如何处治？

（1）拱起有高有低，拱起愈高，拱起两侧的影响板块愈多。在处治时应先将拱起板块两侧附近 1~2 条横缝切宽，待应力充分释放后切除拱起端（切缝宽不应大于 50 mm），逐渐将板块恢复原位，并对已切的缝灌填接缝材料。胀起的处治与之相同。

（2）坑洞分个别坑洞和连片坑洞。对个别坑洞，应清除洞内杂物，用水泥砂浆等材料填充密实；对连片坑洞，应将这些病害集中起来，划为一个施工面，进行罩面处治。

（3）当采用沥青混凝土进行罩面时，为使罩面层与旧混凝土面板黏结牢固，应对旧混凝土面板进行切槽处理，并在罩面施工前刷一层黏层剂。

27.水泥混凝土路面错台如何处理？

（1）错台的处治方法有磨平法和填补法两种，可按错台的轻重程度选定。

（2）高差小于等于 10 mm 的错台，可采用磨平机磨平或人工凿平。

①应从错台最高点开始向四周扩展，边磨边用 3 m 直尺找平，直到相邻两块板齐平为止。

②磨平后，接缝内应将杂物清除干净，并吹净灰尘，及时将嵌缝料填入。

（3）高差大于 10 mm 的严重错台，可采用细石水泥混凝土或细粒式、砂粒式沥青混凝土进行处治。

①细石水泥混凝土修补方法及要求。

a.应将错台下沉板凿除 2~5 cm 深，修补长度按错台高度除以坡度（1.0%）计算。

b.凿除面应将杂物灰尘清除干净。浇筑前，在凿除面均匀涂刷一层水泥浆。

c.浇筑高强细石混凝土，其配合比通过试验确定。

d.混凝土达到通车强度后，即可进行面层施工。

②细粒式沥青混凝土修补方法及要求。

A.在修补前应将路面杂物和灰尘清除干净，并喷洒一层热沥青或乳化沥青，沥青用量为 0.40~0.6 kg/m^2。

B.修补面纵坡变化应控制在 $i \leq 1.0\%$。

C.沥青混凝土符合配合比设计要求，摊铺后宜用轮胎压路机压实。

28.采用机械刻槽法恢复水泥混凝土路面表面功能，应符合什么要求？

（1）刻槽深度 3~5 mm，槽宽 3~5 mm，槽距 10~20 mm。

（2）纵向刻槽时，应平行于纵缝；横向刻槽时，应平行于横缝。

（3）刻槽深度应逐步推进，不求一蹴而就，以免刻槽边缘碎裂。

29.采用在旧水泥混凝土路面上直接加铺，应符合哪些要求？

（1）旧水泥混凝土路面上直接加铺的路面种类主要有：素混凝土、钢筋混凝土钢纤维混凝土、沥青混凝土等。应根据检查、检测结果，针对外部环境和交通量发展状况，按照经济、合理的原则，选择相应的路面加铺层类型。

（2）高速公路及一级公路的路面损坏状况指数和行驶质量指数应在良及良以上；二级及二级以下公路的路面损坏状况指数和行驶质量指数应在中及中以上。

（3）无论采用何种路面类型，均应对旧路面的病害进行修复处治。

（4）新旧路面之间应设隔离层，一般用沥青混凝土、土工布、油毡等。

（5）加铺层的路面厚度应通过计算确定，普通水泥混凝土不小于 180 mm，钢纤维混凝土不小于 120 mm，钢筋混凝土不小于 140 mm，沥青混凝土不小于 70 mm。

（6）路面加铺层的纵、横缝位置应与旧水泥混凝土面板一致。

（7）路面加铺层的设计与施工，按照相关路面的设计、施工规范执行。

30.采用在旧水泥混凝土路面上分离加铺，应符合哪些要求？

（1）旧水泥混凝土路面的损坏状况指数和行驶质量指数在中或中以下。

（2）旧水泥混凝土板块应充分破碎或压裂，并稳定无脱空，必要时可采用乳化沥青水泥浆压注稳定。

（3）在旧水泥混凝土板破碎或压裂时，应做好涵洞、地下管道、电缆、排水管等设施的保护。

（4）基层的厚度应通过结构设计确定，且不小于最小结构厚度

（5）加铺的基层与面层的设计与施工，按照相关设计，施工规范规定执行。

31.旧水泥混凝土再生利用时，应符合什么要求？

（1）若旧水泥混凝土路面板破坏不属于碱集料反应，旧水泥混凝土被破碎以后，作为再生混凝土集料使用，其强度应达到二级标准及以上，且最大粒径应为 40 mm，小于 20 mm 的粒料不能再作为混凝土集料，应筛除。

（2）作为基层集料使用，其强度应达到三级标准且集料含量以 80%~85% 为宜。

（3）用做底基层时，应将混凝土板块充分破碎或压裂，并做到稳定无松动碎块。

32.水泥混凝土路面的加宽，应符合哪些基本要求？

（1）路基加宽应符合公路路基设计、施工规范的有关规定。

（2）路基加宽时，新加宽的基层强度不得低于原有水泥混凝土路面的基层强度，并宜采用台阶法搭接。

（3）两侧新加宽的水泥混凝土路面宽度差大于 1 m 和单侧加宽时，应调整路拱。如条件许可，应尽可能采取双侧相等加宽方式。

（4）在平曲线处，应按现行《公路工程技术标准》（JTG BO1）规定设置超高、加宽，原来漏设的，应予补设。

（5）路面板加宽处的纵缝应设置拉杆。

（6）加宽水泥混凝土面板的强度、厚度、路拱、横缝均应与原设计相同。

（7）加宽水泥混凝土路面的施工，应符合相关施工规范规定。

第四节　砂石路面与砌块路面的养护

1.什么是砂石路面路拱不适损坏？如何计量？

路拱不适是由于施工时路面高程控制不严或设计的原因造成的路面横坡过大或过小，过大将降低行车安全性，过小将使路面雨水不能及时排出。路拱不适程度根据经验确定，按长度计算，检测结果要用影响宽度（3.0 m）换算成面积。

2.沙石路面的沉陷指什么？如何计量？

沉陷指沙石路面表面的局部凹陷，通常是由于路基承载力不足，路基土或基层材料的不均匀沉降，路基压实不足或路堤边坡失稳等引起的。按面积计量。

3.什么是沙石路面的波浪（搓板）损坏？如何计量？

波浪（搓板）是指峰谷高差大于30 mm的搓板状纵向连续起伏。通常沿轮迹带较为显著，在加速和减速路段（如转弯处、上坡、下坡和交叉口处）较易出现。面层混合料组成不当或施工不当等，都会引起波浪或搓板的产生。波浪（搓板）损坏按面积计量。

4.什么是砂石路面车辙损坏？如何计量？

砂石路面车辙损坏是指由于路面或路基强度不足，道路结构过分潮湿，行车荷载反复作用造成的砂石路面轮迹处深度大于30 mm的纵向带状凹槽（车辙），按沿行车方向的长度计算，换算成损坏面积时乘以0.4 m的影响宽度。

5.砂石路面的坑槽、露骨指什么？如何计量？

坑槽是指路面上深度大于30 mm、直径大于0.1 m的坑洞，按坑槽外接矩形面积计量。

露骨是指路面表面黏结料和细集料散失，主骨料外露的损坏，按面积计量。

6.砂石路面养护的基本要求有哪些？

（1）应保持路面平整坚实，防止和修复路面的破损和变形，保持排水良好。

（2）养护材料应尽可能就地取材和旧料再生利用（和新料参配使用）以降低成本。

（3）路面磨耗层和保护层应保持良好，发现波浪、坑槽、车辙等病害应及时维修。

（4）路面与路肩连接处，应保持平整坚实，高差（错台）不得大于20 mm。路面与桥涵衔接应平顺，防止跳车。

（5）当原有路面磨耗过大，强度或宽度不足，不能满足交通量增长的需要时，应对路面采取加宽、加厚或翻修措施，提高通行能力。

7.砂石路面日常养护主要工作是什么？

砂石路面的日常养护工作，主要是保护层的养护（铺砂、扫砂、匀砂），磨耗层的小面积修补，排除路面积水，保持路面整洁。

雨季和冬季冰雪时节是砂石路面养护的不利季节，应加强日常养护工作。做到雨前注意扫砂匀砂，保持路面平整；雨中注意排水，不使路面，路肩积水；雨后注意刮（铲）补，及时刮（铲）波浪和修补坑洞。冬季加强冰雪防治，防止损坏路面结构。

8.砂石路面出现不同病害的养护对策是什么？

（1）砂石路面出现磨耗层破损、坑槽、车辙、松散、波浪等病害时，应及时修复。

（2）当砂石路面保护层（含松散保护层和稳定保护层）出现大面积损坏或飞散、减薄，磨耗层损坏、松散时，应及时加铺磨耗层和保护层。

（3）当砂石路面强度不足，出现坑槽、车辙既深且多或破坏面积大，且深达基层或路面沉陷过剧、路基翻浆严重等时，应进行或整段大修。在大修前应分析破坏原因，调查路基稳定性，确定大修方案。

（4）交通量增大或重型车辆增多，原有路面宽度、厚度已不能满足行车要求时，可加宽、加厚原路面。加宽、加厚路面，应根据原有路况及所用材料，做好综合调查，通过设计确定方案。

9.砂石路面磨耗层损坏应如何修理？

（1）磨耗层发生高低不平，应铲去凸出部分，并用同样的润湿混合料补平低凹部分，碾压密实，使其与原磨耗层保持一致。

（2）局部路段磨耗层大面积被磨损，应清除残存部分，整平洒水润湿，然后按新铺磨耗层的方法用同样的混合料重铺。

（3）磨耗层经行车碾压而减薄，但还基本可以利用时，可加铺一层封面。

10.砂石路面的路面坑槽和车辙应如何修理？

（1）路面发生坑槽和车辙后，应按破损面积大小及深浅程度采取不同方法及时修补。

（2）面积较小、深度较浅的坑槽和较浅的车辙（小于 30 mm），用与原路面相同的材料拌和填补并碾压密实。

（3）坑槽或车辙的面积较大、深度较深（大于 30 mm）时，应采取挖槽修补措施。

（4）坑槽或车辙深达路基时，应先处治路基土层，再在其上修铺路面。

11.砂石路面发生路面松散和波浪时应如何修理？

（1）当路面出现松散时，应将保护层和松动的材料扫集堆起，按有关要求补充新料、重新拌和摊铺并压实后扫回保护层。

（2）当路面轻微波浪且稳定时，应铲高补凹，保持平整。波浪严重，其波峰与波谷高差达 50 mm 以上时，可按大修处治。

12.砂石路面加宽应符合哪些要求？

（1）应按原路面厚度、材料和操作方法铺筑。

（2）根据路基情况，因地制宜，视路肩宽窄确定双边或单边加宽。如路基过窄，则在加宽路基后，再加宽路面。新加宽的路基达到要求的压实度后才能加铺路面。

13.砂石路面加厚应符合哪些要求？

（1）按设计要求加厚。加厚层的压实厚度最小不得小于 80 mm，否则应将旧路表面挖松后与加厚部分一并拌和压实。超过 120 mm 时，应分层铺筑，其上层厚度宜为全部加厚层的 40%。

（2）加厚部分与原路面的接头处，宜采用 5~10 m 长的缓坡搭接。

14.砂石路面同时加宽、加厚应符合哪些要求？

（1）先进行综合调查，并做好设计。

（2）先加宽，后加厚。新加厚的路面，可采用同样的结构类型。要求做到路面横坡适宜，并做好新旧部分的接合。

（3）加宽、加厚的路段稳定后，及时铺筑磨耗层和保护层。

（4）加强初期养护，使其早日达到稳定、密实、平整，保证工程质量，特别应注意加宽部分与路肩接合处保持平整，排水顺畅。

15.砌块路面养护应符合哪些要求？

（1）砌块路面的填缝料应无散失、损坏。

（2）砌块路面应保持平整，无严重破碎块。

（3）砌块路面应排水良好，无积水。

（4）砌块路面应人工定期清扫保洁，不宜用机械清扫。

砌块路面的养护关键是及时添加嵌缝料，排除路面积水，保持排水畅通。

16.砌块路面的填缝料修复应符合哪些要求？

（1）用水泥砂浆做填缝料的，可采用快硬早强砂浆，砂浆强度未达到设计强度的不得开放交通。

（2）用砂做填缝料的，应填筑密实，并及时添补。

17.砌块路面的局部损坏维修，应符合哪些要求？

（1）破碎砌块应按原材料和原尺寸补换。

（2）基层和垫层应压实处治。

（3）重铺的砌块宜高出原路面 5 mm。

（4）缝隙内的填料应保持密实、饱满。

18.砌块路面翻修施工，应符合哪些要求？

砌块路面的破损率大于 15%时，应予翻修。砌块路面翻修时，应对路基土、路面结构排水、地下水以及交通量等进行详细调查，并据此进行设计。翻修应符合下列要求。

（1）水泥混凝土预制块和石块强度指标应达到设计要求。

（2）原有的各种病害应彻底处治。

（3）砂垫层厚度以 30 mm 为宜，砂的含泥量不应大于 3%。

（4）砌块路面两侧应预先设置坚固的边缘约束。

（5）应按设计形式铺好第一排砌块，随后的铺砌应与前一排砌块稳固、紧密相靠。

（6）约束边缘与砌块间的缝隙，应按设计要求镶嵌。不得采用小而薄的切割块填塞。

（7）边缘内空隙镶嵌完毕，应采用平板振动器全面振压砌块表面。振动板的面积宜为 0.35~0.5 m²；振动频率以 75~100 Hz 为宜。振压后应的铺砌面上撒沙，用沙填充缝隙，并继续振压 2~3 遍，即可开放交通。

（8）当用水泥砂浆做填缝料时，砌块周边应干净无浮尘，砂浆饱满、密实。水泥砂浆强度未达到设计强度的不得开放交通。

第十章 桥梁检查和检测与技术状况评定

第一节 公路桥梁检查和检测与技术状况评定

一、桥梁检查

1.经常检查

主要对桥面设施、上部结构、下部结构及附属构造的技术状况进行日常巡视检查，及时发现缺损问题，并及时进行小修保养工作。

桥梁的经常检查至少每月进行一次，汛期要加强检查。经常检查一般采用巡视目测方法，也可配以简单的工具进行测量。当场填写《公路养护技术规范》（JTG H11—2004）要求的"桥梁经常检查记录表"，登记所检查项目的缺损类型，估计缺损范围及养护工作量，提出相应的小修保养措施，为编制辖区内的桥梁小修保养计划提供依据。如发现桥梁重要部件存在明显缺损，要及时向上级部门提交专项报告。经常检查主要检查构造物的外观形态及各部件的完好性。

2.定期检查

定期检查是为评定桥梁使用功能、制订管理养护计划提供基本数据，对桥梁主体结构及其附属构造物的技术状况进行的全面检查，它为桥梁养护管理系统搜集结构技术状态的动态数据。

按规定周期，由实践经验丰富的专职桥梁养护工程师参与，对桥梁主体结构及其附属构造物的技术状况进行全面检查。主要检查各部件的功能是否完善有效，构造是否合理耐用，发现需要大、中修，改善或限制交通的桥梁缺损状况，同时检查小修保养状况。

定期检查方式以目测观察结合必要的测量仪器、望远镜、照相机、探查工具和现场用器材等设备，必须接近或进入各部件仔细检查其缺损状况，并在现场完成以下工作。

（1）现场校核桥梁基本数据并填写"桥梁定期检查记录表"，记录各部件缺损状况并做出技术评分。

（2）实地判断缺损原因，估定维修范围及方式。

（3）对难以判断损坏原因和程度的部件，提出特殊检查（专门检验）的要求。

（4）对损坏严重、危及安全运行的危桥，提出暂时限制交通或改建的建议。

（5）根据桥梁的技术状况，确定下次检查时间。

定期检查的时间应符合下列规定。

（1）新建桥梁交付使用 1 年后，进行第一次全面检查。

（2）桥梁检查周期一般为 3 年，可视被检桥梁技术状况确定每 1~3 年检查一次。

（3）非永久性桥梁每年检查一次。

（4）根据下级桥梁养护工程师报告，在经常检查中发现的重要部（构）件缺损状况为三、四、五类的桥梁，应立即安排一次检查。定期检查工作应按规定程序进行。

桥梁定期检查后应整理并提出检查文件，且应符合下列要求。

（1）桥梁定期检查数据表。当天检查的桥梁现场记录，应在次日整理填写好每座桥梁定期检查数据表。

（2）典型缺损和病害的照片及附录说明。主要说明缺损的部位、类型、性质、范围、数量和程度等，描述应采用专业标准术语。

（3）每座桥梁应有两张总体照片。一张为桥面正面照片，另一张为桥梁上游侧立面照片。

桥梁改建后应重新拍照一次。如果桥梁拓宽改造后，上、下游桥梁结构不一致，则还要有下游侧立面照片，并标注清楚。

（4）桥梁清单。

（5）桥梁基本状况卡片。定期检查完成后，应将本次检查的桥梁各部件技术状况评定结果登记在桥梁基本状况卡片内。

（6）提出定期检查报告，应包括下列内容。

①辖区内所有桥梁的保养小修情况。

②需要大、中修或改善的桥梁计划。说明修理的项目、拟用修理方案、估计费用和实施时间。

③需要进行特殊检查桥梁的报告。说明检验的项目及理由。

④需限制桥梁交通的建议报告。

3.特殊检查

桥梁特殊检查根据桥梁破损状况和性质，采用适当的仪器设备，以及现场勘探、试验等特殊手段和科学分析方法，查明桥梁病害原因、破损程度和承载能力，确定桥梁的技术状况，形成鉴定结论，以便采取相应的加固、改善措施。

桥梁特殊检查分为应急检查和专门检查。

（1）应急检查。

桥梁遭受洪水、流冰、漂流物、船舶撞击、滑坡、地震、风灾和超重车辆自行通过之后，应立即对结构做详细检查，查明破损状况，采取应急措施，尽快恢复交通。

应急检查通常由市（地）级公路管理机构的专职桥梁养护工程师主持。

（2）专门检查。

对定期检查中难以判明损坏原因及程度的桥梁；桥梁技术状况为四、五类者；拟通过加固手段提高荷载等级的桥梁；条件许可时，特殊重要的桥梁在正常使用期间可周期性进行荷载试验，要求针对病害进行专门的现场试验检测、验算与分析等鉴定工作，以便采取有效的养护措施。

专门检查通常由省级公路管理机构的总工程师或授权的专职桥梁养护主管工程师主持，委托公路桥梁检测中心或具有相应资质和能力的科研设计单位、工程咨询单位，签订特殊检查合同后组织实施。

实施专门检查前，承担单位负责检查的工程师应充分收集资料，包括设计资料（设计文件、计算所用的程序、方法及计算结果）、竣工图、材料试验报告、施工记录、历次桥梁定期检查和特殊检查报告以及历次维修资料等。原资料如有不全或疑问时，可现场绘制构造尺寸，测试构件材料组成及性能，勘察水文地质情况等。

特殊检查之后，应提交特殊检查报告。检查报告包括以下内容。

（1）概述检查的一般情况，包括桥梁的基本情况，检查的组织、时间、背景和工作过程等。

（2）当前桥梁技术状况的描述，包括现场调查、试验与检测项目及方法、检测数据与分析结果和桥梁技术状况评价等。

（3）详细阐述检查部位的损坏原因及程度，并提出结构部件和总体的维修、加固或改建的建议方案。

二、桥梁检测

桥梁专门检测是对桥梁结构及部件的材料质量、工作性能、防洪抗灾方面所存在的缺损状况进行详细检测、试验、判断和评价的过程。检测的项目主要有以下三个方面。

1.桥梁结构材料缺损状况。包括对材料物理、化学性能退化程度及原因的测试鉴定；结构或构件开裂状态的检测及评定。

2.桥梁结构承载能力。包括对结构强度、稳定性和刚度的检算、试验和鉴定。

3.桥梁防灾能力。包括桥梁抵抗洪水、流冰、风、地震及其他地质灾害等能力的检测鉴定。

结构材料缺损状况的鉴定，宜根据缺损的类型、位置和检测鉴定的要求。可选择表面测量、无破损检测技术和局部试样等有效可靠的方法。试样应在有代表性构件的次要部件获取。检测与评定要依照相应的试验标准进行。采用没有标准依据的检测技术，应事先通过模拟试验，制订适用的检测细则，保证检测结果具有一定的可靠性。

结构承载能力状况鉴定可采用以下两种方法。

1.根据实际的结构技术状况进行结构检算、水文和水力检算。

2.当检算结果不满足或难以确定时，可采用承载力试验鉴定。

桥梁抗灾能力鉴定一般采用现场测试与检算的方法，特别重要的桥梁可进行模拟试验。

桥梁定期检查、特殊检查、养护对策和维修、加固或改造的设计、施工、竣工、验收等有关技术文件，均应按统一格式完整地归入桥梁养护技术档案。

三、桥梁技术状况的评定

根据缺损程度（大小、多少或轻重）、缺损对结构使用功能的影响程度（无、小、大）和缺损发展变化情况（趋向稳定、发展缓慢、发展较快）等三个方面，以累加评分方法对各部件缺损状况做出等级评定。

重要部件［如墩（台）与基础、上部承重构件、支座］以其中缺损最严重的构件评分，其他部件根据多数构件缺损状况评分。

全桥总体技术状况等级评定，应采用考虑桥梁各部件加权系数的综合评定方法，亦可以按重要部件最差的缺损状况评定。各部件权重可参照《公路养护技术规范》（JTG H11—2004）推荐的数值；也可根据当地的环境条件和养护要求，采用专家评估法修订各部件权重。

桥梁技术状况评定等级分为一类、二类、三类、四类、五类。

按《公路养护技术规范》（JTGH11—2004）规定：一类桥梁进行正常保养；二类桥梁需进行小修；三类桥梁需进行中修，酌情进行交通管制；四类桥梁需进行大修或改造，及时进行交通管制，如限载、限速通过，当缺损较严重时应关闭交通；五类桥梁需要进行改建或重建，及时关闭交通。对适应性不能满足要求的桥梁，应采取提高承载力、加宽、加长、基础防护等改造措施。若整个路段有多座桥梁的适应性不能满足要求，应结合路线改造进行方案比较和决策。

第二节　铁路桥梁检查和检测与技术状况评定

从桥隧养护的基本任务出发，为确保铁路运输安全畅通，适应列车提速、重载运输需要，桥隧养护工作应重点做好设备检查、状态分析评估和预防整治病害等工作。

一、桥隧设备检查

桥隧设备检查是做好桥隧大修、维修工作的重要依据。对桥隧建筑物进行周密检查的目的是：详细了解桥隧建筑物在运营中所发生的变化，及时发现病害，分析病害形成的原因，并采取有效防治措施，合理安排大修工作；积累技术资料，系统地掌握桥隧设备状态，准确规定建筑物的使用条件，使设备经常保持完好状态，保证列车安全和不间断地运行。对桥隧建筑物的检查是桥隧维修工作中极其重要的组成部分。

检查制度包括：水文观测、经常检查、定期检查、临时检查、专项检查、检定试验等。

1.水文观测

凡跨越江河水库的特大、大桥及其他需要了解墩（台）基础冲刷、河床变化、河道变化、水流量、冰凌等情况的桥梁，均应进行河床断面、水位、洪水通过时的流速、流向、结冰及流冰情况的观测。其他有洪水通过的桥梁和涵洞，只需观测最高洪水位。

2.经常检查

经常检查由工长、领工员、工务段负责人分别进行。主要目的是系统地了解建筑物的一般技术状态，发现病害应及时消除，并调查需要修理的工作量，同时检查和指导维修和大修工作的进行情况。每次检查结果应填入《桥隧检查记录簿》（工桥-1）。发现重要病害或病害发展较快时，应及时逐级上报，必要时绘制病害示意图，并记入桥隧登记簿或桥隧专卷内。

工长每月应对钢梁桥、混合桥（钢梁部分）和其他重要桥隧设备（由工务段规定）检查一遍；每季至少对工区管内设备检查一遍；在每座桥隧维修时，应组织工人进行一次全面检查。

领工员每季应有计划地对管内桥隧设备进行检查，做到每半年全面检查一遍；工务段长应有计划地检查长大、技术复杂及病害严重的桥隧设备。

3.定期检查

春融及汛前应对桥隧涵排水、泄洪及度汛防护的设施进行一次检查。秋季(第三季度)，应对桥隧设备进行全面检查。据以拟定病害整治措施，安排设备维修计划，确保行车安全。检查工作由工务段根据铁路局的布置组织进行。长大桥隧及重要设备，工务段段长必须亲自检查，分局（总公司）和铁路局（集团公司）派人员重点参加。检查后，工务段应将主要的病害资料加以整理并存入桥隧设备档案，写出分析说明或总结，填好有关报表，按规定日期上报。对每座设备填写《铁路桥隧建筑物秋季评定记录表》并汇总填写《桥隧建筑物状态报告表》，提出病害发生原因、增减情况等状态分析报告。铁路局审查汇总后，于10月底上报。

4.临时检查

临时检查是指当设备遭受地震、洪水、台风、火灾及车船撞击等紧急情况时，为及时得到结构物状态的信息而进行的检查。

5.专项检查、检定试验

对于特别长大、构造复杂、高墩、有严重病害或新型结构的桥梁应进行专项检查或检定试验。通常的检查内容包括：河床断面、限界、挠度、墩（台）变形和基础病害检查等。

二、状态分析评估

桥隧设备通过各项检查，掌握其实际工作状态后，还需进一步进行科学的分析判断，以便采取有针对性的整修加固措施。目前，对运营桥隧状态的评估方法主要有以下几种。

1.状态劣化评定

桥隧在运营过程中，承受荷载的作用和环境的侵害，必然会引起结构功能的变化，构成对行车安全的影响，即桥隧状态的劣化。由于荷载作用和环境侵害的程度不同，影响结构功能的程度也不相同，因此，桥隧劣化程度也是不同的。为了便于对桥隧劣化状态进行评定，铁道部制定了关于明桥面、钢梁、混凝土梁、支座、墩（台）基础、桥渡和渠梁、隧道等的《铁路桥隧建筑物劣化评定标准》，将劣化程度进行分级，即 AA（极严重）、A1（严重）、B（较重）、C（中等）、D（轻微）等级。

2.病害诊断及剩余寿命评估

在桥隧使用的寿命周期内，根据状态变化和健全衰退的程度，进行适时的修理，使其最大限度地恢复原有的功能。但随着时间的推移，其健全度（指结构物完成其特定功能的健康安全度或损伤度）必将逐步丧失，以致失去应有功能而报废。因此，对桥隧在运营过程中，科学地诊断病害，有效地整治病害，在确保行车安全和适应运输发展的前提下，充分发挥桥隧功能的潜力，最大限度地延长使用寿命，取得最佳的技术经济效益，具有十分重要的意义。

3.状态评估专家系统

随着计算机技术的普及应用，人们运用专家知识、模拟专家行为进行计算机编程，解决了较为复杂的疑难问题，这就是所谓的专家系统。如桥梁损伤评估专家系统、隧道病害（变异）诊断专家系统（简称"TTD专家系统"）和隧道整治专家系统等。这项技术的推广使用将使桥隧状态的评估更为简捷、准确。

三、预防与整治病害

目前，我国铁路运输桥梁中的病害桥梁将接近桥梁总数的 1/5，虽在不断地进行诊治，但新生病害的增长趋势仍未得到很好的抑制。因此，桥隧的养护工作，是在做好设备检查和状态评估的基础上，根据不同的劣化程度，有针对性地进行经常保养、综合维修和大修整治，做好各项作业验收评定工作，有效地预防或控制病害的发生或发展。

1.经常保养

经常保养是桥隧养护维修的主要环节。保养工作一般以整座设备进行，也可分区段进行。保养周期应按不同设备类型的状态变化加以控制，原则上钢梁桥（含混合桥钢梁）为 3 个月，其他设备为 6 个月。在做好适时保养的同时，还应加强预防性的周期保养，使设备质量经常控制在保养合格状态。保养的重点内容是：明桥面桥枕、护轨、连接零件的整修，钢梁清洗和涂装修补，支座清扫加油，圬工体勾缝修补，排水盲沟疏通等。桥隧建筑物保养质量评定工作通过工区自评，领工区定期评定和工务段抽查评定的方式进行。每座设备保养的质量评定是根据该设备各部分存在的问题，按照《桥隧建筑物保养质量评定标准》的规定，根据扣分的情况来评定保养质量的优劣。每座设备扣分的总和，除以该设备的维修长度（取整数）即为该设备的保养质量平均分（取小数点后一位）。保养质量每米平均分在 5 分及以下且无单项质量扣 10 分者为合格，否则为不合格。每次评定的情况，均应填写《桥隧建筑物保养质量评定记录簿》（工桥–12），以备抽查。

2.综合维修

综合维修是桥隧养护的重要修程，其重点内容是：全面整平桥面，更换失效桥枕，连接零件整修或更换，钢梁维护性涂装，伤损构件整修或更换，圬工裂损修补，支座整平加油，检查设备整修等。桥隧综合维修作业质量的验收，要严格执行工务段、领工区、工区三级验收制，分级把关，控制质量。综合维修作业质量评定分为"优良""合格""不合格"三个等级。全部项目一次验收达到合格及以上，主要项目均达优良即评为"优良"；全部项目达到"合格"及以上，可评为"合格"，否则为"不合格"。若出现不合格项目，经返修复验合格，只能评为"合格"。

3.大修整治

大修整治是桥隧养护全盘工作的重点，其作用是：根据桥隧技术状态和运输发展的需要，有计划地进行周期大修，重点病害整治和加固改造，恢复或改善设备功能，延长使用寿命。桥梁大修工程的质量，以每项工程综合评定，分为"优良""合格""不合格"三个等级。

优良——全部工作项目的质量，一次验收达到合格及以上，其中主要工作项目的质量全部达到优良。

合格——全部工作项目的质量达到合格及以上。

不合格——任何一项工作项目的质量未达到合格。

若不合格项目返工整修，经复验达到合格及以上，只能评为"合格"。

四、桥隧建筑物劣化处理的基本原则

结构物或构件状态评定为 A 级者，其病害一般需要通过大修或更新改造进行整治；结构物或构件状态评定为 B 级者，其病害一般需要通过维修进行整治，有些病害需要通过大修进行整治；结构物或构件状态评定为 C 级者，其病害可通过维修进行整治，有些病害只需加强观测并根据其变化情况采取相应的措施。具体病害处理原则如下。

1.当桥隧建筑物状态评定达到 A 级 AA 等时，一般需采取限速、限载等措施，之后再进行整修、加固；病害项目多、整修加固费用高且效益不显著的应进行更换或对整座建筑物进行更新改造。

2.当桥隧建筑物状态评定达到 A 级 A1 等时，可根据具体情况分别采取限速、限载等措施（不需要限速、限载者除外，如桥枕、护木、护轨、栏杆、人行道、安全检查设备及抗震限位设施，钩护螺栓顶面超限，连接零件松动、折断、缺少、锈蚀等项达 A 级 A/1 等，钢梁涂膜劣化达 A 级 A1 等，圬工梁拱防排水设施失效、混凝土劣化，河调及防护设施劣化，隧道衬砌渗漏水、通风和照明不良等达 A 级 A1 等均不需限速或限载），之后再进行整修或加固，病害一般需要通过大修整治。

3.当桥隧建筑物状态评定达到 B 级时，一般不需对建筑物进行限速或限载，一般项目可通过维修方式整治病害，但对于较大病害则需通过大修方式进行整治。

4.当桥隧建筑物状态评定达到 C 级时，一般需要进行维修，特殊项目只需进行观测。

5.整孔桥枕失效可在次年大修中安排更换，当年涌过单根抽换的方法使桥枕失效率降至 25%（或 20%）以内。混凝土梁裂纹、钢筋锈蚀、桥梁孔径及净空不足、基础埋深不足、隧道衬砌腐蚀等项目达 A 级 AA 等劣化时，若秋检时发现，可安排在下一年大修中解决；危及度汛安全的，应在汛前整治完毕。

6.钢梁现有承载能力不足和疲劳累积损伤达 A 级 AA 等劣化，应在次年安排换梁（在换梁之前应采取限速或限载等措施）。

7.梁端顶死、墩（台）异常变位、隧道衬砌严重裂损、腐蚀等劣化达到 A 级 AA 等时，应立即着手查明原因，并根据劣化产生的具体原因尽快采取相应的整治措施。

8.钢梁涂膜劣化达到 A 级 A1 等时，如底漆完好，必须尽快安排罩涂面漆，以使底漆得到有效保护，延长涂膜使用寿命；当涂膜起泡、脱落或锈蚀达到 A 级 A1 等时，次年必须安排涂膜重新涂装。

9.钢梁裂纹达 A 级 AA 等，应立即安排加固；钢梁裂纹达 A 级 A1 等，应尽快安排加固；钢梁裂纹达 B 级，应加强检查，必要时采取加固措施。钢梁异常变位达 A 级 A1 等，应尽快进行整修加固，必要时进行更换［如《桥隧建筑物保养质量评定标准》中（1）主桁、主梁挠度超限；（2）动活载作用下异常变位这两项应换梁］。

10.钢梁铆钉或高强度螺栓失效、松动、拔头达 A 级 A1 等或 A 级 AA 等，应立即安排钉栓更换；钢梁腐蚀达 A 级 A1 等，应进行换梁。

11.混凝土梁（拱）病害达到 A 级 AA 等时，应立即采取修补、加固或换梁措施（当年不能换梁或加固，应采取限速或限载措施）；混凝土梁（拱）病害达到 A 级 A1 等时，应尽快安排整治；防水层损坏，应进行更换；梁体发生碱集料反应及中性化超过规定、严重裂损、钢筋锈蚀，应采用《混凝土结构修补指南》给定的方法和满足规定技术指标的材料进行整治；混凝土严重中性化，应在钢筋发生锈蚀之前采取表面涂装措施，以免钢筋锈蚀后增加整治难度；横隔板断裂，应采取施加横向预应力方式加固（跨度小于 12 m 除外）；横向刚度不足，应按统一加固图进行加固；挠度过大达 A 级 AA 等，应采取换梁措施：上拱度异常达 A 级 A1 等，如有必要可采取换梁措施。

12.支座劣化达 A 级 AA 等，应进行更换，不能更换者应采取整修加固措施；劣化达 A 级 A1 等应进行整修，必要时更换。

13.墩（台）及基础劣化达 A 级 AA 等，应采取加固措施；达 A 级 A1 等应尽快进行整修，必要时进行加固。

14.隧道漏水可采用《铁路桥隧建筑物大修维修规则》规定的原则进行整治，但应选取耐久性良好的材料，以达到根治的目的。隧道衬砌变形或移动、开裂、错动、压溃，应尽快查明原因，再采取措施进行整治。混凝土衬砌厚度或强度不足达 A 级 A1 等，应采取更换衬砌措施。

15.涵渠劣化达 A 级 AA 等，应进行更新改造；达 A 级 A1 等，应采取整修加固措施，必要时进行更新改造。

16.其他病害可根据以往经验酌情采取相应的措施，要积极采用新技术、新材料和新工艺，以获得最佳的病害整治效果。

第十一章　桥面的养护与维修

第一节　铁路桥梁桥面的养护与维修

一、铁路桥梁桥面的种类

铁路桥梁桥面有道砟桥面、明桥面和无砟桥面三种。

（一）道砟桥面

道砟桥面是把轨道铺设在石砟道床上，在圬工桥上一般采用这种桥面。

（二）明桥面

明桥面由基本轨（又称正轨）、护轮轨、护木、桥枕、步行板、人行道及各种连接零件组成。桥梁枕木直接铺设在钢梁（或木梁）上，钢轨钉在桥枕上。一般钢桥（或木桥）特别是大跨度钢桥都采用这种桥面。

1.明桥面的主要优点

（1）重量轻。一般为道砟桥面重量的三分之一，可以减轻桥跨结构的载重。

（2）弹性好。由于桥梁枕木具有很好的弹性，因而可以减缓列车活载对钢梁的冲击。

（3）能与各种不同构造类型的钢梁紧密连接。

2.明桥面的主要缺点

（1）木质容易腐朽。按照现行防腐养护方法，一般的使用期限为20年左右。

（2）不能防火。在蒸汽机车行驶的桥上需有专门的防火设施。

（3）养护工作量大。

（三）无砟桥面

无砟桥面分为无砟无枕桥面和无砟有枕桥面两种，多用在预应力混凝土梁桥上。

1.无砟无枕桥面的主要特点

无砟无枕桥面主要有以下几种优点。

（1）减轻梁的重量。

与有砟桥面比较，无砟无枕桥面少了梁上道砟、枕木的自重，使梁身截面的高度和厚度可以相应地减少，从而可以使梁身自重减轻很多。例如，跨度31.7 m无砟无枕梁的重量比等跨的有砟梁轻43%。

（2）节约原材料。

（3）轨道稳定，养护工作量减少。

由于钢轨借助于扣件固定在梁体桥面混凝土内，所以轨道稳定，大大减少了养护维修工作量，同时还有利于铺设无缝线路。

无砟无枕桥面还存在以下问题。

（1）钢轨直接固定在梁上，轨距、轨顶高程不能做较大的调整，拨道和起道工作受到一定限制。

（2）扣件定位及承轨台平整较难，加上技术要求较高，维修很困难。

（3）目前扣件还不够完善。如何解决曲线上梁的平面矢距及近、远期超高度的设置问题较为复杂，所以在曲线桥上使用无砟无枕桥面还受到限制。

2.无砟有枕桥面

无砟有枕桥面与无砟无枕桥面的区别是：钢轨铺设在嵌入钢筋混凝土上的模型短枕上。

模型短枕可用钢筋混凝土或木材做成。对于这种桥面，应特别注意使模型短枕牢固地固定在桥枕槽内，基本轨与短枕的扣件应连牢。

二、桥上线路及温度调节器

（一）桥上线路一般要求

1.桥梁建筑物与线路平面、纵断面的关系

（1）纵断面符合线路要求，桥上按规定设置上拱度。

（2）线路顺直、圆顺，桥上线路中心线与梁的中心线应吻合并符合设计要求，其偏差值：钢梁不得大于50 mm，圬工梁不得大于70 mm，以防止桥梁承受偏载而出现超应力。

2.桥上钢轨接头位置

桥上的钢轨接头对于桥梁的受力状况很不利，因为它可增大列车对桥梁的冲击力。所以在下列位置不能有钢轨接头。

（1）桥梁长度在20 m及以下的桥面上。

（2）钢梁端及纵横梁连接处、无砟无枕梁端、拱桥温度伸缩缝和拱顶等处前后各 2 m 范围内。

（3）设有伸缩调节器的钢梁，在温度跨度（由孔钢梁的固定支座至相邻钢梁固定支座或桥台挡砟墙的距离）的范围内。

（4）横梁顶上如上述位置的钢轨接头不可避免，应将其焊接。如一时不能焊接，可用高强度螺栓连接顶严轨缝。但焊接或顶严的轨缝，除设有伸缩调节器或使用特种钢轨扣件（如分开式 K 形扣件）外，不能连续超过 2 个接头，其余桥上钢轨接头的轨缝均应能满足：

①当轨温上升到最高轨温时不致形成瞎缝；

②当轨温下降到最低轨温时，不大于容许最大轨缝值。

桥上钢轨接头应采用相对式。明桥面上的钢轨接头，当桥枕净距为 100~150 mm 时可设在桥枕间或桥枕上；桥枕净距在 150 mm 以上时宜设在桥枕间。

3.连接零件

桥上宜采用分开式 K 形扣件。它的优点有三个。

（1）垫板较大，连接牢固，能减少枕木的机械磨损。

（2）钉孔不易进水，有利于枕木防腐。

（3）扣压力大（每根枕木可达 15kN），防爬力强，轨道不易变化。

4.桥头钢轨锁定

为了防止桥头两端钢轨的爬行影响到桥上，从而破坏桥梁结构，在桥梁前后各 75 m 范围内增加防爬设置，彻底锁定线路。

明桥面上一般不安装防爬器，仅在桥头两端钢轨确认已经锁定，而桥面上钢轨尚有爬行时，才可在桥上安装防爬器。

（二）温度调节器

1.温度调节器的作用

温度调节器又称钢轨伸缩调节器（简称"伸缩轨"）。它的作用是保证钢轨能随桥梁的温度和活载位移而自由伸缩。

2.桥上设置温度调节器的目的

（1）防止桥上轨道因钢梁伸缩而产生变形。

（2）使桥上钢轨，特别是焊接或冻结接头的钢轨能随着温度的变化而自由伸缩，不致影响桥梁。

3.桥上设置温度调节器的条件

凡温度跨度超过 100 m 的钢梁，在活动端上的线路应设置温度调节器。每一温度跨度安设一副。

所谓温度跨度，是指桥跨结构受温度升降的影响而伸长或缩短的区段长度。简支梁的温度跨度是指由孔钢梁的固定支座至相邻一孔钢梁的固定支座或桥台挡砟墙的距离。连续梁的温度跨度是指联钢梁的固定支座到相邻一联钢梁的固定支座或桥台挡砟墙的距离。悬臂梁只计算墩（台）上的相邻两固定支座间或固定支座到桥台挡砟墙间的距离。拱桥（无下拉杆的）为水平长度的一半，温度跨度超过 100 m 时，应在拱的两端各安装一副温度调节器。因为它受温度变化的伸缩在两端同时存在。

长跨度的钢梁，由于温度变化和列车的作用，钢梁弦杆会伸长或缩短，使活动端产生较大的水平移动。例如，一孔 100 m 长的钢梁，当温度由 40℃降到−40℃时，钢梁要缩短 90 mm。但是，钢梁活动墙上的钢轨不可能有这样大的伸缩量，因而，很容易使钢轨及螺栓因受力过大而遭受损伤。如采用 12.5 m 或 25 m 长的钢轨，此时钢轨间将有 20~40 mm 的缝隙，这种过大的缝隙，会使车轮通过时产生撞击跳动，既加剧桥梁的振动，又加速钢轨和车轮的磨耗和损伤，所以规定温度跨度超过 100 m 时应设置温度调节器。

4.温度调节器的类型及其构造特征

温度调节器由基本轨、尖轨、大垫板、轨撑、导向卡等组成。按其构造的平面形式不同，可分为斜线型、拆线型及曲线型温度调节器等三类。这里仅介绍曲线型温度调节器。

曲线型温度调节器采用高型特种断面尖轨，尖轨与基本轨的断面形式是爬坡式。这种调节器与旧有调节器相反，它是基本轨伸缩，尖轨在大垫板上不动。尖轨轨头外侧刨切成圆曲线（半径为 500 m），所以称为曲线型温度调节器。内侧刨切线为圆曲线的切线，基本轨不预先被顶变形而是直轨，只是在组装的时候，由尖轨轨头的刨切圆弧和基本轨轨撑（按半径 500 m 曲线布置）把基本轨别弯成相应半径的弹性曲线（半径 500 m）。基本轨伸长时，进入尖轨刨切线范围的部分，由于尖轨轨头和基本轨轨撑的横向约束，被别弯成相应半径的圆曲线（半径 500 m）；当基本轨缩短退出尖轨刨切线范围后，由于桥枕上的扣件约束，又恢复成直线。基本轨就这样反复地自由伸缩。

这种调节器的基本轨轨头与尖轨轨头的刨切圆切孤密贴，而基本轨轨底与尖轨轨底之间保持一定的间隙，两者使用不同形式的尖轨轨撑控制位置。尖轨轨撑不但侧向螺栓顶紧轨腰，而且紧扣轨底；基本轨轨撑仅垫圈是侧向顶紧轨腰，控制横向位置，但不扣紧轨底，因此基本轨能自由伸缩。

曲线型温度调节器是目前最好的一种调节器，它的特点有五个。

（1）轨距保持不弯。不论伸缩量多大，轨距始终保持 1435 mm 不变。

（2）允许伸缩量大。目前设计的最大伸缩量为 1000 m，而旧有调节器最大伸缩量仅为 600mm，这就为发展大跨度桥跨结构和无缝线路创造了更有利的条件。

（3）尖轨与基本轨头部保持密贴。在尖轨刨切范围内，不论伸缩量多大，尖轨与基本轨轨头都保持密贴。

（4）强度及稳定性均较好。由于尖轨采用73 kg/m钢轨，尖轨与基本轨的断面形式是爬坡式，并均用轨撑控制位置，因此提高了调节器的强度和稳定性。

（5）更换温度调节器的技术要求高。温度调节器由于长期使用，零件磨损而需要更换，有的调节器由于设备陈旧，不能适应运输需要，也需要换成新型的调节器。当调节器的个别部位损坏时，可以进行个别更换，但是为了使两侧的基本轨和尖轨高低一致，同时为了使调节器各部分间密贴吻合，整体性良好，最好成组更换。

5.温度调节器养护的技术要求

温度调节器的构造复杂，零件较多，是桥上轨道的薄弱环节，它的状态直接影响着行车安全。因此必须加强养护维修，保持其各部分状态经常良好。养护的技术要求有九个。

（1）温度调节器两端轨道应锁定，使钢轨与钢梁的伸缩一致。固定轨（曲线型调节器的尖轨，斜线型及折线型调节器的基本轨）应牢固锁定在大垫板上，发生爬行时，应立即采取防爬措施。

（2）伸缩轨（曲线型为基本轨，斜线型及折线型为尖轨）必须能够自由伸缩。应保持伸缩部分的经常清洁，注意清除妨碍伸缩的渣滤和污垢，经常在摩擦面上涂石墨粉或油脂，使其伸缩灵活。

（3）斜线型、折线型调节器的尖轨尖端绝不容许伸过基本轨弯折点，如伸过，应将伸缩缝重新拼装一次。两根尖轨尖端应对正，误差不超过5 mm。

（4）斜线型、折线型温度调节器，要特别注意使尖轨尖端轨距与当时钢轨温度和钢梁气温跨度相适应，在任何情况下都不能超过1451 mm，其余各部分均为1 435 mm。

（5）尖轨与基本轨应密贴，轨撑应紧贴轨腰，导向卡应紧贴尖轨底，如不密贴应进行修整，必要时，可在轨撑与铁座间加调正片或在导向卡与尖轨底间加铁线卡挤严。导向卡磨损过甚或轨撑、螺栓失效时应及时更换。各种螺栓（锄钉）应经常保持无松动、无锈蚀。

（6）尖轨或基本轨轨头，如有飞边，应及时铲除或打磨掉，防止轨头产生剥离现象。

（7）在温度调节器及其两端各2 m范围内，应无失效桥枕和吊板。

（8）做好桥上气温、钢轨温度、钢梁温度、温度调节器伸缩量及钢轨爬行等的经常检查和观测工作。如发现温度调节器伸缩量及钢轨爬行等的反常现象，应检查分析原因，必要时采取措施，保证安全。

（9）温度调节器有下列不良现象之一时，禁止使用。

①基本轨或尖轨的垂直磨耗超过6 mm。

②尖轨被轧伤，轮缘有爬上尖轨的危险。

③尖轨顶宽 50 mm 及其以上断面处，尖轨顶面较基本轨顶面低 2 mm 及以上。

④尖轨或基本轨有裂纹等损伤。

⑤尖轨尖端与基本轨在静止状态下不密贴。

三、护轨

（一）护轨的作用

护轨又叫作护轮轨。它的作用是当机车、车辆万一在桥头或桥上脱轨时，能将脱轨的车轮限制在基本轨与护轨之间的轮缘槽内，使其继续顺桥滚动，防止机车、车辆向旁偏离撞击桥梁或坠落桥下，造成严重后果。

（二）护轨的铺设条件

符合下列条件的桥梁应铺设护轨。

1.特大桥及大、中桥。

2.桥长 10 m 及以上，而桥上曲线半径小于或等于 600 m，或桥高（轨底至河床最低处）大于 6 m。

3.跨越铁路、重要公路、城市交通要道的立交桥。

4.多线桥上的各线按上述第 1~3 项办理，但多线框构桥可只在两外侧线路上铺设。

（三）护轨铺设的技术要求

1.护轨长度

为了使桥梁建筑物不受机车车辆脱轨可能造成的损害，护轨伸出桥台挡砟墙以外的直线部分应不少于 5 m；当直线上桥长大于 50 m、曲线上桥长大于 30 m 时应不少于 10 m，然后弯曲交会于铁路中心。弯轨部分的长度要求不少于 5 m。在任何情况下，护轨都要铺满桥台全部长度，并伸出桥台后边缘不少于 2 m。

2.轮缘槽宽度

护轨外侧与正轨内侧之间的净空称为轮缘槽。轮缘槽的宽度为护轨与正轨头部间的净距，当基本轨为 50kg/m 及以下时为（200 ± 10）mm，当基本轨为 60kg/m 及以上时为（220 ± 10）mm。

这个规定，主要考虑到车轮厚度最大为 140 mm，当车轮脱轨时，能使其落入轮缘槽内，并有一定活动量，以防车轮沿槽滚出桥外。

3.护轨顶面高程

我国机车轮缘顶点到轮缘工作面最小距离为 25 mm，为使车轮脱轨时能被护轨卡住，不致越过护轨，规定护轨顶面不应高于基本轨顶面 5 mm，也不应低于 25 mm。

护轨高度不足，一般不能使用，容许加垫厚度小于 30 mm 的纵向长垫板，道砟桥面也可使用横向垫板。如护轨垫板过厚，当脱轨车轮撞击护轨时，护轨会被撞翻，失去防护作用。

4.护轨连接

每个护轨接头安装 4 个夹板螺栓。螺栓帽安装在轨道中心一侧，以避免车轮脱轨时被切断或撞伤。在温度调节器处，应采用一端带有长圆孔的夹板，使护轨能同钢梁一起伸缩。在明桥面上，护轨应每隔一根桥枕钉 4 个道钉（每股钉 2 个），使用厚度 20~30 mm 的垫板时，每股护轨应在每根桥枕上钉 2 个道钉。

在道砟桥面上，每股护轨在每根轨枕上钉 2 个道钉。

5.梭头

护轨尖端应切成不陡于 1∶1 的斜面，并用螺栓串联牢固，做成梭头，或另装铁梭头。自动闭塞区间，应在护轨端交会处安装绝缘衬垫，防止正轨与护轨间偶然有导电物体搁置造成短路，使自动闭塞信号显示错误。

（四）护轨养护的技术要求

1.护轨应目视顺直或圆顺（以头部外侧为准）。轮缘槽宽度以及护轨顶面高程应符合规定。

2.夹板、螺栓、道钉应数量齐全，状态完好。

3.护轨底部悬空不大于 5 mm。

4.梭头各部连接牢固，并搁在轨枕上，尖端悬空小于 5 mm。

5.大跨度钢桥的护轨爬行时，应及时拉轨，并安设防爬器或在桥头轨道设置防爬锁定桩进行锁定。

四、桥枕

1.桥枕的作用及规格

桥枕是明桥面上最重要的设备，它的作用有两个。

（1）直接承受由钢轨传来的竖向力和水平力，并把这些力均衡地分布到钢梁上。

（2）固定钢轨位置，防止钢轨倾覆或纵向及横向位移，保持轨距。

桥枕的标准断面和长度，应根据主梁或纵梁中心距的不同，按表11-1的规定选用。

表11-1　桥枕规格

主梁或纵梁中心距（m）	桥枕标准断面		长度（mm）	附注
	宽度（mm）	高度（mm）		
1.5~2.0	200	240	3000	①双腹板或多腹板的主梁中心距以内侧腹板间距为准；②现设计纵梁间距一般为2 m
2.0~2.2	220	260	3000	
2.2~2.3	220	280	3000	
2.3~2.5	240	300	3200 或 3400	

2.桥枕铺设的技术标准

（1）为使桥枕受力均衡，桥枕应与线路中线垂直。在斜桥及曲线桥上，可在桥头或钢梁端部采取措施，如加厚挡砟墙、接长纵梁或采取扇形布置等使桥枕逐渐转成与钢梁中线垂直。

（2）两桥枕间净距为100~180 mm（横梁处除外），专用线上可放宽到210 m，并尽可能使桥枕净距保持均匀。

桥枕净距不能大于规定的尺寸，因为桥枕过稀，不但会增加桥枕负担，而且当列车脱轨时，轮缘会卡在枕木间，不易拉出桥外，甚至会把桥枕切断，造成严重后果。但是，桥枕净距也不能小于规定尺寸，因为桥枕过密，既浪费木材，又给抽移桥枕及清扫钢梁等作业造成困难。

（3）桥枕不能铺在横梁上，因为桥枕铺在横梁上，会使横梁直接承受车轮压力和冲击，不利于清扫和排水，会加重横梁上盖板的锈蚀，对横梁的结构不利。同时，由于横梁上的桥枕弹性比支承在两根纵梁上的桥枕弹性小，会造成轨道软硬不均，对行车也不利。

靠近横梁的桥枕，枕与横梁翼缘边缘之间应留出15 mm及以上缝隙，以利于横梁的排水和清扫。

如横梁两侧桥枕间净距在300 mm及以上，且桥枕顶面距横梁顶面在50 mm以上时，应在横梁上垫短枕承托，矩枕与护轨连牢，短枕与正轨之间应留出空隙（一般为5~10 mm）。这样，既能防止脱轨车轮陷入桥枕间隔内或切断桥枕而造成严重后果，又能使横梁不致直接承受车轮的压力和冲击。

（4）桥枕与钢梁连接系之间应留有一定空隙（至少3 mm以上），保证在列车通过时，桥枕底部不接触钢梁连接系的任何部分（包括连接铆钉）。如有接触，可以在桥枕下挖槽。如果钢梁上平连接系位置都较高，应将其改造降低，因为连接系杆件比较薄弱，如直接承压，将产生弯曲、裂纹和铆钉松动等病害。

（5）有桥面系的上承钢梁，桥枕只能铺设在纵梁上，但是设计允许铺设在主梁翼缘上者除外。

（6）桥台挡砟墙上应铺设双枕，以改善和加强明桥面与桥台连接段的轨道受力状况。双枕可用短枕、普枕或桥枕，并用螺栓连接固定在挡砟墙上，但不能用钢筋混凝土轨枕。

3.桥枕失效标准及更换要求

桥枕状态达到下列条件之一时，即为失效桥枕。

（1）标准断面桥枕因腐朽、挖补、削平和挖槽累计深度超过80 mm（按全宽计）。

（2）道钉孔周围腐朽严重，无处改孔，不能持钉及保持轨距。

（3）桥枕内部严重腐朽。

（4）通裂严重，影响共同受力。

有连续两根及以上的失效桥枕时应予以立即抽换。钢轨接头处的4根桥枕不容许失效。一孔钢梁上的桥枕失效达25%及以上时应进行整孔更换。单根抽换时，可使用整修后的桥枕。

4.更换作业

（1）全面更换桥枕

全面更换桥枕首先要进行桥面抄平，抄平应用水准仪进行。通过抄平，测出钢梁上各放置桥枕位置的高程，然后根据上拱度设置要求，以及考虑线路坡度、曲线超高的影响，确定各根桥枕高度，即可依此加工刻槽制作新桥枕。一般均需封锁线路，其方法可分为下列两种。

①"大揭盖"。将桥上线路拆开，移出钢轨然后将旧枕逐根更换为新桥枕，最后铺好桥上钢轨。这个方法需要的时间较长。为了缩短封锁时间，一般按一节钢轨的长度逐一进行更换，即取下一节钢轨，撤走铁垫板及旧桥枕，随即铺好新桥枕，立即安装基本轨恢复线路，然后再度封锁，撤换下一节钢轨下的桥枕。

②逐段抽换。在一定长度内松开桥上钢轨与桥枕的连接，用千斤顶顶起钢轨及护轨并用垫木楔住。旧桥枕和新桥枕都由两侧横向移出或穿入，最后落下钢轨恢复线路。这种方法可视封锁时间的长短，掌握每次抽换的数量，条件是两侧应有人行道。

（2）单根抽换桥枕

单根抽换桥枕可以在不拆卸钢轨的条件下进行，因目前多数桥梁都有三角侧向支架的人行道，站在上面即可顺利地抽出旧枕穿入新枕。

对于下承式板梁，因两边有腹板挡住，桥枕从两侧抽不出来，所以一般要拆去一股钢轨才能进行。但当纵梁间距及主梁中心距都足够时，也可以不拆除钢轨，从纵梁与钢轨间抽穿桥枕。

（3）更换桥枕作业

①准备工作。先按钢梁长度计算确定桥枕根数与间距，然后把新桥枕运到工地，并按

顺序编号。对抽换桥枕的工具要进行检查，并预先安放好，拆除桥上步行板、护木，每隔一根桥枕拆下一个钩螺栓，同时起冒道钉。

②基本作业。拆除一次所需更换桥枕上的钩螺栓，用千斤顶拾起钢轨及护轨（或将其拆去）。用抽换桥枕工具依次抽出旧枕，清扫钢梁上盖板，以同样方法及相反的步骤换入新桥枕，落道，拆除千斤顶（或拾回基本轨与护轨），恢复线路，检查轨距、水平度，新桥枕每股轨打入两只道钉，安装 1/2 或 1/3 钩螺栓，让列车通过。

③整理工作。补齐并拧紧螺栓，钉齐道钉，装上护木、步行板等，使桥面与线路恢复完好状态。清理工具，运走旧枕等材料，更换桥枕的质量要求应符合验收标准。

5.防爬设备

明桥面防爬设备包括护木及防爬角钢。护木固定桥枕相互位置，不使爬行和偏斜，同时起第二护轨作用。防爬角钢起防止桥枕连同护木顺桥方向移动的作用。

（1）护木

护木标准断面为 150 mm×150 mm，在与桥枕连接处刻 20~30 mm 深的槽口与枕木卡紧。

当桥面上的护木螺栓与钩螺栓不共用时，护木在每隔一根桥枕上以及纵梁两端安装防爬角钢和护木搭接的桥枕上均应用直径为 20~22 mm 的螺栓连接牢固，上下均配以 80 mm×80 mm×8 mm 铁垫圈及 80 mm×80 mm×（10~20） mm 木垫圈（或 6~10 mm 厚橡胶垫圈）。螺栓顶超过基本轨顶不得大于 20 mm。护木采用半木搭接设于桥枕上。

护木内侧与基本轨头部外侧距离：Ⅰ式布置时最小为 200 mm，最大到 500 mm；Ⅱ式布置时最小 300 mm，最大到 500 mm。

护木应为一直线，若因钢梁类型不一而必须错开时，在接头处靠外面一根护木的内侧加三角形木块并用螺栓连牢，使脱轨车轮能贴护木内侧通过，防止撞击或越出护木。护木在钢梁活动端应断开并留定空隙，以便能与钢梁共同移动。

（2）防爬角钢

跨度在 5 m 及以上的钢梁，每孔梁两端各安装一对防爬角钢，如跨度较长，仅在端部安装尚不能阻止桥面爬行或两端防爬角钢有切入桥枕的现象时，可在中部每隔 5~10 m 再安装一对。有桥面系的钢梁，每个节间纵梁的两端各安装一对，如节间长度在 4m 以下时，可在每两个纵梁两端各安装一对。

防爬角钢最小尺寸为 120 mm×80 mm×12 mm，钢梁两端防爬角钢的水平肢应装成相反方向，桥枕与防爬角钢垂直肢间应垫以 15~30 mm 厚的木板，并用直径为 20~22 mm 的螺栓与桥枕连牢。

第二节　公路桥梁桥面的养护与维修

一、桥面铺装层的养护维修

（一）桥面铺装层的种类及其构造

桥面铺装是车辆直接作用的部分，它的主要功能有以下三个方面：防止车辆轮胎或履带直接磨耗桥面板，保护主梁免受雨水侵蚀，分散车轮的集中荷载。

因此，桥面铺装质量的好坏直接影响着行车是否舒适、畅通与安全，是桥梁日常养护工作的重点，必须认真做好桥面铺装的日常养护工作。

目前，桥面铺装常用形式主要有沥青混凝土铺装和水泥混凝土铺装。

随着科学技术的发展，近几年还出现了钢纤维混凝土铺装和改性沥青与SMA铺装层（如武汉白沙洲长江大桥、武汉军山长江大桥）。

1.沥青铺装层的构造

从上到下它主要由沥青混凝土、混凝土保护层、钢筋网、防水层、混凝土整平层等部分组成。

2.水泥混凝土铺装层的构造

它主要由水泥混凝土、钢筋网、防水层、混凝土整平层等几部分组成。

3.钢纤维混凝土铺装层的构造

它主要由钢纤维混凝土、钢筋网、防水层、混凝土整平层等几部分组成。

4.改性沥青与SMA铺装层的构造

常用的改性沥青可分为两类：一类是合成橡胶类，另一类是塑性体类。SMA是一种由沥青、纤维稳定剂、矿粉及少量的细集料组成的沥青玛蹄脂填充间断级配的粗集料骨架间除而组成的沥青混合料。

以钢桥面铺装为例来说明其构造。从上到下它主要由铺装层上面层、黏层油、铺装层下面层、黏层油、防水层、黏结层、钢板防锈层等几部分组成。其中最重要的是铺装层、防水层和防锈层。黏层油和黏结层不是独立的层次。

（二）桥面铺装层的常见缺陷及成因

桥面铺装层直接承受车轮荷载的作用，经受车轮对它的撞击、磨耗，所以铺装层易产生各种缺陷。其常见缺陷有：表面松散，露骨，纵、横向裂缝或龟裂，表面磨耗、坑槽等。

1.沥青铺装层常见缺陷及成因

沥青铺装层的常见缺陷有沉陷、纵裂、龟裂、车辙、推移、波浪、壅包、收缩裂缝、老化开裂、磨耗、松散、泛油等。其常见缺陷的分类及产生原因见表11-2。

表11-2　沥青铺装层常见缺陷分类及产生原因

缺陷分类		主要原因及说明
局部裂缝	纵裂 横裂 龟裂	施工不当，基层的裂缝反射
	老化开裂	沥青材质不良
	收缩裂缝	由材料收缩引起的温度应力超过了材料的抗拉强度，为寒冷地区的一种常见缺陷
变形	车辙	为铺装层的各层在汽车荷载重复作用下进一步压实和沥青层中材料的侧向位移而形成的永久变形。热稳定性差的面层材料，侧移下沉现象严重，即车辙明显
磨耗	磨光 剥落 松散 坑槽	面层混合材料不良，主要是石料抗磨耗性能不好，石料与沥青的黏附力不良，碾压不足等。光滑桥面铺装层上高速行驶的汽车在雨天时，轮胎与地面之间易形成水膜，造成汽车的"水漂"祸害，因此，必须注意提高路面的抗滑性能

2.水泥混凝土铺装层常见缺陷及成因

水泥混凝土铺装层常见缺陷主要有：表面裂缝、表面磨耗、露骨、坑槽等。其中，表面裂缝最为常见。

（1）大面积裂缝

大面积裂缝一般呈均匀分布的龟状细裂缝，通常是在水泥混凝土板铺装过程中，由于表面整修收水不当、气温较高、养护不周等，导致混凝土板表面因失水过快而引起的表面收缩裂缝，这种裂缝一般只是深入混凝土表面几毫米，不会随时间延长而发展。

另外，由于混凝土材料的不稳定，如采用的材料产生了碱集料反应等，也会引起铺装层大面积的开裂，裂缝呈不规则状况，有些会引起翘曲现象等。

（2）局部裂缝

局部裂缝一般分施工时产生的初期裂缝和使用后产生的纵横向裂缝、板角裂缝及结构附近裂缝等。

初期裂缝产生的原因一般是水泥混凝土硬化过程中，表面砂浆沉降开裂及早期混凝土塑性收缩而产生的开裂，其长度一般为数厘米到数十厘米。

纵横方向和板角处的裂缝均为贯通裂缝。

3.钢纤维混凝土铺装层常见缺陷及成因

钢纤维混凝土铺装层常见缺陷有：表面龟裂（网裂、纵裂、横裂）脱皮或局部破损露骨、表面磨损等。

当桥面排水不良时，对钢纤维混凝土面层的整体性也有影响。

4.改性沥青与SMA桥面铺装层常见缺陷及成因

如前所述，改性沥青与 SMA 是桥面铺装层采用的一种新型材料，是为解决沥青混凝土路面的车辙问题而发展起来的。我国在 20 世纪末开始将其用作桥面铺装材料，由于使用时间短，至今尚未发现重大缺陷。但值得注意的是，1997 年首次将该材料应用于广东省虎门大桥钢桥面铺装时，由于级配不合适等，在 1997 年 7~8 月夏季高温季节，产生了过大的车辙和横向变形。最近国内其他钢桥也有类似缺陷出现。

（三）桥面铺装层的养护维修

每日应对桥面铺装层进行清扫，桥面不得有污物及过往行人或车辆丢弃的杂物，以保持干净的工作状态。同时，还应加强检查与养护，如检查行车道和铺装层下的泄水孔的排水效果，使其保持排水畅通，雨量大时，应注意观察桥面有无积水。

1.沥青铺装层的养护维修

对沥青铺装层应观察其是否平整，有无跳车现象；是否有龟裂，是否有松散、露骨，即桥面是否出现锯齿状的粗糙状态；是否有车辙、推移、波浪等现象。一经发现，应视其病害情况及时进行相应的修补和整治。

（1）裂缝的养护维修

沥青铺装层的裂缝有多种形式，应根据裂缝产生的不同情况采取相应的养护措施。

（2）车辙的养护维修

一般可采用沥青混合料覆盖车辙并加铺沥青混合料薄层罩面的方法。如条件许可时，可用加热切割法（使用铣刨机或加热切削整平机）铣刨或切削，然后参照沉陷处理的方法进行车辙部分的维修。

（3）坑槽的养护维修

桥面坑槽的修补在养护维修作业中是比较常见的。补坑所用沥青混合料采用加热拌和式和常温拌和式两种。常温拌和式材料能够贮藏、袋装，便于搬运以及冬季施工作业；但是常温材料修补桥面坑槽的耐久性一般较差，仅作为临时修补使用。

2.水泥混凝土铺装层的养护维修

对水泥混凝土铺装层应观察其是否平整，是否有裂缝，是否有露骨等现象。其中，最关键的是要观察是否有大面积裂缝或局部裂缝。

（1）板块断裂的维修

当损坏分布全桥面板时，可用多个风镐将旧板凿碎清除，再根据通车期限要求，选用合适的材料浇制板块、抹面、压纹或拉槽，养护灌缝。如为局部损坏，则画线凿除或用锯缝机配合在上口锯除损坏部分（包括边缘松动部分）清除干净，将接缝处清除干净，必要时还应刷上水泥或其他黏结剂，并立即用适宜的修补材料予以修补，其表面压纹或拉毛尽量与原板块相同，为了加强新旧混凝土结合，需在接缝处再加耙钉或锚筋。其原有纵横缝应认真恢复，必要时其上部锯缝深度应加深。如损坏处布有钢筋时尽可能不要弄断，不得已切断时，经论证分析认为应恢复时，必须接好。

（2）裂缝的修补

①压注灌桩法。对宽度在 0.5 mm 以下的非扩展性的表面裂缝，可采取压注灌浆法。灌注材料可用环氧树脂或其他黏结材料。

②扩缝灌浆法。局部性裂缝且缝口较宽时，可采取扩缝灌浆法。修补材料可用聚合物混凝土或其他新型快硬高强材料。

③条带罩面法。对贯穿全厚层的开裂状裂缝，宜采取条带罩面法进行修补。

④表面龟裂的处治对于表面裂缝较多及表面龟裂，可把裂缝集中并划为一个施工面，将其中所有裂缝四周松动部分切割成一块深 20 cm 的凹槽，把混凝土碎屑吹刷干净，灌筑早强混凝土，喷洒养护剂养护到设计强度。

（3）孔洞坑槽的维修

孔洞、坑槽主要是由于混凝土材料中夹带松木、纸张和泥块等杂物所致，影响行车的舒适性。其修补方法如下。

①先将孔洞凿成形状规则的直壁坑槽。

②用钢丝刷将损坏处的尘土、碎屑消除。

③用压缩空气吹干净。

④用快硬砂浆或早强混凝土进行填补。

⑤喷洒养护剂进行养护。

（4）混凝土铺装层的局部修补

铺装层的边或角的破损可采用局部修补的方法维修。

3.钢纤维混凝土铺装层养护维修

应经常观察其表面是否平整、是否有龟裂、是否脱皮或局部破损露骨、是否磨耗呈平滑状态。还应观察铺装层下的排水效果，一旦铺装层下积水，会影响铺装层本身的使用寿命。

钢纤维混凝土桥面如有发生纵缝、横缝或网缝，要及时修补：对宽度<0.2 mm 的缝可用环氧树脂胶泥封闭；对宽度≥0.2 mm 的缝可用环氧树脂浆液压力灌浆。

钢纤维混凝土桥面如果局部损坏严重，可将损坏严重的部分凿除重新铺装；如果严重损坏的面积大，考虑到长远使用，改为改性沥青混凝土桥面。

4.改性沥青混凝土铺装层的养护维修

（1）检查桥面铺装层是否有坑槽、纵裂、横裂、网裂、车辙、松散、不平、磨耗以及是否有桥头跳车现象等。

这些检查一般由目测即可完成。桥面的平整情况则可借助板尺等简单工具进行测量。检查出桥面铺装层的病害后，应针对不同病害分别采取不同的养护维修措施。

（2）局部裂缝的养护维修

由于沥青材料性能不良、老化或桥面板本身出现损坏而引起沥青混凝土桥面铺装层的裂缝，养护维修有多种形式。对纵裂、横裂或网裂等形式，可根据裂缝产生的不同原因采取相应的措施。通常的做法是将已损坏的沥青混凝土凿除，按工艺要求重新铺沥青混凝土。

（3）坑槽的养护维修

桥面坑槽的修补在养护维修工作中是常见的。修补坑槽应仍用改性沥青混凝土。修补作业的具体做法如下。

①用切割机垂直切除坑槽四边损坏部分，并将切割下来的松散的残渣清除干净。

②切割完毕后，在坑槽四壁，即在修补范围内涂刷黏结剂。

③摊铺改性沥青混凝土。

④整平、压实修补处。

二、桥面伸缩缝的养护维修

（一）伸缩缝的常见缺陷及成因

1.伸缩缝的常见缺陷

桥面伸缩缝由于设置在梁端构造薄弱部位，直接承受车辆反复荷载的作用，又大多暴露于大自然中，受到各种自然因素的影响，因此，可以说伸缩缝是易损坏、难修补的部位，经常发生各种不同程度的缺陷。

伸缩缝的常见缺陷根据采用形式的不同而有所区别，现分述如下。

（1）锌铁皮伸缩缝使用多年后均有损坏现象，其形式有以下几种。

①软性防水材料如沥青砂或聚氯乙烯胶泥等老化、脱落。

②伸缩缝凹槽填入其他硬物，不能自由变形。

③铸铁皮上压填的铺装层如水泥混凝土或沥青混凝土等断裂、剥离。

④伸缩缝上后铺压填部分发生沉陷，高低不平。

⑤由于墩（台）下沉，出现异常的伸缩，车辆行驶时出现冲击及噪声。

（2）钢板伸缩缝（包括梳形钢板伸缩缝）的常见缺陷有以下几种。

①角钢与钢筋混凝土锚固不牢，使钢板松动，在车辆行驶时受到冲击振动，更加速了它的破损。

②缝内塞进石块或铁夹物，使伸缩缝接头活动异常，不能自由变形。

③排水管发生破坏损伤或被土沙堵塞。

④表面钢板焊接部位破坏损伤。

⑤梳形钢板伸缩缝在梳齿与承托板的焊接处出现裂缝，更严重者出现剪断现象。

（3）橡胶伸缩缝是近年来在国外广泛采用的构造。国内采用的橡胶伸缩缝构造虽不复杂，但还不适应较大变形量的要求，目前正在试用。根据国外的资料，这种伸缩缝的常见缺陷有下列几种。

①橡胶条破坏损伤。

②橡胶条剥离。

③在橡胶嵌条连接部位漏水。

④锚固构件破损、锚固螺栓松脱。

⑤伸缩缝构造部位下陷或凸出。

⑥车辆行驶时不适，产生噪声。

2.伸缩缝缺陷产生的原因

伸缩缝产生缺陷的原因是多方面的，但其主要原因是有下列几种。

（1）交通量增大，重型车辆不断增多，随之车辆的冲击作用也明显变大。因此，设计、施工上即使稍有缺陷也就成了破坏的原因。

（2）设计方面的原因。

①有些桥梁结构，桥面板的刚度不足，当桥面板受到汽车荷载作用时，因翼板较薄，横向联系较弱，导致桥面板变形过大。

②很多设计是将伸缩装置的锚固件置于桥面铺装层中，与主梁（板）连接的部分很少，这些锚固方法在荷载作用下容易造成开焊、脱落，而且力的分布不容易传递，微小的变形可能演变成大的位移，最终导致混凝土黏结力的失效。

③伸缩量计算不准确，没有考虑到伸缩装置位移时的实际温度对伸缩装置的影响等，在伸缩装置本身不具备或很难具备调整初始位移量，以适应安装温度对位移的要求时，选型不当是造成伸缩装置破坏的重要原因。

④设计上未对伸缩装置两侧的后浇混凝土和铺装层材料选择、配合比、密实度和强度提出严格要求或规定。

⑤对于大跨桥、斜桥、弯桥等设计时没有形成与一般的梁（板）结构相符合的构造形式和锚固方法。

⑥使用黏结材料、橡胶材料等新形式的伸缩装置，错误地选定构造和材料，且防水、排水设施不完善，由于漏水、溢水，锚固件受腐蚀，梁端和支座侵蚀严重，多成为破坏的原因。

（3）施工方面原因。

①对桥梁伸缩缝装置施工工艺要求重视程度不够，未能严格掌握施工工艺标准和安装工序进行施工。

②锚固件焊接质量不能得到保证，只注意表面，忽视内部质量是否达到标准要求。

③后浇混凝土（或其他填充料）浇筑不密实，达不到设计的强度要求，时常出现蜂窝、空洞等，难以承受车辆荷载的强烈冲击。

④由于赶工期，草率从事，放松了伸缩装置的施工质量，甚至不按设计图纸要求施工，是现阶段造成伸缩装置破坏的重要原因之一。

⑤伸缩装置两侧混凝土和沥青混凝土铺装层结合不好，碾压不密实，形成两张皮，容易产生开裂、脱落，最终引起伸缩装置的破坏。

⑥缺乏统一的质量验收标准。

（4）管理维护原因。

①平常对在伸缩装置的沙土、杂物未能及时、认真地清扫，使原设计的伸缩量不能保证。

②原有桥梁逐渐老化，维修又不充分，因此破坏不断扩展。

③桥梁超载情况不能得到有效控制，特别是夜间缺乏管理，车辆不按规定行驶，超载车辆自行上桥，对桥梁伸缩装置的有效使用和耐久性也常带来严重危害。

（二）伸缩缝的养护维修

桥面伸缩缝是最容易遭破坏而又相对难以加强和修复的部位。如果置小破损于不顾，势必会发展成严重的破坏，就会严重影响交通，甚至会危及行车安全，这时就得进行修补或彻底更换。所以，注意做好经常性的检查、养护等工作，及时进行修补，是非常重要的一项工作。

1.伸缩缝的日常检查

有计划、有组织地做好经常性的检查工作可以尽早地避免因小的损坏而演变成大的破坏。

日常检查工作主要包括：伸缩缝是否堵塞、挤死、失效；各部分的构件是否完好；锚固连接是否牢固；连接件是否松动；有无局部破损；密封橡胶带是否老化、失去弹性、异常变形或开裂；伸缩缝是否有不正常的响声或异常的伸缩量；伸缩缝各基本单元间隙是否均匀；钢构件是否锈蚀、变形；伸缩缝处是否平整，有无跳车现象等。

为便于养护维修，对检查应做好记录，建立检查记录档案。

2.伸缩缝的养护

桥面伸缩缝要经常注意养护，使其发挥正常作用。其日常养护工作的主要内容如下。

（1）伸缩缝应经常养护，如清除碎石、泥土杂物；拧紧螺栓，并加油保护；修理个别损坏部分等，使其发挥正常作用。若有损坏或功能失效要及时修理或更换。

（2）早期使用的伸缩缝主要有以下几种类型，应经常检查其使用情况并及时进行更换。

①U 形钵铁皮伸缩缝，要防止杂物嵌入。若钵铁皮老化、开裂、断裂，应拆除并更换为新型伸缩缝。

②钢板伸缩缝或钢梳齿板伸缩缝，应及时清除梳齿的杂物，拧紧连接螺栓。若钢板变形、螺栓脱落、伸缩不能正常进行时应及时拆除更换。

③橡胶条伸缩缝，若橡胶条老化、脱落，固定角钢变形、松动，则应及时拆除更换。

④板式橡胶伸缩缝，若橡胶板老化、预埋螺栓松脱、伸缩失效则应及时更换。

3.伸缩缝的维修

（1）修补前应查明原因，采用行之有效，与之相适应的修补方法。修补工作要依据缺陷的程度，或部分修补，或部分以至全部更换。

（2）对于钵铁皮伸缩缝，当其软性填料老化脱落时，在充分扫清原缝泥土后，重新注入新的填缝料。当铺装层破坏时，要凿除重新铺筑。凿除破损部位要画线切割（或竖凿）。清扫旧料后再铺筑新面层，当采用混凝土浇筑时，要采用快硬水泥并注意新旧接缝要保持平整，对铺筑部分要加以初期养生。

（3）对于钢板伸缩缝，当钢板与角钢焊接破裂时，应清除垢秽后重新焊牢；当梳齿断裂或出现裂缝后，也要采取焊接方法进行修补。排水沟堵塞后应及时予以清除。

（4）桥面伸缩缝的修补或更换工作大都不阻断交通。因此，通常可考虑采用限制车辆通行，半边施工、半边通行车辆；或白天使用盖板，夜间施工时禁止通行；或白天使用盖板，夜间施工限制车辆通行，半边施工、半边开放交通等方法。总之，均要注意抓紧时间，尽量缩短工期，且保证修补质量。

（5）伸缩缝的更换要选型合理，以满足桥跨结构由于温度，混凝土收缩、徐变等引起变形的需要，使行车平稳、不漏水。对于中小跨径桥梁，当位移量小于 80 mm 时，可选用浅埋式单缘型钢伸缩缝或弹塑体伸缩缝；位移量小于 50mm 时，可选用弹塑体填充式伸缩缝。对于大位移量桥跨结构，可选用结构性能好的大位移组合伸缩缝（如毛勒缝）。

三、桥面排水设施的养护维修

（一）桥面排水设施的设置概况及要求

为了迅速排除桥面积水，防止雨水滞留在桥面并渗入梁体而影响桥梁结构的耐久性，需要在桥梁上设置一套完整的排水系统，并经常进行养护维护，使其处于正常状态。

桥面排水设施主要包括桥面纵横坡和一定数量的泄水管等。

通常当桥面纵坡大于 2% 而桥长小于 50 m 时，一般能保证雨水从桥头引道上排水，桥上就可以不设泄水管。此时，可在引道两侧设置流水槽，以免雨水冲刷引道路基。当桥面纵坡大于 2% 而桥长大于 50 m 时，为防止雨水积滞，桥面就需要设置泄水管，每隔桥长 12~15m 设置 1 个。当桥面纵坡小于 2% 时，泄水管就需要设置更密一些，一般每隔桥长 6~8 m 设置一个。

泄水管的过水面积通常按每平方米桥面上不小于 2~3cm^2。泄水管可沿车行道两侧左右对称排列，也可交错排列。泄水管高缘石的距离为 10~50 cm。

桥梁上常用的泄水管道有竖向泄水管道、横向泄水管道和封闭式泄水管道等形式。制造泄水管道的材料一般为铸铁、钢、钢筋混凝土以及塑料等。当桥长较短时，纵向排水管的出水口，可以设在桥梁两端的桥台处；对于长大桥，除了在桥台处设置出水口外，还需在某些桥墩处布置出水口，并利用竖向排水管道将水引到地面。纵向排水管道一般可设在箱梁中或梁肋内侧；竖向排水管道应尽可能布置在墩（台）壁的预留槽中，或布置在桥墩（台）内部预留的孔道中。

（二）桥面排水设施的常见缺陷及其养护维修

桥面是供车辆行驶的部位，当桥面因排水不畅或排水设施破坏而形成障碍时，应尽快进行处理，以保证车辆的正常通行。

桥面排水设施的常见缺陷有：桥面积水管、泄水管堵塞、泄水管被截断导致水流方向改变等。对于钢筋混凝土桥梁，桥面积水将使雨水渗入混凝土的细小裂纹中，会使混凝土产生破坏而缩短使用寿命，同时水分还会使钢筋锈蚀；对于钢桥，桥面积水将会加速对梁体表面的侵蚀，使钢梁表面锈蚀。

1.排水设施的检查

应经常检查桥面是否有坑槽，是否有积水。泄水管是桥面排水的重要设施，应经常检查泄水管是否完好、畅通；泄水管的盖板是否损坏、丢失，管口是否被杂草或石块堵塞；管体有无脱落，管口处有无泥石杂物堆积，出水口是否畅通；桥头排水功能是否完好等。

2.排水设施的养护

（1）桥面要经常清扫，使其保持整洁。桥面不得凹凸不平，如发现桥面有坑槽，应及时进行修补，避免积水。

（2）泄水管盖板（进水管口处）上的杂物应及时清除，避免杂物掉入管内堵塞管道而影响排水。

（3）若发现泄水管出水口处有泥石杂物堆积，应及时清除掉。

（4）泄水管应经常进行疏通。

（5）当发现泄水管损坏时，要及时修补，接头不牢、已掉落的要重新安装接上，损坏严重的要予以更换。

四、栏杆及防撞护栏的养护维修

（一）栏杆及防撞护栏的设置概况与要求

桥梁的栏杆或护栏是桥梁上的一种安全设施。除了浸水桥或与路基同宽的小桥涵以外，公路与城市道路的桥梁上均需设置栏杆或护栏。栏杆给行人和车辆以视觉上的安全，可以保障行人的安全，但不能抵挡机动车辆的冲撞；护栏则既能保障行人的安全，又能抵挡车辆的冲撞，使车辆不致冲出桥外。护栏适用于高速公路或汽车专用公路上的桥梁，它应具有一定的强度，坚实而牢固。不过从行人安全角度来讲，采用柔性而又牢固的护栏更理想。

1.桥面栏杆的设置

公路桥梁的栏杆作为一种安全防护设施，是桥梁上部结构一个不可缺少的组成部分。同时，从艺术角度上看，栏杆又是美化桥梁的一种艺术装饰。栏杆为人们感观所直接接触，一座桥堑当其栏杆美观、新颖、完好无缺，并能体现民族风格和时代特色时，将会使桥梁平添无限生机，更加完美，同时提高了交通的安全感和舒适感。

公路上的钢筋混凝土梁式桥上所采用的多为钢筋混凝土装配式栏杆。最简单的栏杆由栏杆柱和扶手组成，复杂的在栏杆柱和扶手之间再设置有一定艺术造型的花板。

在城市桥梁或市政公路桥梁上，为便于行人夜间通行，还往往在栏杆柱上（或人行道内侧）设立灯柱。灯柱通常用钢筋混凝土制作，亦可用钢管制成。

对于一些重要的城市桥梁或特大桥梁，有时也采用金属栏杆，由于金属栏杆易于制成各种图案和铸成富有艺术性的花板，因此，可设计得更富有艺术性。但由于金属栏杆要花费较大数量的金属材料且要经常进行油漆养护，故一般只在有特殊要求的情况下才采用。

2.防撞护栏的设置

一般情况下，桥梁的外侧危险程度明显高于道路。车辆越出桥会造成车毁人亡的重大恶性事故，越是等级高的公路，车速越高，车辆越出桥的事故严重程度越大。因此，对于高速公路、一级公路等高等级公路上的特大桥、大桥和中桥，均应无条件地设置桥梁护栏。一般公路的特大、大、中桥在条件许可的情况下也应设置桥梁护栏。

高速公路、一级公路上的小桥、涵洞，由于跨径较短，所设桥梁护栏本身不能满足护栏最短长度规定的要求，如与两头路线上的护栏形式不一，破坏了护栏整体的连续性，既不协调又不美观，因而在不降低桥涵区段安全性的前提下，对小桥、涵洞的护栏可按路段护栏的要求设置。

在有人行道的桥梁上，虽然路缘起到了护轮带、防止车辆跌落桥下的功能，但是难免会有车辆碰撞行人和非机动车辆的严重事故发生。因此，为保护行人和非机动车辆，同时把机动车和非机动车在平面上分隔开，提高车辆与行人的安全性，应按实际需要在人行道和行车道分界处设汽车行人分隔护栏。

设置于桥梁上的护栏，按防撞等级划分有 PL1、PL2、PL3 三级。每一防撞等级的桥梁护栏应避免在相应设计条件下的失控车辆越出。在选择桥梁护栏时，首先应确定其防撞等级，然后才进行构造形式的选择，而构造形式的选择又要综合考虑公路等级、桥梁护栏外侧危险物的特征、美观性和经济性、养护维修等因素。

常用桥梁防撞护栏按使用材料可分为混凝土护栏和金属护栏。按防撞性能可分为刚性护栏、半刚性护栏和柔性护栏。

（二）栏杆及防撞护栏常见缺陷和损伤

公路桥梁的栏杆及防撞护栏都是桥面上的安全防护设施，暴露在自然环境条件下，加之受人为作用或车辆的撞击，出现各种各样的缺陷或损伤是不可避免的。其常见的缺陷有下几种情况。

1.撞坏。多数是在交通事故中由车辆冲撞所致，也有的是车辆在运输超宽物件时不慎被碰坏或被船只撞坏等。

2.缺损。缺乏养护管理，被人偷拆，或者金属、木料栏杆遭到锈蚀、腐烂破坏，造成个别部件缺损。

3.裂缝。钢筋混凝土栏杆长期外露，混凝土表面常因水分浸入、钢筋锈胀而使构件产生裂缝，混凝土保护层出现损坏、剥离、脱落等现象。

4.变形过大。金属栏杆或护栏的部件虽未造成破坏或缺损，但变形过大，如立柱局部变形、钢质波形板变形过大等。

5.腐蚀。金属栏杆或护栏，一旦油漆脱落又长期未重新涂刷，将会受到自然环境的侵蚀。

（三）栏杆及防撞护栏的养护维修

为了保证行人和车辆的安全，栏杆、护栏必须始终处于完好的状态，如有撞坏、缺损、裂纹、变形或腐蚀，应迅速采取相应的措施进行修复。

桥梁的栏杆、护栏损坏虽然不妨碍交通，但会丑化桥容，使桥上交通缺少安全感，降低交通安全的舒适水平。因此，对损坏的桥梁栏杆要及时修理，同时，也要加强平时对栏杆的养护工作，使桥梁栏杆经常保持完好状态，水平杆件要能自由伸缩。如已撞坏，要及时重新安装；如有缺损，应及时补齐；钢筋混凝土栏杆如发现有裂缝或剥落，轻者可用环氧树脂黏结材料灌注封缝修补，严重者要凿除损坏部分，重新修补完整；金属栏杆要经常刷漆养护，如发现油漆有麻点、脱皮，应重新进行油漆；桥头端柱和导向柱，油漆要鲜明，并经常校正纠偏。

五、桥面照明系统的养护维修

（一）桥面照明的技术要求

桥梁照明应属道路照明系统。照明设施应做到维修方便、照明度适当，灯具需美观大方，使行车安全舒适，最直观悦目。

特大型桥梁的照明要进行专门设计，既要满足照明功能要求，又要顾及艺术效果，做到和大桥的风格相协调。

大、中型桥梁的照明应与其连接的道路一致，若桥面的宽度小于与其连接的路面宽度，则桥的栏杆、人行道缘石要有足够的亮度，在桥的入口处应设灯光照明或反光标志，以保证行车安全。

桥梁照明要限制眩光：一是避免给正在桥头引道上或与桥位相邻道路上的行车者造成眩光；二是当桥下有船只通航时，避免给船上的领航员造成眩光。为此，必要时应采用严格控光灯具，有时在灯具内装上专用的挡光板或格栅。

桥面照明方式主要采用灯杆照明，有时也有栏杆照明。

桥面照明的技术指标通常用亮度、照度、眩光限制和诱导性四项指标。其中，亮度、照度、眩光都与光通量、发光强度有关。

（二）保证桥面照明完好的重要性

桥面照明是桥梁工程中的重要组成部分之一。照明条件的好坏，直接影响夜间桥面的行车速度及交通事故潜在发生率。

桥面设置照明的主要目的是使车辆在不使用前大灯的条件下，也能够看清前方桥面（或道路路面）形状、周围交通情况，并能够及时认清前方障碍及各类标志等。因此，具有良好的照明条件不仅可以提高行车速度，提高桥面的利用率，而且可以减轻或消除驾驶员的紧张与不安全感。对于城市桥梁除了考虑行车安全需要的正常照明外，还需要设置供夜间观赏的立面照明。这种照明会产生较强的艺术效果，所以显得尤为重要。

（三）桥梁照明系统的养护维修

桥面照明系统在桥面系中处于非常重要的位置，所以，必须对其进行检查、养护及必要的维修。

检查是养护和维修的重要依据。所以，检查工作要形成制度，由专人认真执行，并做好检查记录，记录要有专用的格式。通常，检查可分为日常检查、定期检查和特殊检查：日常检查主要是对照明系统的状况等进行日常的巡视检查，便于及时发现问题进行小修保养；定期检查主要是采用仪器设备对桥面照明系统的技术状况每隔一定时期进行一次较详细的检查工作；特殊检查是指桥面照明系统遭受自然灾害的损坏或定期检查时难以判明原因时进行的检查。照明系统的检查主要包括以下几个方面：照明系统设施是否完好并处于正常工作状况；电压是否稳定；灯光亮度及照明效果是否正常；特殊部位、相关场所的平均亮度，照明的色显、照度等是否正常；配电房内的变压器、配电盘及开关的工作状态等。照明系统的养护维修，检查的目的是查清照明系统存在的病害，并据此进行养护与维修。为了使桥面照明系统能正常工作，必须保持桥面所有照明设施处于良好状态，如有损坏或不正常状况应及时进行维修和更换，确保夜间桥上行车的安全。

当照明灯泡已坏时，应及时更换；灯柱锈蚀应及时除锈；灯柱残缺不齐时应补齐；金属灯柱的镀铸层有脱落时，应及时补镀；标志不正或脱落应扶正并固定或重新更换。照明线路老化而断路或短路时应及时更换。

六、桥上交通标志和标线的养护维修

（一）概述

桥梁是道路的重要组成部分，所以桥上交通标志和标线属于道路交通标志标线的范畴。桥上交通标志和标线是桥上交通使用的说明书，是一种无声的语言，是保证行车畅通、有序、安全的重要设施，还是桥面的装饰工程、形象工程和美化工程。

交通标志是用图案、符号或文字对过往桥梁的行人和驾驶员（连同车辆）等交通参与者，进行指示、导向、警告、控制和限定的一种交通管理设施，使其获得确切的交通情报，从而达到交通的安全、迅速、低公害与节约能源的目的。

交通标线是由不同颜色、不同种类的路面（包括桥面）标线、箭头、文字、立面标记、突起路标和道桥边线轮廓标等所构成的交通安全设施，其主要作用是管制和引导交通，因此又称其为交通安全控制设施。

交通标线既可以和交通标志配合使用，也可以单独使用，它具有法律的性质，在交通管理中占有重要的地位。

（二）交通标志和标线的养护与维修

交通标志和标线是依据交通法规及国家有关标准制定的，是交通法规的具体体现，也是管理道路交通的安全设施，其作用非常重要，因此，成为桥梁养护与维修中必不可少的部分。为确保标志和标线的正确性，必须经常对其进行检查，检查所有标志是否齐全完好，所有标线是否清晰，对各种标志、标线、轮廓标等的反光情况还要在夜间进行巡查。巡视检查人员在检查中发现标志、标线遭到损坏或污染，应记录下来并及时反映给桥梁管理有关部门或有关领导。

　　检查工作是养护与维修的基础。只有全面了解标志、标线的现状后才能采取有效的措施进行养护与维修。为此，桥上交通标志和标线要经常保持明显、清晰，确保行车安全。标志牌架要保持清洁，做好油漆防腐工作，保证设施完好、结构安全。当交通条件有变化时应进行相应的变更和增补。标线应结合日常养护经常清扫或冲洗。当发现因剥落、污染、磨损而影响识别性能的标线占该路段中总标线的一半以上时，应重画；局部损坏的则进行修补，同时要注意避免与原标线错位。

第十二章　桥梁支座的养护与维修

第一节　支座的类型

一、垫层支座

垫层支座是由油毡、石棉泥或水泥砂浆垫层做成的简单的支座，10 m 以下跨径的简支板、梁桥，可不设专门的支座，而将板或梁直接放在垫层上。垫层支座变形性能较差，固定支座除了设垫层外，还应用锚栓将上下部结构相连。

二、铸钢支座

1.弧形钢板支座

弧形钢板支座又称切线式支座或线支座。上支座为平板，下支座为弧形钢板，二者彼此相切而成线接触的支座。钢板采用 40~50 mm 的铸钢板或热扎钢板，缺点是移动时要克服较大的摩阻力，用钢量大，加工麻烦。一般用于中、小桥梁中。

2.铸钢支座

采用碳素钢或优质钢，经过制模、翻砂、铸造、机械加工和热处理等工艺制成的支座。有尺寸大、耗钢量大、容易锈蚀和养护费用高等缺点。

三、球面支座

球面支座又称点支座，为适应桥梁多方面转动的要求，将支座上、下两部分的接触面分别做成曲率半径相同的凸、凹的球面支座。

四、板式橡胶支座

板式橡胶支座由若干层橡胶片与薄钢板经加压硫化而成。按其形状可分为矩形、圆形和圆板坡形。

五、盆式橡胶支座

盆式橡胶支座是橡胶块紧密地放置在钢盆里的大吨位橡胶支座。由于橡胶块受到三向压力作用，因此使支座的极限承载能力有所加强。

六、辊轴支座

辊轴支座为活动支座。在垫板下安有数根辊轴，使支座能前后移动。该支座须设置保持各根辊轴隔开的装置和防止支座上浮的装置。

第二节　桥梁支座常见的缺陷和病害

一、铸钢支座缺陷类型

铸钢支座缺陷类型包括钢组件出现钢支座固定螺栓松动，锈蚀、损伤、断裂，锚固件及定位件失效，上、下座板变形，活动支座无法活动，位移超限、转角超限和支承垫石部位缺陷等。

支座上下错位过大，有倾倒脱落的危险。钢部件损伤包括铸钢件及锻钢件裂损、脱焊、锈蚀及支座钢件磨损和发生塑性变形。

支座锚固件及定位件失效包括销钉剪断、支座锚（螺）栓松动及剪断、牙板挤死与折断、辊轴连杆螺栓剪断等。

活动支座不活动、位移超限和转角超限等缺陷，通常是由于设计不当造成的，结果常引起锚栓剪断和削扁辊轴倾斜度超差不能恢复等损伤。

支承垫石部位缺陷包括支承垫石不平、翻浆、积水和开裂等，应采取措施及时修补。

二、板式橡胶支座缺陷类型

板式橡胶支座性能劣化类型包括橡胶老化开裂、钢板外露、不均匀鼓凸与脱胶、脱空、剪切超限和支座位置串动等。

开裂是指板式橡胶支座表面形成的龟裂裂纹。一般板式橡胶支座在一定使用年限后均会出现表面的龟裂裂纹，但裂纹宽度及深度均不大。

钢板外露是指由于橡胶龟裂或支座制作不佳使板式橡胶支座内部的钢板裸露。

不均匀鼓凸与脱变发生在橡胶与钢板黏结破坏时。通常板式橡胶支座在荷载作用下，钢板之间的橡胶向外发生均匀的凸起属正常现象。当橡胶与支座内加劲钢板黏结不良，在荷载作用下发生钢板与橡胶脱胶时，就会引起不均匀的鼓凸。

脱空是指板式橡胶支座与桥梁底面及支承垫石顶面之间出现的缝隙大于相应边长的25%。通常板式橡胶支座使用时，应通过转动计算，使支座顶、底面与桥梁全面积接触。局部脱空，一方面会造成支座压应力增加；另一方面支座脱空部位与外界空气接触，容易产生橡胶老化。

剪切超限是指板式橡胶支座在最高及最低温度条件下的最大恒载剪切变形，即 $\tan \alpha > 0.45$。

支座位置串动是由于支承垫石不平，造成支座局部承压，引起支座位置串动，严重时可能会造成个别支座脱落。

三、盆式橡胶支座缺陷类型

盆式橡胶支座缺陷类型包括钢件裂纹和变形、钢件脱焊、锈蚀、聚四氟乙烯滑板磨损、支座位移超限、支座转角超限和锚栓剪断等。

钢件裂纹和变形是指盆式橡胶支座的钢件中出现肉眼可见的裂纹，以及支座钢板在荷载作用下发生翘曲。

钢件脱焊是指支座焊接件及不锈钢板与基层钢板之间的焊缝脱焊。

聚四氟乙烯板磨损指盆式橡胶支座中由于聚四氟乙烯板和不锈钢滑板之间平面滑动所产生的磨损。磨损程度用测量聚四氟乙烯板的外露高度来表示。

支座位移超限是由于设计及安装不当造成支座聚四氟乙烯板滑出不锈钢板板面范围。

支座转角超限是由于设计及安装不当造成支座转角超过相应荷载作用下最大的预期设计转角。支座转角应由盆式橡胶支座顶、底板之间的最大和最小间隙求出。

其他类型支座的缺陷类型可参照上述支座来确定。例如，球型支座的缺陷类型可以由钢件裂缝、位移及转角超限、聚四氟乙烯板的磨损、锈蚀及锚栓剪切等缺陷来评定。

第三节　桥梁支座的养护维修

一、桥梁支座检查

桥梁支座的正常使用与日常的养护维修和性能检验分不开。支座一般可每半年检查一次，并应检查支座附近梁体有无裂缝。支座检查可借助检查小车进行，或修建专用检查梯。

支座检查主要检查支座功能是否完好，组件是否完整、清洁，有无老化、变形、锈蚀、断裂、错位和脱空现象。上、下座板与梁身和支座垫石相互之间是否密贴，有无三条腿等不正常现象；支承垫石是否完好，是否有积水或尘埃等。对柔性墩上的固定支座要观测有无变形；活动支座要检查其是否灵活，实际位移量是否正常，变位方向是否与温度变化相符，倾斜度是否在容许限度内，有无限位装置等。各类支座还应重点检查以下内容。

1.平板橡胶支座应重点检查橡胶支座是否老化、变形；有无不正常的剪切外鼓变形；支座与梁身、支承垫石间是否密贴。四氟板式支座是否脏污、老化；钢板滑动支座是否干涩、锈蚀。

2.盆式支座的固定螺栓有无剪断，螺母是否松动，电焊是否开裂，四氟板位置是否正常。

3.辊轴（或摇轴）支座和弧形支座应定期测量其位移值和梁温，位移值不允许超过容许值。弧形支座当发现位移超过限值或固定支座不固定时，应起顶梁身检查活动支座销子有无异常、固定支座安装是否符合标准。测量辊轴（或摇轴）支座位移应安装位移指示标（尺）并检查辊轴有无变形、磨损。对使用年久、铺设无缝线路、位于长大坡道及曲线上的桥梁，应认真检查其上、下锚栓（特别是弧形支座）有无弯曲断裂，如有剪断，还应检查墩（台）有无变位。

4.混凝土支座有无剥落、露筋、锈蚀、碎裂等。

二、桥梁支座的养护

1.养护的一般要求

（1）支座各部应保持完整、清洁，位置正确，活动支座伸缩与转动正常。每半年一清扫，清除支座周围的垃圾杂物，保证支座正常工作。

（2）橡胶支座应经常清扫，排除墩帽积水，要防止橡胶支座接触油脂，防止支座因橡胶老化、变质而失去作用。

（3）支座与梁底、支座与砂浆垫层之间的接触面应平整。梁体位移及转角应不受阻碍。支座垫板与锚螺栓应紧密接触，并不得有锈蚀。支座垫层上如有积水，应立即清除。

（4）支座或支座组件如有缺陷或产生故障不能正常工作时应及时予以修整或更换。

（5）梁支点承压不均匀，板式橡胶支座出现脱空或过大压缩变形时应予以调整，板式橡胶支座发生过大剪切变形、老化、开裂等应及时更换。支承垫石空洞、不密实缺陷等应及时进行处理。

（6）对盆式橡胶支座应设置防尘罩，防止尘埃落入或雨雪渗入支座。支座外露部分应定期涂红丹防锈漆进行保护。防尘罩应经常清洁和防蚀处理，防止橡胶老化变质失去弹性。如橡胶老化，剪切变形 $\tan \alpha > 0.7$，橡胶有裂纹、鼓出、钢板锈蚀者应更换；锚螺栓剪断、盆边顶发生塑性变形者应更换。

2.盆式橡胶支座的养护

盆式橡胶支座在使用期间应每年定期进行一次检查及养护，主要应进行以下养护工作。

（1）检查支座锚栓有无剪断，支座橡胶密封圈有无龟裂和老化。

（2）检查支座相对位移是否均匀，并逐个检查支座位移量。

（3）清除支座附近的杂物及灰尘，并用棉丝仔细擦净不锈钢滑板表面的灰尘。

（4）松动锚栓螺母，清洗上油，以免螺母锈死。

（5）定期对支座钢件进行油漆防锈，但不锈钢滑动面不用油漆。

（6）校核并定点检查支座高度变化，以便校核支座内聚四氟乙烯板的磨耗情况，当支座高度变化超过 3 mm 时，应考虑是否需要更换聚四氟乙烯板。

根据德国交通运输部的经验，对聚四氟乙烯板的磨耗情况，应重点检查聚四氟乙烯板的外露高度 h_0：

当 $h_0 \geqslant 1.0$ mm 时，支座正常；

当 0.5 mm $\leqslant h_0 < 1.0$ mm 时，应每年测量高度变化；

当 0.2 mm $\leqslant h_0 < 0.5$ mm 时，应缩短检查期限，或更换，或经专家鉴定；

当 $h_0 < 0.2$ mm 时，应立即更换，或经专家鉴定。

盆式橡胶支座养护质量要求。

（1）梁底支承部位平整、水平，支承部位相对水平偏差不大于 0.5 mm。

（2）桥墩支承垫石顶面平整，相对允差 1 mm；支承垫石顶面高程准确，允差 0~4 mm，相邻墩（台）上支承垫石顶面相对高差不大于 3 mm。

（3）支座与支承垫石顶面应紧密接触，局部缝隙不得超过 0.5 mm。

（4）横载剪切变形角 $\tan\alpha \leqslant 0.45$，最大剪切变形角 $\tan\alpha \leqslant 0.7$。

三、桥梁支座常见病害诊治

1.小跨度钢筋混凝土板梁横向移动的整治

跨度小于 6 m 的钢筋混凝土板梁，由于梁体重量轻，支座又均系沥青麻布或石棉垫，因而受列车的冲击和振动易发生横向移动。对该种梁，除顶起移正梁身外，均应在墩（台）顶上靠板梁侧埋设角钢或加筑挡墙。

2.支座上、下锚栓折断、弯曲、锈死的整治

（1）下锚栓：在支座底板旁斜向凿去部分混凝土，取出旧锚栓，更换新锚栓，如锚栓被剪断而埋置于垫石内的栓杆仍牢固，也可采用清除剪断的锚栓上部，电焊接上一段新栓的方法处理。

（2）上锚栓（见图 12-1）。

①可将支座上摆与混凝土梁底镶角板焊起来（当镶角板与梁体为整体时），例如，每个支座用 2 根 200 mm 长，$\angle 60 \times 40 \times 8L = 200$ 的不等边角钢，沿梁长方向将角钢短肢焊在梁底镶角板上，长肢焊在支座上摆上。

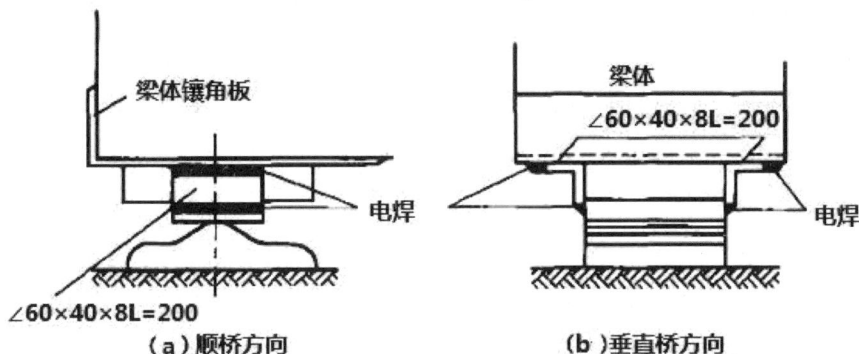

图 12-1 上锚栓折断后加固（上、下锚栓未示）（单位：mm）

②用夹板加固法。每个支座用 2 块 4mm 钢板，以 2 根∅20 mm 螺栓将其置于支座上摆两侧夹紧于梁体上（如支座与梁体不等宽，则钢夹板与支座间加填板并与钢板焊牢）并在夹板中间钻孔做丝扣，用顶丝顶紧在支座上摆上，使夹板与支座上摆连成一体。

3.支承垫石裂损，梁体有"三条腿"，个别支座出现明显悬空，以及因线路大修需抬高梁体的整治

（1）采用压力灌浆。适用于抬高量小于 30 mm 者，抬高量很小时，也可采用灌铅法。

（2）支座下捣垫半干硬性水泥砂浆，适用于抬高量 30~100 mm 者。

（3）垫入铸钢板，适用于抬高量 50~300 mm 者。

（4）就地灌注钢筋混凝+垫块，或更换钢筋混凝土顶帽。适用于抬高量在 200 mm 以上者。

实践经验证明在支座下捣垫半干硬性水泥砂浆（也可用环氧树脂配制的砂浆）的办法效果好，并且有使用工具简单，封锁时间短就能恢复正常速度行车的优点。

支座下捣垫半干硬性水泥砂浆操作方法。

（1）凿毛。①将支座与梁临时连接，用千斤顶架空梁身，比实际需要高程高出 1~2 mm；②在支座四周 200 mm 范围，将支承垫石支承面凿毛，凿毛应用风镐，使用多种形式钎头进行；③先凿外侧一半并垫实，再凿内侧一半，全部凿毕用水冲洗干净，临时垫以硬木头，四周顶死才允许放行车辆，并指定专人检查。

（2）捣垫砂浆（现多采用环氧树脂水泥砂浆代替半干硬性砂浆）。①砂浆质量配合比中水泥比 1：：1~1：2，水灰比 1：4~1：5，拌和砂浆稠度以手捏成团而不松散、不湿手为宜；②捣垫前支座的三面必须牢固地用模壳封妥，用水湿润凿毛面；③刷水泥浆一遍；④分次填入砂浆用镐捣实，手工操作每次厚度约 50 mm，捣固必须认真以保证强度要求；⑤捣固完毕，将捣固的一面用模壳固封（一般用螺栓对拉或加撑头）才能开通桥梁；⑥一般捣垫砂浆以不高于 100 mm 为好，如需超过，可分两层两次捣固。如一次捣垫在 100~200 mm，则必须经过养生，等砂浆达到一定强度，才能使其受力；⑦捣垫完毕，

其四周应用水灰比为 0.3~0.35 的砂浆锤制流水坡，坡度为 1：1.5，靠支座边，其高度应比支座略低 1~2 mm，以利排水。

（3）养生。锤制流水坡后 1~2h，用湿草袋覆盖，保持湿润 7 d。

4.支座陷槽、积水、翻浆、流锈病害的整治

应使支座底板略高出墩（台）支承垫石，并采用细凿垫石排水坡的办法，结合支座下垫沥青麻布或胶皮板进行处理，能取得一定效果。流水坡约为 3%，使水能很快排走。

具体细凿方法是：先在离垫石外缘 20 mm 处开始向中心推进（防止损坏边缘），然后将周边的窄条敲下来，稍加修凿即成。细凿完成后用废砂轮打磨光滑。另一种做法是先在垫石四边（桥台为三边）的外侧打上要凿去的线条，用扁凿对准线条朝里敲打，其余操作同前。

在细凿过程中，如发现有局部麻坑不平或边缘缺损等，可用环氧树脂砂浆腻补，凝固后一并用旧砂轮打磨平整。

要防止挡砟墙上的水流到桥台，必要时挡砟墙与支座垫石间要凿小槽排水，防止支座底板下面进水。

5.支座位置不正、滑行或歪斜，超过容许限度的整治

应用千斤顶起顶梁身并进行适当的修理或矫正，或移正梁身后重新安装支座。

起顶梁身所用千斤顶的数量和能力，应根据梁和桥面的重量来确定，为了保证施工安全，其起重能力必须超过荷载的 50%~100%；钢桁梁和钢板梁一般在起顶横梁均预留有放千斤顶的位置。在墩（台）顶的排水坡面安放千斤顶，一般不必顾虑滑移问题，只要用硬木垫平并有足够的安金承压面积即可。但要注意千斤顶位置不要妨碍矫正支座工作的顺利进行。

钢筋混凝土梁和预应力钢筋混凝土梁可将千斤顶放在支座附近梁下起顶。如梁下净空不够安放千斤顶时，可以凿低一部分顶帽混凝土以便安放千斤顶，或在桥孔内搭枕木垛支承千斤顶。对于双片钢筋混凝土梁也可以用钢轨做成 V 形扁担放在梁下用两个千斤顶将梁抬起；如经过检算认为可以时，也可以将千斤顶安在端横隔板下起顶。

旧式板梁的端横梁下面无起顶横梁时，也可用临时木撑顶紧后起顶。起顶钢梁也可采用这种方法，但这种方法在桥梁重量较大时，顶起后移动钢梁或底板施工较复杂，仅在不得已时采用。

起顶连续梁处理支座病害时，应同时起顶本联内的全部支座，并事先计算各支点的反力，用带压力表的油压千斤顶进行计量，要防止因起顶梁身造成支点高程与设计不符，改变梁跨各杆件受力，从而发生裂纹或损坏。

总之，起顶梁身时要视梁跨结构形式、墩身及周围具体情况的不同选用比较合理的施

工方法。在起落过程中，为了保证安全，防止千斤顶发生故障以及千斤顶放松时结构受到突然的冲击，必须有保险木垛，并一路调整木垛上的模子使其顶面保持与梁底不超过 5 mm 的空隙。利用拉紧框架或弹簧整正支座辊轴的方法可以免除起顶梁身的麻烦。框架由两个角钢和两端带丝扣及螺帽的拉杆组成。整正时，把一个角钢支承在支座底板上，另一角钢紧贴住辊轴的连接角钢上紧拉杆螺栓，利用列车通过时辊轴的滚动及时拧紧拉杆，使列车通过后辊轴不能返回原位，这样经数次整正，就能把辊轴调整过来。

弹簧整正支座辊轴是用千斤顶横向顶住辊轴来移正位置，千斤顶一端支承在固定支座或挡砟墙上，在千斤顶和辊轴间垫上弹簧，把弹簧顶紧，利用列车通过时辊轴的滚动，辊轴会被顶动，再适当上紧千斤顶，经过多次整正也可以把辊轴顶回原来位置。

6.辊轴或辊轴活动支座倾斜超限的整治

造成辊轴或摇轴活动支座倾斜超限的原因多为施工安装不正确或墩（台）有位移等。整治的办法是起顶梁身，按照当时钢梁温度计算的位移量矫正辊轴的倾斜度，移动底板，重新锚固锚栓。

大跨度钢梁的辊轴支座，由于笨重，移动底板重新锚栓施工困难，且工作量大，故当矫正量不大时，可用带有异形牙板（防爬齿）的辊轴更换原有正常牙板的辊轴，而不再移动底板重新锚固锚栓。异形牙板辊轴可根据矫正支座倾斜超限的具体需要设计，使整正后的辊轴倾斜符合计算要求。这样整正后，下摆中心线虽然不会与底板中心线一致，但能使辊轴倾斜正常，保证安全。

《维规》技术标准关于行车时速 120~160 km 繁忙干线的桥隧设备行车条件规定：钢梁桥不得采用橡胶支座，设置板式橡胶支座的坍工梁，必须加设可靠的横向限位装置，梁体横向位移不得大于 2 mm，横向限位装置应按统一的设计图加工。

橡胶支座使用一定时间后，由于受力及老化的作用发生剪切变形，其容许值应小于或等于 0.7hg（目前使用的橡胶支座 h_0=27~62 mm），远远大于 2 mm，故根据橡胶支座设计使用条件及准高速容许位移的要求，必须设置可靠的限位装置，并且必须检查梁底支承面有无限位钢板条，若没有，必须补上。

四、桥梁支座病害诊治实例

南京长江大桥建成通车 50 多年来，车流量急剧增加，已大大超过大桥设计流量，加上列车的重载提速，更加重了桥墩支座磨损、连接螺栓折断等病害，如不及时整治调整，将影响大桥安全。2003 年 6 月，大桥管理人员发现钢梁支座上的连接板螺栓因长期处于疲劳状态而被剪断，支座上的每个重达 1.5 t 的滚轴错位。如不及时采取有效措施进行复位，将会给大桥安全行车留下重大隐患。6 月 6 日上午，南京长江大桥铁路封桥 2h 进行抢修。用千斤顶将南京长江大桥北岸 1 号墩上的钢梁顶高 10 mm，在支座不受力的情况下，施工人员更换了已变形的支座连接板和牙板，支座5个滚轴拨正，复位，恢复正常功能，钢梁重新落回支座上。由辊轴、下座板等组成的桥梁支座，担负着大桥钢梁热胀冷缩的调节和支撑大桥钢梁的重任，是大桥的重点部位，对大桥安全起着决定作用。7月19日，对大桥1号、9号桥墩支座辊轴又进行了调整复位，由大桥管理处承担施工。施工时，铁路上、下行同时封锁，公路不封锁。采用20台500 t千斤顶将近万吨重的钢梁缓缓顶起，工程技术人员对起顶高度进行严格监测，3 min后达到预定高度，20台千斤顶同时锁定，使支座下摆与辊轴分离，顶梁成功。30多名工程技术人员和专业操作手迅速各就各位，在支座没有负重压力的情况下对支座辊轴位置进行调整，并更换支座牙板、辊轴连接板及螺栓等，恢复其原有功能。完成作业后，再次启动油泵，将钢梁落下，支承在支座辊轴上，完成调整复位工程。

南京长江大桥支座修复工作开创了国内公、铁两用特大桥桥墩支座病害诊治的先例。

第四节　桥梁支座的更换

支座是桥梁上、下部结构的连接点，其作用是将上部结构的荷载安全地传递到桥梁墩（台）上去，同时保证上部结构在荷载、温度变化、混凝土收缩徐变等因素作用下的自由变形，以便使结构的实际受力情况符合计算图式，并保护梁端、墩（台）帽梁不受损伤。在早期建设的一些梁式桥中，普遍存在着支座年久失养问题，橡胶支座日趋老化，钢板锈蚀失效，还有一些跨径较小的简支桥梁原本就没有设置支座，使得上述桥梁在目前的大吨位、大交通量的荷载作用下，出现了一系列问题，急需要进行支座的更换或增设。同时，由于交通运输的需要，不中断或尽量缩短中断交通时间又对支座的更换施工提出了更高要求，因此桥梁支座的整体更换极其重要。

一、桥梁支座更换方法

在早期建设的一些梁式桥中，以简支梁桥居多，梁体之间横向联系多以横隔板并辅以钢板间隔连接。即使桥面系可以整体清除，但上部结构仍是一个整体。因此，支座的更换必须建立在各桥跨的整体施工上。为此，应根据桥梁的具体情况，采用一系列起重或顶起设备，在墩（台）顶面或者在预先设置的支架上，选择安全、合适的位置，对已解除纵向约束的桥孔分头进行整体顶起，即可安全从事支座的更换工作。

1.更换前的准备工作

首先，对桥梁进行特殊检查，按基础、墩（台）、主梁、桥面系和附属工程逐一进行全面检查，并做好记录和拍照。其次，对于基础、墩（台）所存在的病害应先进行正规处治，然后再处治主梁。需更换支座的，视桥面系和附属工程的具体情况，再决定是否对桥面系和附属工程予以保留或全部清除；需予以保留的，要事先对各桥孔的所有纵向连接予以解除，最后才能进行支座更换施工。支座更换办法基本可分为以下三类。

（1）T形梁桥、箱梁桥。墩（台）结构无任何病害，可以直接考虑在盖梁顶面和T梁冀缘板（箱梁横隔板）下实施顶升，这是最容易施工的一种类型。

（2）板梁桥或需加固墩（台）的桥。有可以利用的扩大基础或承台，需搭设顶升支架实施作业，但顶升点应尽可能地靠近原支点。

（3）板梁桥或需加固墩（台）的梁桥。没有可以利用的扩大基础或承台，需重新浇筑临时承重基础，再搭设顶升支架实施作业。这种情况多发生在柱桩对接的桥墩或实体式墩（台）结构，遇到深水基础更为困难。

2.更换步骤

（1）承重基础。支座更换前，应首先根据各桥墩（台）处的地质情况考虑临时受力结构。地质情况较好时可修建临时承重基础，当没有承台可以利用，同时地质较差时，可以利用立柱作为顶梁的临时受力结构。

（2）顶梁设施。在梁底设置横梁，横梁分上、下两种，中间安装顶梁的千斤顶。为了保证起顶过程中不致损伤梁底，在梁底和工字钢接触处用木板垫实，确保软接触密合，使横梁不与梁底部位接触。调节高度采用小钢板块。在基础和下横梁间要根据桥下净空高度搭设受力支架，同时要预留一定的操作空间，可采用由多组贝雷架构成支撑架，作为支架。

（3）试顶。支撑架、横梁、千斤顶安装完毕，待临时承重基础强度满足要求后，即可开始试顶。试顶主要是为了消除支撑本身的非弹性变形或沉降，在主梁还没有正式顶起时即可停止，并停放数小时进行观察，无任何变化后才能开始整体顶升。

（4）整体顶升。试顶完成后，在专业人员的统一指挥下所有千斤顶慢慢用力整体顶起梁体，使其离开原支座约 2 cm 立刻停止，并立即在上、下横梁间增设若干个钢筋混凝土预制块，形成临时固定点，以增加接触点和面积，提高顶升系统的稳定性，确保桥梁整体安全。

（5）台帽、盖梁维修。如果台帽、盖梁存有病害，此时应立即进行相应的规范处治。

（6）支座更换。台帽、盖梁处治完成后，即可去除原有支座，支座下方用高标号环氧树脂砂浆找平，精确计算出需增加的高度，用合适厚度的钢板来调节；调节施工完毕，重新安装新的支座，就可以慢慢地落梁；去掉混凝土块和千斤顶，拆除临时支撑。整孔梁体在施工过程中几乎是不动的，对桥面系结构也基本没有任何影响，支座更换前后支撑反力变化也不大，但梁体的支撑条件得到大大改善。

3.施工注意事项

（1）由于整体更换支座一般是在保证正常行车的情况下进行的，所以保证通车和安全工作显得尤为重要：一是确保施工中整个桥梁结构完整且不受损伤，二是施工中要确保人身和设备的绝对安全。这就要求施工前要做好全面检查，根据具体情况确定维修加固范围，按次序依次实施。整体更换支座施工方案，要通过准确的分析和计算，配备足够的机械设备和劳动力；同时，在顶起和落梁这很短时间内，要有专业人员统一指挥，确保所有被顶的梁体同步上升，同步下降，缩短临时封闭交通时间。

（2）要认真做好测量、观察记录工作。要准确计算出原支座和现支座的高度差，以指导施工，确保梁体、桥面系支座更换前后的高程不变。

（3）支座的质量检验及安装是保证支座正常使用的关键。支座安装前应进行检验，应根据不同的支座类型按照相关要求进行安装。

二、桥梁支座安装要求

1.一般要求

正确地安装与定期的养护是保证桥梁支座正常工作的重要措施。

设计者在设计支承垫石时，应考虑使梁底与桥墩顶面之间有 30 cm 的净空，以便对支座的使用状态进行检查和养护，并在必要时可安放千斤顶，进行支座的更换。

支座在出厂时，一般应有明显的标记，注明支座型号、反力和位移，以免在安装时发生混淆。

支座通常在工厂组装好后整件运输到工地，为保证运输过程中支座的整体性，应用临时定位装置将支座各部件连接起来。这些临时定位装置在支座正式工作之前，应予以拆除，具体拆除的时间，应由工地工程技术人员根据支座的形式及结构受力状态决定。例如，活动支座的上、下连接板应在张拉梁体预应力前拆除，以使支座能适应梁体预施应力的变形。

在支座安装之前应先对支座的安装位置进行测量检验，支座安装平面应和支座的滑动平面或滚动平面平行，其平行度的偏差不宜超过 2%。

支座安装前应对活动支座顶、底板的相对位置进行检查。辊轴支座和滑动支座的预制位移量必须符合设计要求。当受支座安装温度的限制，活动支座的预置位移量必须进行调整时，应在专业工程师的指导下进行支座位移的预调工作。

支座安装后，滚动和滑动平面应水平，其与理论平面的倾斜度不大于 2%。支座上、下板中心应对中，其偏差不大于 2%。

为保证支座安装平整，一般应在支座底面与支承垫石顶面之间，捣筑 20~50 mm 厚的干硬性无收缩砂浆垫层（或环氧砂浆垫层）。该砂浆垫层的强度必须和结构混凝土等强。当支撑平面较大时，也可以先铺设塑性的砂浆垫层，砂浆层的中间呈凸球形，支座下时使砂浆压平。如果在支座安装时，采用螺丝或钢模块等措施进行支座调平，在灌注砂浆垫层凝固后，就必须拆除调平螺丝及钢模块，以便保证使砂浆垫层均匀传力。在安装预制梁体时，一般应先用辅助结构支撑梁体自重，待支撑砂浆凝固并达到要求的强度后，才能承受梁体重量。

2.盆式橡胶支座安装要求

盆式橡胶支座的安装步骤。

（1）检查桥墩（台）支承部位的尺寸、预留（或预埋）螺栓孔的位置、支座的安装高程。要求支座支承平面水平及平整，支承面四角高差不得大于 2 mm。

（2）支座安装前方可开箱，并检查装箱清单，包括配件清单、原材料检验报告复印件。支座产品合格证和使用说明书。施工单位开箱后，不得任意松动上、下支座连接板，并不得任意拆卸支座。

（3）支座出厂时，应由生产厂家将支座调平，并紧固上、下支座连接板，以防止支座在运输安装过程中改变位置。如支座需要预设位移时，可由生产厂家在装配时，预先调整好。

（4）支座安装步骤。

①支座开箱并检查装箱清单及合格证。

②在桥墩（台）支承部位划出中心线位置，并在支座顶底板上标注中心线位置。

③安装支座及地脚螺栓：先在下支座板四角用钢模块调整支座水平，并使下支座板底面高出桥墩顶面 20~50 mm，找正支座纵、横向中线位置，使其符合设计要求，用环氧砂浆灌注地脚螺栓孔及支座底面垫层。

支座安装时也可以先把地脚螺栓用 M5 砂浆或细石混凝土锚固在预留螺栓孔中，待砂浆或混凝土达到强度后，放上支座，上好锚栓螺母，用四角钢楔块调平支座水平，并使下支座底面高出桥墩顶面 30~80 mm，然后用 M5 干硬性砂浆，仔细捣入支座底板与桥墩之间，或者用重力压浆法向支座底板与桥墩之间注入 MS 干收缩砂浆。当地脚螺栓采用套筒螺栓方式时，套筒螺栓必须用模板准确定位，支承垫石灌注的顶面高程应低于设计高程 30~80 mm，以便安装支座后灌注无收缩砂浆。在安装支座时，宜在套筒螺栓顶面设置一层石棉垫圈，以免钢套筒在拆除支座四周的钢垫块后成为下支座板的刚性支点。

④在环氧砂浆或无收缩砂浆硬化后，拆除支座四角临时钢楔块，并用砂浆填满抽出钢楔块的位置，以免钢模块成为下支座板的刚性支点。

⑤在梁体安装完毕后，或现浇混凝土梁体形成整体并达到设计强度后，在张拉梁体预应力之前，拆除上、下支座连接板，以防止约束梁体的正常转动和位移。

⑥拆除上、下支座连接板后，检查支座外观，并及时安装支座外防尘围板。

⑦当支座与梁体及墩（台）采用焊接连接时，应先将支座准确定位，然后用对称间断焊缝将下支座板与墩（台）上预埋钢板焊接。焊接时应防止烧伤支座与混凝土。

由于盆式橡胶支座各方向的转动性能一样,因此在预制T形梁上使用盆式橡胶支座时，应特别注意安装阶段的侧向稳定性，为此应在梁端支座两侧附加适当的临时支撑，以防止梁体倾斜。特别是在铁路标准混凝土梁上使用时，由于梁体外侧有挡砟槽，梁体自重向外侧偏，因而在安装阶段必须有适当的临时支撑，只有待两片T形梁之间的横隔板连接件焊成整体后，才允许拆除临时支撑，使两片T形梁整体工作。

3.球形支座的安装要求

有关球形支座的安装要求，基本上与盆式橡胶支座一样，此处不再详述。但由于球形支座转动灵活，在工地无法调整上、下支座板的平行度，因此球形支座需在制造工厂的专用台座上调平，并用连接螺栓固定，在工地上不得任意拆卸，只能在支座安装、梁体混凝土浇筑完成后才能拆除连接螺栓，以使支座能够正常转动和位移。

结 语

在公路桥梁使用运行中，日常管理多以公路桥梁养护管理工作为主，通过定期检查和养护，可以保证公路桥梁的使用性能和使用寿命，避免交通安全事故的发生。事实上，在城市化发展中，城市行车数量逐渐增加，增加城市交通运输的压力，使公路桥梁的载荷越来越大，一些公路桥梁工程在施工阶段或是设计阶段存在缺陷，再加上后期缺少养护管理工作，因而大大降低了公路桥梁结构的强度和稳定性，形成了较大的安全隐患。在这样的环境背景下，探究公路桥梁养护管理的现状及对策有着非常重要的现实意义。目前，公路桥梁建设完成后，存在管理不到位或无人管理的情况。如桥梁栏杆破损未及时修补，桥面污染无专人清理，公路及桥梁连接处出现跳车现象，桥孔淤塞没有及时清理、车辆颠簸等现象发生，这样会减少公路桥梁的使用寿命，影响其正常的使用。加强对公路桥梁的养护和管理，能够及时发现、消除安全隐患；加强公路桥梁的养护管理，可以节省大量的改建资金，确保公路桥梁的正常、安全运行，从而取得良好的社会效益和经济效益。

总而言之，要加大对公路桥梁养护管理工作的重视程度，定期检查和维护公路桥梁，根据规章制度开展养护管理作业，及时发现问题并解决，保证公路桥梁始终维持最佳的使用状态，提高公路桥梁养护管理水平。

参考文献

[1]王勇.公路桥梁下部结构环保设计方法[J].四川水泥，2021（02）:102-103.

[2]赵俊.公路桥梁施工安全问题研究[J].居舍，2021（03）:156-157.

[3]贾汪涛.公路桥梁工程施工质量管理问题探究[J].智能城市，2021，7（01）:89-90.

[4]郎澎凯.公路桥梁养护及维修加固施工技术浅析[J].四川水泥，2021（01）:268-269.

[5]樊明皓.试析公路桥梁沉降段路基路面施工技术[J].四川水泥，2021（01）:333-334.

[6]鲁立洋.高速公路桥梁工程中钢板组合梁施工工艺[J].中华建设，2021（01）:107-108.

[7]张贵宏，王淑芳.公路桥梁工程施工的管理要点和对策探析[J].农村经济与科技，2020，31（24）:38-39.

[8]刘莉.高速公路养护维修施工标准化探讨[J].交通世界，2020（36）:119-120.

[9]尹杰.基于改进云模型的公路桥梁施工造价成本控制方法[J].交通世界，2020（36）:143-144+152.

[10]张增文.公路桥梁病害原因分析及养护管理探讨[J].建筑技术开发，2020，47（24）:109-110.

[11]叶金秋.公路桥梁养护管理及危桥加固改造技术[J].住宅与房地产，2020（36）:159+164.

[12]张学明.道路桥梁施工中预应力施工技术的运用[J].住宅与房地产，2020（36）:198-199.

[13]王晓东.高强混凝土在公路桥梁工程中的应用[J].交通世界，2020（35）:145-146.

[14]熊国林，谢忠良.试析软土地基施工技术在公路桥梁施工中的应用[J].黑龙江交通科技，2020，43（12）:91-92.

[15]谢忠良，熊国林.公路桥梁施工技术管理及养护措施分析[J].黑龙江交通科技，2020，43（12）:119-120.

[16]彭延洪.高速公路桥梁工程预应力施工技术与实施要点[J].黑龙江交通科技，2020，43（12）:127+129.

[17]刘思远.高速公路桥梁工程施工管理的探讨分析[J].黑龙江交通科技，2020，43（12）:271+273.

[18]陈衍永.高速公路桥梁养护与维修加固施工关键技术分析[J].住宅与房地产，2020（35）:144+151.

[19]张阳.公路路基和桥梁工程施工中的质量控制[J].智能城市，2020，6（23）:99-100.

[20]李勇升.基于无损检测的道路桥梁工程测量技术[J].中国新技术新产品，2020（23）:98-100.

[21]曹新龙.公路桥梁工程造价问题探析[J].工程建设与设计，2020（23）:252-254.

[22]肖小铃.公路桥梁中桩基沉降问题分析[J].工程建设与设计，2020（23）:40-41+44.

[23]王素飞.公路桥梁养护管理与加固维护技术探讨[J].工程建设与设计，2020（23）:118-119+122.

[24]张杨.公路桥梁隧道工程施工中灌浆法加固技术的应用探析[J].工程技术研究，2020，5（23）:66-67.

[25]牛会涛.公路桥梁主桥桥墩桩基及承台施工技术[J].交通世界，2020（33）:102-103.

[26]董宇.公路桥梁工程测量与测绘技术的应用[J].设备管理与维修,2020(22):127-129.

[27]刘鸿.公路桥梁工程建设中的预应力箱梁施工技术[J].低碳世界，2020，10（11）:173-174.

[28]伍晓东.公路桥梁施工中的养护管理与质量控制[J].低碳世界，2020，10（11）:175-176.

[29]王阳.公路桥梁养护与维修加固施工技术的应用研究[J].科技创新与应用，2020（36）:163-164.

[30]杨洋，何飞，李洁.公路桥梁病害分类与编码构建方法[J].北方交通，2020（11）:28-31+36.

[31]赵雪峰.公路桥梁工程沉降段的路基路面施工技术[J].四川水泥,2020(11):269-270.

[32]江留勇.公路桥梁常见病害成因及养护管理措施[J].居业，2020（10）:140-141.

[33]陈亨山，吴艳琴.试论高速公路桥梁养护与维修加固施工技术[J].黑龙江交通科技，2020，43（10）:248-249.

[34]杨宏强.高速公路桥梁养护管理的技术问题[J].交通世界，2020（28）:153-154.

[35]李明.桥梁养护与维修加固施工分析[J].交通世界，2020（27）:102-103.

[36]王君伟.公路桥梁荷载试验检测在桥梁养护中的作用和对策[J].交通世界，2020（24）:97-98.

[37]雷动.公路桥梁养护及维修加固施工技术浅析[J].科技风，2020（21）:94.

[38]孙娴.公路桥梁精细化管理研究[J].价值工程，2020，39（19）:66-67.

[39]赵发强.公路桥梁的养护技术[J].科技经济导刊，2020，28（19）:59+17.

[40]武哲.公路桥梁养护管理及措施分析[J].交通世界，2020（19）:155-156.

[41]于奇，董凯.公路悬索桥运营期养护手册研究[J].居舍，2020（18）:189-190.

[42]孙以润，张琴.桥梁养护中公路桥梁荷载试验检测研究[J].科学技术创新，2020（18）:119-120.